KB007824

세상을
바꾼

한국사
역사인물
10인의

세상을 바꾼
한국사 역사인물
10인의

만

남

윤은성 지음

미디어샘

만남에서 시작된 역사,
온몸을 울리는 공명

"모든 참된 삶은 만남이다!"

마틴 부버의 이 말이 20대 후반 인생을 보는 나의 시각을 송두리째 바꿔놓았다. 그렇다. 인생은 만남이다. 짧다면 짧고 길다면 긴 내 인생의 만남이 비로소 보이기 시작했다. 인생이 다르게 보이기 시작했다. 목표를 성취하는 일보다 함께 걸어가는 사람들이 보이기 시작했다. 인생의 모든 시작은 만남이었다. 사랑도, 배움도, 신앙도, 만남으로 시작되었다. 인생은 만남과 헤어짐의 이야기다. 만나서 기뻤고 헤어져서 슬펐다. 좋은 만남만 있길 바랐지만 아픈 만남도 있었다. 만남이 아프면 헤어짐이 된다. 그러나 새로운 만남이 치료약이 되었다.

한 시대를 살아가는 청춘이 눈에 들어왔다. 정답을 강요하는 세상에서 '노답' 인생을 살아가는 청춘에게, 현실이 답답해 아무것도 보이지 않는 그들에게 역사 속 스승을 소개하고 강연했다. 그들과

함께 공부하고 대화하며 현재를 이해하기 위해 역사를 보게 되면서
역사 속의 스승들을 만났고 미래를 만나게 되었다.

역사도 만남의 연속이다. 사람이 태어나 부모를 만나고, 친구를
만나고, 스승을 만나고, 동지를 만나고, 시대를 만나는 이야기가 역
사다. 만남의 관점에서 역사를 보면 사건과 연도가 희미하게 보일
만큼 인물들의 족적이 선명하게 남는다. 위대한 인물뿐 아니라 그들
주변에 서 있는 사람들의 모습이 더 선명해진다. 어느 위대한 인물
도 역사 속에 홀로 서 있지 않았다. 언제나 그들을 만든, 그들을 닮
은 누군가가 함께 서 있었다.

이 책은 발로 뛰며 썼다. 책으로 역사 이야기를 만나는 것이 성에
차지 않아, 그들이 살던 현장을 직접 찾아다니기 시작했다. 20년 가
까이 수많은 나라를 다녔다. 글이 주는 감동을 넘어 역사 현장에서
들려오는 울림을 온몸으로 느꼈다. 각장 말미에 그 현장의 이야기도
소개했다.

이 책 역시 만남으로 탄생했다. 제자 김수미 작가에게 고마움을
전한다. 출판사와 연락을 주고받는 일부터 자료조사와 궂은일을 마
다하지 않고 도움을 주었다. 표제글씨를 써준 순원 윤영미에게 감사
를 전한다. 순원은 꼭 널리 알리고 싶은 예술가다.

가르치려 하지 않으면서도 많은 것을 배우게 하신 스승이 계시
다. 만나고 대화하고 모습을 보는 것만으로도 평생 공부할 숙제를
남겨준 어른이신 여촌如村 이승종 선생님께 감사드린다. 스승과의 만
남이 어떤 의미인지 몇 줄 말로는 다 표현할 수 없다. 내 인생에 좋
은 만남이 되어준, 다 언급 못할 친구들과 제자들과 좋은 만남을 위
해 묵묵히 기도해주신 가장 고귀한 만남인 부모님께 감사드린다. 책

을 쓰는 시간 동안 사무실에서 밤을 새운 날과 일주일에 한두 번밖에 보지 못했던 시간을 견뎌준 아내와 아들에게 말로 다 할 수 없는 감사를 전한다.

이 책을 만나는 분들의 삶에도 평생 간직하고 싶은 좋은 만남이 있기를 소망하며, 역사의 숨결을 찾아 떠나는 여행이 시작되기를 기대해본다.

윤은성

차례

첫
번
째
만
남

사람 만남과 차 맛남의

다산 정약용

헤어짐은
또 다른 만남의 예고편

두 형제는 몰랐다. 그 밤이 살아 함께 보낸 마지막 밤이 되리란 것을….

동작나루 서쪽 갈고리 같은 달
놀란 기러기 한 쌍 모래섬을 넘누나
눈 덮인 갈대숲 오늘밤 함께 자지만
내일이면 머리 돌려 따로 날아가리

_정약용, 〈경안驚雁〉 전문

형 정약전丁若銓은 흑산도로, 정약용丁若鏞은 강진현으로 유배되어 떠나며 동작나루를 건너 과천을 지나 나주 율정점에 이르렀다. 내일이면 각자 유배지를 향해 다른 길로 가야 하는 마지막 밤을 보내게 된 것이다. 잠을 이룰 수 없었다. 형제가 처한 극한 슬픔을 시로 승화시켜보려 했지만, 부질없는 일이었다. 끝내 잠을 이루지 못하던 정약용은 새벽녘 시를 또 한 수 지었다.

> 초가 주막 새벽 등불 푸르스름하게 꺼지려 하는데
> 일어나 샛별 보니 이별할 일 참담해라
> 두 눈만 말똥말똥 둘이 다 할 말 잃어
> 애써 목청 다듬으나 오열이 터지네
> 흑산도 아득한 곳 바다와 하늘뿐인데
> 그대는 어찌하여 그 속으로 가시나요

_정약용, 〈율정별栗亭別〉

헤어짐은 또 다른 만남을 예고한다는 말도 있지만 두 형제의 헤어짐은 영원한 이별이 되고 말았다. 다산의 삶에는 슬픈 이별이 많았다. 다산이 아홉 살 때 어머니 해남 윤씨가 돌아가셨다. 친누이가 우리나라 최초의 천주교 영세자였던 이승훈에게 시집 가서 천주교를 접하면서 온 집안이 급격한 역사의 물살에 휩쓸리게 된다. 대다수의 가족이 천주교와 연계된 사건으로 사형 당하거나 귀양가거나 노비로 전락했다. 부모, 아내와도 생이별을 했다. 다산은 열다섯 살에 홍씨부인과 결혼하여 6남 3녀를 두었으나 모두 죽고 2남 1녀만 남는다. 귀양을 간 18년 동안 부부가 생이별을 해야 했다.

많은 헤어짐과 시련이 인생의 걸음을 얼마든지 무겁게 할 수 있었겠지만, 다산은 두 차례의 귀양살이를 견디며 시대를 탓하거나 원망하지 않고 미래를 내다보는 혜안과 실제적인 지침을 담은《목민심서牧民心書》《경세유표經世遺表》《흠흠신서欽欽新書》등 500여 권의 저술을 남겼다. 그 힘의 원동력은 어디에서 왔을까?

다산 정약용은 어린 시절, 당시 걸리면 대부분 목숨을 잃는다던 천연두를 앓았다. 목숨은 건졌으나 한쪽 눈썹이 갈려져 보기 흉한 정도가 되었지만, '눈썹이 세 개인 사람'이라는 뜻의 '삼미자三尾子'라는 해학적인 호를 스스로 지어 불렀다. 10세 이전에 지은 시들을 모아《삼미자집三尾子集》이라는 책을 내기도 했지만, 아쉽게도 현재 전해지지는 않는다. 어려서부터 시련을 받아들이는 태도가 남달랐던 것이다.

너는 내 운명,
정조와 다산의 만남

다산은 영조 시대에 태어나 정조 시대에 성장하고 벼슬을 지내다 순조 시대에 귀양을 살고 생을 마쳤다. 다산은 특히 정조의 사랑을 많이 받았다. 임금과 신하 사이라고 생각되지 않을 정도의 대화가 두 사람 사이에 자주 오갔다. 시간도 가리지 않았고 대화의 주제도 폭넓었다. 정약용에 대한 정조의 애정은 특별했다. 그는 소신이 뚜렷한 신하였으나 임금의 마음도 헤아릴 줄 알았기 때문이다.

이 특별한 만남에는 정조의 가슴 한편을 차지한 아버지 사도세자의 어두운 그림자가 어른거린다. 정약용의 아버지 정재원丁載遠은 아직 대과시험에 합격하지도 않았으나 영조의 눈에 들어 벼슬자리에 오르게 된다. 하지만 사도세자가 뒤주에 갇혀 죽자, 벼슬 자리에 대한 환멸을 느끼고 고향으로 돌아가기로 결심을 한다. 귀향한 지 얼마 지나지 않아 정약용이 태어났고, 그는 정약용의 아명을 고향에서 평화롭게 농사나 지으며 살라는 의미로 '귀농歸農'이라고 지었다.

그 아들이 스물두 살이 되어 정약용이라는 이름으로 초시에 합격해 정조를 만나게 된다. 정조는 정약용이 태어난 해를 물었고, 자신의 아버지와 죽은 해가 같자 잠시 말이 없었다. 첫 만남부터가 정조의 마음에 다산이라는 젊은 신하가 새겨지는 운명적인 순간이었다.

아버지 사도세자의 죽음을 가슴 깊이 묻어두고 성장 과정에서도 철저히 외면하며 침묵으로 일관했었다. 그랬던 그가 즉위 후 일성一聲이 "나는 사도세자의 아들이다!"였으니 얼마나 오랜 시간 사무친 그리움과 원한을 품고 살았을까? 사도세자의 죽음을 보고 벼슬을 사양한 정재원의 일을 정조가 몰랐을 리 없다. 영조 앞에 엎드려 있던 초시에 합격한 정재원의 모습 그대로, 초시에 합격한 정약용이 정조 앞에 엎드려 있었다. 자신의 생년을 말하는데 그해는 정조의 아버지 사도세자가 죽은 해와 일치했으니 당시 정조의 마음이 어떠했을까.

정약용은 1783년 세자 책봉 축하를 위해 열린 증광시增廣試에 합격하여 정조와 첫 대면을 한다. 정규영의 《사암선생연보俟菴先生年譜》에는 그들의 첫 만남을 '풍운의 만남'이라고 적고 있다. 훌륭한 임금과 어진 신하의 만남을 풍운지회風雲之會라고 한다. 《주역周易》에 "구름은 용을 따르고 바람은 범을 따른다"고 한데서 온 말인데 용과 범은 홀륭한 임금을 뜻하고, 구름과 바람은 어질고 충성된 신하를 뜻한다. 훌륭한 학자 임금과 충성된 학자 신하의 특별한 만남을 말하고 싶어 했던 것이다.

정조와 정약용은 공적인 일과를 마친 후에도 종종 만나 다양한 학문적 주제를 놓고 토론했다. 정조는 그 시간을 무척 즐거워했다. 깊은 학문적 대화뿐만 아니라 농담도 주고받으며 시간을 함께 보내기도 했다.

정조가 "말이 마치(馬齒, 말의 이빨) 하나 둘이리"라고 농을 걸면, 정약용은 "닭의 깃이 계우(鷄羽, 닭의 깃) 열다섯이오"라고 응수했다. 정조가 "보리뿌리 맥근(麥根, 보리 뿌리) 맥근"이라고 다시 문제를 던지면 정약용은 "오동열매 동실(桐實, 오동열매) 동실"이라고 응수했다. 정조가 다시 "아침까치 조작(朝鵲, 아침까치) 조작"이라고 던지면 정약용은 "낮 송아지 오독(午犢, 낮 송아지) 오독"이라고 답하고는 서로 마주보고 웃으며 유쾌한 만남을 가졌다.

이런 일화도 있다. 성균관 반시(泮試, 성균관 생도가 치르는 일종의 모의고사)에서도 다산은 항상 우수한 성적을 얻었는데 그때마다 정조는 책을 하사했다. 새롭게 출간되는 책으로 공부하도록 격려를 한 것이다. 정약용이 다음 시험에서도 우수한 성적을 거두자 정조는 또다시 책을 하사했다. 정약용이 자신에게 이미 하사한 책이라고 하자, 그렇다면 오늘은 대신 술을 하사하겠다고 했다. 술을 마시지 못하는 정약용은 사양했지만 정조는 잔을 비우기를 명령한다. 다산은 '오늘 죽었구나'라고 생각했으나 심하게 취하지 않았다. 자신의 아들 학유에게 보낸 편지에서 이 일을 회고한 것으로 짐작하건대 정조와 있었던 일 하나하나가 다산의 마음에는 따뜻한 추억으로 자리 잡고 있었던 것이리라.

정조는 정약용이 초시에는 번번이 수석을 하면서도 대과에 최종 합격하지 못하는 것이 속상해 그를 따로 불러 "초시를 몇 번째 본 것이냐?"고 물었다. 정약용이 "네 번째이옵니다"라고 답하자, 한동안 입을 다물고 말이 없던 정조가 "이렇게 해서야 급제는 하겠느냐? 그만 물러가거라"라고 혼을 내기도 했다. 사랑의 질책 덕인지 정약용은 몇 주 뒤 대과에 장원급제를 한다. 정조는 당시의 재상이었던 채제공에게 지금 있는 재상도 좋은데 재상감이 또 나왔다고 무척 기뻐했다고 한다.

정약용은 여러 직책을 거치며 승승장구했으나, 정조도 이유 없는 직책을 맡기지 않았고, 정약용도 분수에 넘치는 자리는 극구 사양하며 정도를 지켰다. 배려를 특권으로 착각하지 않았던 것이다. 지금보다 더 엄격한 신분제도가 존재하던 시대에도 배려와 존중의 미덕을 지키는 따스한 봄볕처럼 스며드는 만남의 장면을 지켜보는 기쁨은 크다.

지금은 윗사람도 아랫사람을 다루기 어려워하고 아랫사람도 윗사람 대하기를 어려워하는 시대다. 신분과 계급을 뛰어넘어 지적 교류를 통한 생의 즐거움을 만끽했던 두 사람의 만남이 더없이 신선하다. 만남이란 특별한 사건이다. 이 세상 수십억 인구 가운데 너와 내가 만날 확률은 수십억 분의 일이다. 그 확률을 뚫고 만난 만큼 그만남이 사회적 직책을 뛰어 넘어 서로를 성장하게 하는 즐겁고 감격적인 만남이면 어떨까?

그러나 두 사람의 인연은 다른 사람들에게는 늘 시기와 질투의 대상이었다. 수차례 정적들의 상소와 공격이 이어졌지만 영정조를 곁에서 보좌한 명재상이었던 채제공蔡濟恭이 든든하게 버텨주었다. 그러던 채제공이 1799년 세상을 떠나자 정약용은 낙향하기로 마음을 굳힌다. 정조는 다산을 더욱 중용하려 했지만, 그의 마음과 달리, 정약용은 자신의 세월이 지나갔음을 직감하고, 고향으로 내려가 조용히 지낸다.

낙향한 다산을 그리워 한 정조는 한밤에 내각의 서리를 보내, 책을 편찬하는 일이 있으니 들어올 준비를 하라고 전한다. 자신을 향한 정조의 변함없는 마음에 다산은 눈물을 흘리며 감격해 했다. 정조의 마음은 이미 자신의 생명이 꺼져가는 것을 알고 다산을 가까이서 잠시라도 보고 싶은 마음이었을 것이다. 이 일을 떠올릴 때마다 다산은 눈물을 감추지 못했다고 한다.

범과 용처럼 훌륭한 학자 군주 정조와 바람과 구름처럼 기꺼이 군주를 따르던 학자 신하 정약용의 풍운지회가, 물고기가 좋은 물을 만나 마음껏 헤엄치는 모습을 뜻하는 어수지계魚水之契로 이어진 것이다.

정조가 세상을 뜨자 가족을 데리고 고향으로 돌아온 정약용은 고향집의 당호堂號를 여유당與猶堂이라 지었다. 노자 《도덕경》의 다음 글귀에서 따온 이름이다.

망설임이여, 겨울에 시냇물을 건너듯 하고 與兮若冬涉川
경계함이여, 사방에서 엿보는 걸 두려워하라! 猶兮若畏四隣

비록 채제공과 정조의 죽음 이후 정약용의 운명은 풍전등화 같았으나, 인생의 만남의 묘미는 쉽사리 그 명을 다하지는 않는 듯하다. 정조와의 만남의 여운이 채 가시기도 전에 유배라는 운명의 굴곡을 넘어 그에게 다가오는 또 다른 만남이 기다리고 있었다.

과골삼천 스승과
삼근계 제자

1800년 11월 6일 사도세자의 묘소가 있는 수원 현륭원顯隆園에 '건릉健陵'이라는 이름으로 정조의 묘소가 차려졌다. 정조와 같은 군주가 떠나고 채제공과 같은 후원자도 없는 처지에 홀로 남겨진 다산은 40대로 접어들었다. 젊어서 배우고 익힌 것들을 한창 풀어내야 할 나이였지만 그는 날개 꺾인 새와 같은 신세나 다름없었다. 정조의 어린 아들 순조가 11세에 왕위에 오르자, 노론 벽파가 권력을 장악했고 큰 음모를 꾸미고 곧바로 행동을 개시했다. 채제공의 뒤를 이을 만한 정적들을 제거하는 일에 서학(천주교)을 이용했다. 이가환, 이승훈, 정약용 등 정조가 중용하려 했던 사람들이 붙잡혀왔다. 이가환, 이승훈은 배교까지 했으나 죽임을 당했고, 다산은 사지死地에서 겨우 목숨은 건졌으나 귀양살이가 시작됐다.

첫 귀양지는 포항 장기였다. 장기에서의 유배는 다산으로 하여금 강진 유배 시기에 많은 저작을 남기는 계기가 되었다. 그는 여러 지방의 수령과 암행어사를 거치며 민심을 바라보는 안목이 탁월했던 사람이었다. 그가 관리로 있던 곳마다 그를 칭송하는 민심이 오래도록 지속되었다. 그가 두 번의 국문鞫問을 거쳐 죽음의 위기 앞에 섰을 때도, 그의 후임 관리들이 그의 치적을 칭송하는 민심을 반영하여 적극적인 읍소를 올린 것도 한몫 했다.

하지만 장기에서는 상황이 달랐다. 이전에는 관리의 신분이었다.

이제는 유배자의 신분으로 농부, 광부, 어부들과 어우러져 살아가며 민초의 밑바닥 삶을 그들의 눈높이에서 깊이 들여다보게 된다. 그가 지은 시 중에 막 시집온 어린 며느리가 해녀로 물질하러 바다로 나가는 모습을 묘사한 시도 있다. 부패한 관리들에게 시달리고, 빼앗기고, 진상품을 바치느라 허리 펼 새 없는 민초의 삶이 그의 가슴 깊이 들어왔다. 9개월의 짧은 시간 동안 정약용은 농부들에게는 새로운 농사법을 가르쳤고, 어부들에게는 그물을 더 촘촘히 짜는 법을 가르쳤으며, 아파도 치료 받을 길이 없는 사람들을 위해 《촌병혹치村病或治》라는 의술서를 남긴다.

그에게는 주어진 상황이 문제되지 않았고, 벼슬 여부가 중요하지 않았다. 만나는 사람마다 정성을 다하고 선심을 나누는 그의 삶이 훗날 그가 저술한 《목민심서》의 바탕이 되었을 것이다. 유배는 그에게는 정치적 실패였으나 인생의 실패는 아니었다.

그 세월도 오래가지 못했다. 장기에 유배된 지 9개월 만에 '황사영 백서사건'이 발생하여 다산은 다시 형과 함께 국문장으로 끌려나갔다. 한 번도 견디기 힘든 국문을 한 해에 두 번이나 겪은 다산의 심정은 이루 말하기 어려웠을 것이다. 정약용만은 죽이고 싶어 했던 많은 정적들의 모함에도 불구하고 그를 아끼는 이들의 노력과 무고함이 증명되어 다산은 절체절명의 위기에서 벗어난다.

그렇게도 그리워하던 형 손암 정약전과 감옥에서 8개월여 만에 상봉했으나 기쁨을 나눌 겨를도 없었다. 형은 나주목의 흑산도로, 자신은 강진현으로 떠나야만 했다.

다산은 1801년 10월 20일 저녁 장기에서 체포되어, 감옥에 갇히고 재판을 받고 무죄로 밝혀지자 11월 5일 유배지만 바뀌어서 풀려

난다. 본격적인 추위가 시작되는 계절에 두 형제는 나주 율정에서 다시 볼 날을 기약할 수 없는 운명 앞에 목이 메어 하염없이 눈물만 흘리며 이별을 한다.

천주교에 물든 서학에 빠진 이가 강진으로 귀양왔다는 소문이 동네에 퍼졌는지 누구도 다산에게 문을 열어주지 않았다. 주막집 노파가 방을 내주어 한겨울을 동사하지 않고 지낼 수 있게 되었다. 다산은 잠시 머물 것 같았던 주막 뒷방에서 4년의 시간을 보내게 된다. 주막 노파의 도움으로 마을 사람들과 조금씩 관계를 트기 시작한 다산은 지방 아전의 자식들을 가르치면 어떻겠느냐는 제안을 받아 들여 사의재四宜齋라는 서당을 차리게 된다.

《사의재기四宜齋記》에 보면, "사의재란 내가 강진에서 귀양살이하며 살아가던 방이다. 생각은 마땅히 맑아야 하니 맑지 못하면 곧바로 맑게 해야 한다. 용모는 마땅히 엄숙해야 하니 엄숙하지 못하면 곧바로 엄숙함이 엉기도록 해야 한다. 언어는 마땅히 과묵해야 하니 말이 많다면 곧바로 그치게 해야 한다. 동작은 마땅히 후중해야 하니 후중하지 못하다면 곧바로 더디게 해야 한다. 이런 이유로 그 방의 이름을 '네 가지를 마땅하게 해야 할 방四宜之齋'이라고 했다. 마땅함이라는 것은 의義에 맞도록 하는 것이니 의로 규제함이다. 나이 들어가는 것이 염려되고 뜻을 둔 사업이 퇴폐됨을 서글프게 여기므로 자신을 성찰하려는 까닭에서 지은 이름이다"라고 쓰고 있다.

자신의 귀양생활을 어떻게 보낼 것인가 다짐이 느껴지는 글귀다. 진정한 선비의 마음가짐이요 몸가짐이라 할 수 있다. 다산초당茶山草堂을 짓고 '18제자'라 불리는 제자들을 받아들일 수 있었던 것도 사의재에서 시작된 것이다.

　　모두가 가까이 하기를 두려워하던 서학에 물든 귀양자 신세에서 작은 주막의 노파와의 만남은 그에게 학자로서의 마음과 몸가짐을 다시 가다듬을 수 있는 기회가 되었다.

　　주막에 세워진 서당이었던 사의재에서 공부한 읍중제자로 꼽히는 여섯 명의 제자들과 만나게 된다. 손병조, 황상, 황경, 황지초, 이청, 김재정 등의 이름이 기록으로 남아 있다. 그 가운데 황상과의 만남은 다산의 삶에 마지막까지 기억될 만남이 되었다. 다산과 황상의 자녀들까지도 '정황계'라는 약속을 통해 만남을 이어가게 되었다.

　　다산은 주막집 뒷방 사의재에서 기본기가 없는 아이부터 말귀를 잘 알아듣는 아이까지 다양한 아이들을 가르치게 되었다. 그중 동네 아이 하나가 정약용의 눈에 밝혔다. 다른 아이들에 비해 배우는 것이 더디고 느렸다. 그러나 정약용의 눈에는 글 쓰는 재주가 보였다. 영민하지 않고 빨리 알아듣지 못하며 모든 것이 느리고 오래 걸렸다. 다른 친구들에 비해 자신이 느리고 뒤처지자 어렵게 스승에게 이야기하기를 자신에게는 세 가지 문제가 있다는 것이었다. 첫째는 너무 둔하고, 둘째는 앞뒤가 꽉 막혔으며, 셋째는 답답한 사람인데 과연 자기가 공부를 할 수 있을까 하는 고민을 부끄럽게 이야기했다.

　　스승은 제자를 위해 그날의 이야기를 글로 써주었다.

　　배우는 사람은 보통 세 가지 큰 문제가 있다. 너는 그 세 가지 중에 하나도 없구나. 그것이 무엇입니까? 첫째는 민첩하게 금세 외우는 것이다. 이런 아이들은 가르치면 한 번만 읽고도 바로 외우지. 정작 문제는 제 머리를 믿고 대충 소홀히 넘어가는 데 있다. 완전히 제 것으로 만들지 못하지. 둘째, 예리하게 글을 잘 짓는 것이다. 이런 사람은 질문의 의도와 문제의 핵심을 금세 파악해낸다. 바로 알아듣고 글을 빨리 짓는 것은 좋은데, 다만 재주를 못 이겨 들떠 날리는 게 문제다. 자꾸 튀려고만 하고, 진중하고 듬직한 맛이 없다. 셋째, 깨달음이 재빠른 것이다. 대번에 깨닫지만 투철하지 않고 대충 하고 마니까 오래가지 못한다.

(…)

처음에는 누구나 공부가 익지 않아 힘들고 버벅거리고, 들쭉날쭉하게 마련이다. 그럴수록 꾸준히 연마하면 나중에는 튀어나와 울퉁불퉁하던 것이 반질반질 반반해져서 마침내 반짝반짝 빛나게 된다. 구멍은 어떻게 뚫어야 할까? 부지런히 하면 된다. 부지런히 하면 된다. 막힌 것을 틔우는 것은? 부지런히 하면 된다. 연마하는 것은 어찌해야 하지? 부지런히 하면 된다. 어찌해야 부지런히 할 수 있겠니? 마음을 확고하게 다잡으면 된다. 그렇게 할 수 있겠지? 어기지 않고 할 수 있겠지?

_황상, 〈삼근계〉 (정민, 《삶을 바꾼 만남》 재인용)

소년은 스승이 써준 글을 평생 어루만지며 살았다. 스승이 써준 글을 52년 동안 마음에 새기며 누더기 처럼 너덜너덜해질 때까지 지녔다. 그것을 본 다산의 아들 학유가 다시 친필로 써주었다고 한다. 그 아이의 이름은 황상黃裳이었다.

정학연은 이 글을 '면학문勉學文'이라 불렀고 황상은 이 글을 '삼근계三勤戒’라고 불렀다. 부지런하고, 부지런하고, 또 부지런해야 한다는 스승의 가르침을 가슴에 새긴 것이다.

황상이 학질에 걸려 괴로웠던 때가 있었다. 다산 역시 살과 뼈를 파고드는 듯한 고통에 밤새 잠도 이룰 수 없을 만치 앓아보았기에 제자를 염려하며 ‘학질 끊는 노래’를 지어주었다. 다산은 그 노래에서 어떤 장사도 못 견딜 고통이며, 어떤 선비도 무릎 꿇고 책을 보기 힘든 고통임에도, 황상은 붓을 잡고 초서를 그만두지 않을뿐더러 작은 글씨를 쓰는 일에도 조금의 떨림도 없다며 칭찬하고 있다. 제자의 병을 염려하여 노래까지 지어주며 격려하는 스승도 대단하지만 견디기 힘든 고통 가운데서도 스승의 가르침을 지켜 나가려는 제자의 진심어린 노력도 가상하다.

정약용이 18년간의 유배생활 동안 공부하고 또 공부하다 복사뼈에 세 번이나 구멍이 났다는 뜻의 사자성어로 ‘과골삼천踝骨三穿’이라는 말이 있다. 황상 역시 일흔여섯의 나이에도 공부를 손에서 놓지 않자, 주변에서 그 연세에 무슨 영화를 누리려고 그렇게 공부만 하느냐고 핀잔을 했다고 한다.

황상이 대답하기를 “스승 정약용이 복숭아 뼈가 세 번 구멍나도록 한 자리에 앉아 공부하고 또 공부했다”는 것이다. “그에 비해 자신의 복사뼈는 아직도 건재하고 여태 아무것도 이루지 못한 것이 부끄럽다. 그래서 자신은 일흔이 넘은 나이에 눈도 잘 보이지 않으나 공부를 그만 둘 수가 없다”는 말이었다.

삼근계를 명한 스승의 가르침을 새기며《장자》를 베껴 쓰고, 육유의 시를 베껴 썼다. 스승이 시를 배우려면 반드시 육유의 시를 넘어서야 한다고 가르쳤기 때문이다. 다산의 안목은 틀리지 않았다. 시를 베껴 쓰던 그가 시를 쓰기 시작했고 한 구절 한 구절이 스승의 마음을 기쁘게 해 읽는 이들을 감탄하게 했다. 스승의 속 깊은 칭찬과 때로는 불벼락 같은 나무람이 그를 자라게 했다. 평생에 다산을 한결같이 섬긴 제자는 황상 한 사람뿐이었다.

　제자 황상은 부지런해야 한다는 다산의 말을 듣고 다산에게 배운 대로 읽고 필사하고 글 짓는 일에 자신의 평생을 바쳤다. 농부의 아들이라 공부를 손에서 놓고 농사일을 보던 50년 세월에도 그는 스승의 가르침을 한시도 잊은 적이 없었다. 노년에 스승의 가르침을 따라 공부의 길에 들어선 후에는 읽고, 필사하고, 글 짓는 일에 삶을 다 바쳤다. 베껴 써서 쌓아놓은 화선지의 높이가 자신의 키를 넘어가도록 쌓여서 온 집 안에 가득 찼다. 부지런히 성실하게 하는 것이 황상의 장점이었다. 다산은 그런 황상의 장점을 예사롭게 보지 않았고, 부지런함으로 공부에 정진하면 조선 최고의 문장가가 될 것이라 믿고 격려했다. 스승도 제자도 대단했다. 황상은 성실함 하나로 조선 후기 19세기에 최고의 지식인 두 사람, 즉 다산과 추사를 스승으로 둘 수 있었다. 오로지 부지런함 하나로 일어섰으며 끝까지 학문의 길에서 떠나지 않고 버틸 수 있었다.

　황상은 글을 짓는 일뿐 아니라 글씨도 잘 썼다. 조선 후기에 문장으로는 최고의 시인이라고 인정받을 정도로 글 솜씨가 대단했다. 추사가 황상의 글을 보고 그를 만나고 싶어 해배된 후 집보다 먼저 황상을 찾아갔을 정도였다. 추사의 집에 식객으로 머물던 황상을 포함하여 여러 제자가 있었으나 아무도 이 사람을 대적할 수 없다고 할 정도로 황상을 높이 평가했다.

　그럼에도 불구하고 황상은 스스로를 '다진茶塵'이라고 했다. 자신은 '다산에 비하면 다산의 티끌 같은 존재'라는 뜻이다. 강진 시절 다산의 많은 제자들이 출세와 입신양명을 위해 다산과의 관계가 멀어져갔지만 황상은 가족의 생계를 위해 산 속에 은거하여 돌밭을 개간하면서도 스승의 가르침을 잊지 않고 언젠가 스승의 가르침을 실행할 날만 기다리고 있었다.

다산은 해배 후 10년 세월이 흐르도록 황상의 안부를 물었으나 백적산에 들어가 농사를 짓는다는 소식만 들었을 뿐이었다. 다산 부부가 회혼연回婚宴을 연다는 소식과 스승의 건강이 좋지 않다는 소식에 황상은 더 늦기 전에 남양주에 있는 스승을 찾아뵌다. 스승의 나이 일흔다섯, 황상의 나이 마흔아홉이었다. 열다섯에 스승을 처음 만나 34년의 세월이 흐른 것이다.

강진에서 길을 떠나 열흘을 넘게 걷고 또 걸어 흙투성이 발에 초췌한 몰골로 스승 앞에 십수 년만에 엎드린 제자는 울음을 그치지 못했다. 기쁨을 만끽하기에는 스승의 건강이 너무 나빠져 있었다. 며칠간 스승 곁을 비우지 않고 정성껏 돌봤다. 스승의 상태가 나아지는 듯하여 돌아갈 마음을 아뢰자 아들 학연이 작은 꾸러미 하나를 건넸다. 제자가 먼 길을 다시 돌아간다는 이야기를 듣고 잠시 정신을 차린 사이에 그에게 줄 선물을 준비하도록 시킨 것이었다.

보따리에는 《규장전운奎章全韻》 한 권, 중국제 먹과 붓 하나, 부채 한 자루와 담뱃대 하나 그리고 엽전 두 꿰미가 들어 있었다. 누구라도 눈물을 주체하지 못했으리라. 스승의 마음이 한가득 담긴 보따리였다. 눈물의 절을 올리고 잠시 서울에 머무는 동안 제자는 스승의 부고를 듣게 된다. 그는 다시 스승의 집으로 돌아와 자식처럼 장례를 마치고 상복을 입은 채로 고향으로 돌아갔다.

다산의 아들 정학연에 의하면 황상은 매번 아버님의 기일에는 옷을 단정히 하고 북쪽을 향하여 곡을 했다고 한다. 나이가 일흔이 넘어서도 절 올리는 것을 멈추지 않았으며, 천릿길 가까운 거리를 발을 감싸고 아버님의 산소를 찾아온 것이 세 차례나 되었다고 한다.

10여 년이 지난 후 황상은 다시 상경하여 정학연을 불쑥 찾아갔다. 너무나도 그를 그리워하던 정학연은 마당으로 뛰어 나와 그를 맞이했다. 동생 학유를 부르고 온 집 안이 부산스럽게 움직였다. 마침내 마주 앉은 두 형제와 황상, 그의 손에는 부채 하나가 들려 있었다. 스승의 임종 전 마지막으로 찾았을 때 스승이 준 부채였다. 학연과 학유, 그리고 황상도 다산을 떠 올리며 함께 눈물을 흘렸다. 어린 나이에 만나 가르침을 받았으나, 그 형편이 어려워 오랜 시간 교유가 없었던 황상이지만 스승을 향한 마음이 변치 않고 깊은 것에 자식들조차 감동했을 것이다.

학연은 세 집안 자손들의 이름과 나이, 자호 등을 나란히 쓰고 그것을 각각 한 벌씩 나눠가지는 것으로 정황계를 맺자고 제안했다. 정황계안丁黃契案이 그것이다. 정황계에는 "두 집안의 후손으로 하여금 대대로 신의를 맺고 우의를 다지는 계契로 삼게 하고자 한다. 아아! 제군들은 삼가 잃어버리지 말진저"라고 기록되어 있다. 그러나 세월이 흐르며 양가의 왕래도 끊어졌으나 다산 탄생 250주년, 정황계 작성 154년을 맞은 2012년 두 집안이 다시금 우의를 맺어 그 약속을 이어가기로 했다고 하니, 만남의 깊은 맛이 백 년 익은 향기가 나는 듯하다.

황상은 노년에 산속으로 들어가 스승처럼 초가집을 하나 지어 일속산방一粟山房을 만들었다. 황상이 노년에 가깝게 지냈던 김류(金瀏,

1814~1884)의 《일속산방설—粟山房說》에서 일속산방은 '좁쌀 한 알 같은 좁은 방 안에 온 우주를 담아놓은 곳'이라고 설명한다. 작지만 사실은 세상에서 가장 큰 집이며, 깊은 사상과 철학을 아우르는 광대한 지식의 산실이었다. 일속산방에 들어가면 양 벽에는 1,400여 권의 책이 있었고, 벽 한복판에는 세계지도가 그려져 있었다고 한다. 좁쌀만 한 공간에 그는 세계를 농사짓는 심정으로 기경했음이 틀림없다.

황상은 일속산방을 통해 스승의 다산초당을 이어가고 싶어 했다. 스승의 가르침을 실현하는 마지막 걸음이었다. 황상이 일속산방을 설계를 했을 때 스승은 이미 세상을 떠났지만 다산의 장남 학연은 아버지가 너무나 기뻐하셨을 일이라며 좋아했다고 한다.

마음에 새긴 가르침이자, 제자의 삶에 스며든 스승의 삶이다. 그렇게 살라고 강요한다고 해서 살아질 수 없는 삶을 기꺼운 마음으로 살아가게 하는 가르침이란 어떤 가르침일까? 호된 꾸지람 속에 묻어 있는 애틋함, 아낌없는 칭찬 속에 스며 있는 경계의 소리를 느끼고 들을 수 있는 제자였기에 가능했을 것이다. 스승은 좋은 제자를 만나 참된 스승이 되고 제자는 좋은 스승을 만나 참된 스승이 된다. 좋은 제자는 좋은 스승이 될 수밖에 없다.

짧은 만남 긴 여운
혜장 스님

유배온 지 4년, 다산은 아이들을 가르치며 마을 주민들과 마음을 터놓고 지내게 되면서 주변을 유람할 여유도 조금씩 생기고 있었다.

그런 다산에게 잠자는 시간도 아까울 만큼 새로운 만남이 찾아왔다.

백련사白蓮寺에 새로 온 젊은 주지승이 그를 만나고 싶어한다는 풍문이 들려온 것이다. 다산은 산책하듯 백련사를 찾았고, 자신이 누구라 밝히지 않은 채 주지승인 혜장惠藏을 만나 이런저런 대화를 나누었다. 이윽고 작별한 후 혜장은 여운이 이상하여 아까 찾아온 손님이 다산 정약용인 것을 알고는 다산의 뒤를 달음질하여 쫓아갔다.

혜장은 어려서부터 천재로 소문나 여러 스승을 찾아다니며 불경을 배웠다. 하지만 웬만한 가르침은 허탈감만 더해줄 뿐이었다. 유교 경전에도 해박했고 《주역》에도 조예가 깊었던 대단한 학승이었다. 풍류를 알고 거침이 없는 언사로 유명했다. 다산의 공부의 깊이를 헤아리지 못하던 혜장은 거침없이 자신의 학식을 풀어놓았고, 다산은 말없이 웃음만 지어 보였다. 자신보다 10여 년 젊고 치기어린 학승을 보며 알 수 없는 웃음을 보이던 다산의 한두 마디 질문에 혜장은 난생처음 무릎을 꿇었다.

다산은 혜장에게 겸존이광謙尊而光을 권면했다. "겸손은 높고 빛난다"는 뜻이다. 혜장이 꾸밈없고 아첨하는 태도는 없으나 그를 잘 모르는 사람은 교만하다고 생각할 것을 염려하여 자제하기를 권한 것이다. 다산은 그에게 아암兒庵이라는 호를 지어주기도 했는데 아이처럼 고분고분해지라는 뜻이다. 자신의 젊은 날을 보았기 때문일까. 그에 대한 거침없는 애정이 다산에게서도 쏟아져 나왔다.

혜장과의 짧은 교유를 통해 다산에게서도 봇물 터지듯 글들이 쏟아져 나왔고, '견월첩見月帖'이라는 이름으로 서로가 시로 화답한 내용을 각기 엮었다. 여러 제자를 가르쳤지만 자신의 학문 세계와 견줄 만한 대화 상대를 찾지 못하던 학자로서 갈증이 일시에 해소되는 만남이었다.

혜장과 다산은 쏟아지는 폭포수와 같은 첫 만남으로 시작하여, 유유히 흐르는 강물 같은 만남으로 이어갔다. 불가의 학승과 유가의 학자가 서로의 입장 차이만 확인하는 만남이 될 수도 있었을 것이다. 그러나 두 사람은 온종일 대화를 나누는 것도 모자라 잠자리에 누웠다가도 잠을 이루지 못하고 찾아가 문을 두드리면 기다렸다는 듯 반갑게 맞이하여 밤새 대화를 나누기도 했다.

다산에게 혜장과의 만남은 더운 여름 날 냉수 한 그릇 같았을 터였다. 그러나 완전히 해갈이 되기도 전에 혜장은 대둔사로 돌아가야 했다. 다산은 그를 만류하며 천천히 가도 별 문제없으리라고 회유했지만, 혜장은 가고 머묾에 마음을 쓰지 않았다. 오히려 어찌 한곳에만 머물러 있을까라고 답하고는 대둔사로 돌아갔다.

다산이 유배간 지 4년만에 그의 아들 학유가 아버지를 찾아왔을 때의 일이다. 그는 아버지가 유배간 후 기우는 집안을 일으켜 세울 힘도 없었고, 돕는 이도 없었으니 익숙하지 않던 농사로 연명하느라 공부에 충실하지 못했다. 다산의 〈학가가 왔기에 데리고 보은산방에 가서 짓다學稼來携至寶恩山房有作〉라는 장시에 보면 "손님이 와 방문을 두드리기에 자세히 살펴보니 내 자식인데 4~5년간 그 모습만 생각했다"고 썼다. 진흙 묻은 옷에 허리도 제대로 펴지 못하고 갈기가 겨우 난 나귀 새끼 한 마리 겨우 마련하여 먼 길 온 행색에 마음이 서글퍼졌다"고 말한다. 마늘 농사를 지어 내다 팔아 노잣돈을 마련하여 아버지를 찾아왔지만, 자신도 갈 곳 없고 줄 것 없는 신세임을 한탄한다. 그 아들을 가르쳐 돌아가 동생의 스승이 되라고 이르지만, 정작 몸 누일 공간조차 여의치 않을 때 혜장이 고성사高聲寺라는 절에 보은산방이라는 방을 마련해주었다.

아버지와 아들의 겨울나기는 공부로 채워졌다. 공부를 마칠 무렵 자신의 제자 황상을 불러 학연과 만나게 한다. 이들의 만남도 예사롭지 않다. 그들은 이후에 평생지기가 되었고, 황상이 추사를 만나는 계기가 되었다. 산 속 농부 황상이 명문대가를 오가며 시를 나누는 기회로 이어지기 때문이다.

젊어서부터 차를 좋아하던 정약용이 차에 일가견이 있는 혜장을 만나면 차담茶啖 속에 시담詩談을 나누었다. 차가 떨어지면 다산은 혜장에게 차를 보내달라는 시를 지어 보내기도 했다. 혜장에게 소개받은 초의草衣라는 젊은 스님이 후에 '다선茶禪'이라는 이름으로 불리게 되고, 한국의 다경茶經이라 할 만한 《동다송東茶頌》이라는 책을 저술하여, 우리 고유의 차 문화가 전수 되는 데 큰 기여를 하게 된다.

아버지와 아들의 공부가 어느덧 마무리되어갔고 제자 황상과 혜장까지 합석하여 시 짓기 시합을 하니 40구절의 긴 시가 완성되었다. 네 사람이 지은 시가 한 사람의 작품처럼 이어졌다. 만남은 '맛남'이라고 했던가? 몇 마디 주고받으면 어색한 침묵만 이어지는 경우도 많지만 이들은 달랐다. 유배 온 선비 하나, 가세가 기울어 농사짓는 선비 하나, 시골 농사꾼의 자식 하나, 속 풀 곳 없어 술로 속풀이 하는 땡중 하나, 이렇게 넷이 만났는데 그 품격은 고매한 선비들의 그것 이상이었던 것이다.

세월이 살 같이 흘러 다산과 혜장이 만난 지도 6년 여를 채워가던 무렵, 갑작스러운 혜장의 죽음이 찾아왔다. 다산은 제문을 지어 혜장의 영혼을 위로하고 자신을 위로했다.

슬프구나.

연잎이 때 되어 물을 뚫고 나왔으나

붉은 꽃봉오리 피지는 못했네

작은 청개구리만이 푸른 잎에 올라

종일토록 얌전히 앉아만 있네

다산은 주막 뒷방 사의재를 시작으로 아들과 공부했던 보은산방을 거쳐, 제자 이학래의 집에 마련했던 묵재黙齋 그리고 마침내 다산초당으로 옮긴 이후에는 귀양살이인지 모를 만큼 많은 사람들과의 학문적 교류를 이어갔다. 그동안 둘째 학유도 아버지 곁에서 2년 여를 머물며 공부를 하다 돌아갔다.

누군가를 만나는 기쁨도 크지만 그만큼 이별의 상실감도 크다. 혜장의 죽음 이후 벗을 잃은 상실감이 그를 괴롭혔다. 그러나 학자는 학문으로 푸는 법. 다산은 그때부터 저술에 집중하게 된다. 다산학茶山學으로 불릴 만한 업적을 남기는 대장정이 시작된 것이다. 500여 권에 이르는 저술 대부분이 다산초당에서 쓰였다. 그리고 그의 모든 저술에는 혜장과 함께 나누었던 '차담 속 시담'의 흔적이 묻어났을 것이다.

풀 집에 사는 유학자와
풀 옷을 입은 불제자

다산의 교육 철학은 황상에게 내려준 삼근계에서 보듯이 처음부터 뚜렷했다. 머리가 둔하고, 앞뒤가 막혀 답답하고, 이해력이 부족하다고 고민하는 황상에게 외우기를 빨리하면 재주만 믿고 공부를 소홀히 하는 폐단이 있고, 글재주가 좋은 사람은 빨리 쓰지만 내용이 부실하게 되고, 이해가 빠른 사람은 한번 깨친 것을 대충 넘기고 곱씹지 않으니 깊이가 없는 경향이 있다고 했다.

제자를 거두어 가르치면서도 항상 경계하는 것은 이 세 가지였다. 초의는 배움에 대한 열정이 대단하여 명망 높은 불교의 선지식들을 두루 찾아다니며 배움을 청했으나 아홉 차례의 봄을 보내도록 허송세월만 한 것 같다는 탄식을 남겼다. 초의는 혜장과 다산 정약용의 이야기를 듣고 자신도 가르침을 청했다. 풀 옷草衣 입은 초의 스님이 풀 집艸堂에 사는 다산 정약용을 만난 것이다.

초의의 진지한 탐구정신과 뜨거운 학구열에 감동한 다산은 너무 일찍 타계한 혜장에게 못 다한 마음을 풀어놓으려는 듯 폭넓고 깊은 공부를 이끌어갔다. 다산은 혜장과 주로 《주역》을 공부했다면 초의에게는 《주역》뿐 아니라 시서화의 넓은 경지를 보여주고 싶어했으며, 불교를 넘어 유불선의 통합적 교육을 시도했다.

초의의 열정을 본 다산은 스승 옹방강의 시를 보여주며 젊은 열정을 조금은 가라앉히려 했다. 스승 옹방강이 가파른 골짜기에서 쏟아져 내리는 물줄기를 그린 〈만학분류도〉라는 그림에 쓴 시를 이야기하며 현학적인 놀음을 멀리하고 깊은 내면의 성찰을 추구하는 진중함을 주문하기도 했다.

"천하의 장관인 삼묘三泖가 바다로 흘러드는 항주만杭州灣에 고깃배 빌려 타고 그 물결 위에 거문고를 타며 노니는 꿈을 꾸곤 했다. 하지만 그런 장쾌함도 좋지만 깊은 산 바위 아래 굽은 나무줄기에 걸터앉아 있으니 그런 꿈은 간데없고 적막하게 식은 마음만 남았다."

　다산은 혜장과의 관계에서와 마찬가지로 불교의 세계에만 머물지 말고 더 널리 도를 구하며 세상을 이롭게 하는 길로 나아가도록 이끌려고 애를 썼다. 전하는 말에는 혜장은 다산을 만나 《주역》을 공부하며 세상의 이치를 깨달을수록 불교에 귀의한 것에 대한 회의가 깊어졌다고 한다. 그 영향으로 초의가 다산 곁에서 《주역》과 시서화를 공부하며 머무는 시간이 길어지자 대흥사로 돌아온 후 다산에게 배움을 위하여 자주 찾아가는 걸음을 제지당하기도 했다.

　내 항상 자하동을 그리워 하니 / 꽃 나무들 지금 한창 우거졌겠다. / 장마비가 괴롭게 길을 막아서 / 봇짐 묶고 20일을 지나 보냈네. / 어른의 분부가 특별하여도 / 진정을 호소할 방법 없었지 / 달과 별이 한밤중에 훤히 보이고 / 구름장은 맑은 새벽 흩어지누나. / 기쁜 마음 길 떠날 작정을 하니 / 물색은 참으로 신선도 해라 / 옷자락 걷고서 시내를 건너 / 고개 숙여 깊은 대숲 뚫고 나섰네 / 발걸음 만폭교에 이르렀는데 / 날씨가 문득 다시 찌푸리누나. / 골바람 숲 흔들며 일어나더니 / 빗 기운 산 속을 온통 적신다. / 물방울 수면 위로 튀어 올라서 / 가는 무늬 비늘처럼 일어나누나 / 가다 말고 혼자 다시 되돌아서니 / 구슬픈 맘 말로는 다할 수 없네 / 60리 길 오히려 이와 같다면 / 무엇으로 세상 끝을 가본단 말가 / 슬프다 일곱 자의 몸뚱이로는 / 가벼이 날아올라 갈 수가 없네

　초의가 1813년에 지은 〈비에 갇혀 다산초당에 가지 못하고阻雨未往茶

山草堂〉라는 시다. 스승을 만나러 가고 싶었으나 봇짐만 꾸려놓고 20일이 지났다. 날이 개는 듯하여 새벽부터 길을 나섰으나 다시 비가 내려 중간에 돌아서야만 했다. 스승과의 만남을 사모했지만 갈 수 없는 슬픔을 느낄 수 있는 시다. 날아서라도 가고 싶으나 그럴 수 없음이 한탄스럽다는 고백이다. 이미 20대 초반에 많은 불교의 선지식을 통해 나름의 학문의 경지에 도달한 초의였으나, 다산을 만나 가르침을 받으며 학문의 넓고 깊은 세계에 눈을 뜨게 된 것이다. 스승의 자애로운 가르침에 깊이 매료된 것이 틀림없다.

1년이 채 안 되는 기간 동안 스승 곁에 머물며 가르침을 받다 대둔사로 돌아가야 할 때가 되었을 적에도 〈봉정탁옹선생奉呈籜翁先生〉이라는 시를 지어 올렸다. '탁옹'은 다산의 별호 중 하나다.

9년간 영호남 땅을 돌아다니며 학자들과 선지식을 찾아다녔으나, 막상 가서 만나보면 냄새 나는 어물전 같이 비린내 나는 가짜들이었다고 한다. '어려운 시대에 길을 찾아 묻고 싶어도 물을 곳 없었던 자기를 위해, 하늘이 스승을 가까운 곳에 두셨으니 이제 작별하는 말씀이라도 내려주시면 깊이 새겨서 허리띠에 써서 간직하겠다'고 고백하는 내용이다.

인생의 짧지 않은 시간을 스승을 찾아 헤매던 한 젊은이가 마침내 스승을 만나 눈이 열리고 길이 보이는 경험을 했다. 하지만, 정해진 길이 달라 이별을 못내 아쉬워하는 마음이 엿보이는 가슴 찡한 장면이다. 그런 스승이 있는 인생은 그 자체로 행복하다. 그리움이 때론 만남보다 행복일 때가 있다. 마침내 다시 만나면 그리움보다 더 큰 행복이 솟아나기 때문이다.

초의가 여전히 불교의 더 깊은 가르침을 찾아 곳곳을 떠돌며 공부한다는 이야기를 듣고는 다산이 말했다.

"해야 할 공부가 산더미인데, 다 아는 네가 무엇을 또 배울 것이 있다고 지리산까지 들어가 불경 공부를 하겠다는 것이냐? 대체 너를 가르칠 수 있는 중이 누구더란 말이냐? 이 금쪽같은 시간을 아껴 써도 안타까운데 너는 거기서 좀체 헤어나지를 못하는구나. 그리 가지 말고 이리 오너라. 한 번 더 생각해보거라. 후회를 남기면 안 된다."

조금은 짜증과 질투가 섞인 스승의 훈계다. 다산은 초의가 차라리 불문을 떠나기를 원했다. 그래서 유불교를 뛰어 넘어 진정한 학문의 세계를 향해 나아가길 원했지만 현실적으로 어려운 일이라는 것도 알고 있었다.

진정한 스승은 제자를 자기와 같은 사람으로 만들려는 사람이 아니다. 청출어람청어람靑出於藍靑於藍의 진정한 의미는 스승과 같은 제자가 아니라 제자다운 스승이 되는 것이리라. 제자가 어떠한 사람인지 알기에 그가 가장 그다운 사람이 되도록 가르치는 스승이 진정한 스승이다.

다산은 불가에 뿌리를 둔 혜장이나 초의를 보며 그것에만 얽매이지 말기를 가르쳤다. 하지만 유교로 그들의 종교적 신념을 바꾸라는 강요가 아니라, 그 모두를 뛰어넘은 진정한 깨달음으로 나아가기를 한없이 격려했다.

이들 만남의 묘미는 '다름'이 '틀림'이 되지 않고 '바름' 안에서 '옳음'을 추구하는 진정한 학문적 교유를 나눈 만남이었다. 개인적 만남에서나 사회적 만남에서 다툼은 다름에서 비롯된다. 다름에서 시작되는 다툼은 다양성을 인정하지 않는 편협함에서 시작된다. 다름을 다양성으로 보는 시각의 전환만으로도 사회는 많이 훈훈해질 것 같다. 다름이 새로움이 될 때 창조성이 움튼다. 내 안의 창조성을 각성시키는 좋은 길은 다름을 배척하지 않고 다름으로부터 배우는 것이다.

다산은 해배 후 고향으로 돌아올 때 3,000여 권의 책을 몇 대의 수레에 나눠 싣고 올라왔다. 그중 500여 권은 강진 유배 시절 쓴 책이었다. 2,500여 권의 책을 유배지에서 읽고 공부한 것도 대단한 일인데 저술한 책만 500여 권이 된다고 하니 슬기로운 유배생활이었던 것 같다. 이러한 저술들이 엮어지는 데는 제자 이학래와 황상 등의 역할이 컸다. 혼자의 힘만으로는 감당하기 어려웠을 것이다. 시대를 깨우고 정신을 깨우고 사람을 깨우는 앞선 생각들이 쏟아져 나오고 그것들이 책으로 정리되는 일에 그들이 큰 역할을 했다.

다산은 대단한 벼슬도 큰 재산도 남기지 못했지만 사람과 글과 그림을 남겼다. 만남의 선물이다. 만남은 만남을 낳고, 만남은 역사를 낳는다. 역사는 사람과 사건이다. 사람과 사람이 만나면 사건이 일어난다. 사람들의 만남의 이야기가 역사적 사건이 된다. 역사 공부는 사람과 사람이 만난 이야기를 들여다보면 된다. 그들이 만났고 그들이 이야기 나누었고 그것은 역사가 되었다.

정약용과 정조가 만났고, 정조와의 이별은 가족과의 이별이 되었다. 그 이별은 또 다른 만남으로 이어졌다. 황상과 혜장, 초의를 만났다. 초의는 학연과 황상을 만났다. 그 만남으로 황상은 추사와 만나게 된다. 사람 만남이 사건 발생의 이유가 되었다. '조선의 르네상스'는 만남에서 비롯되었다. 역사는 만남을 따라 굽이쳐 흐른다.

혜장과의 짧은 만남은 저술에 전념하게 되는 긴 여운만이 아니라

다산 정약용

초의라는 제자와의 만남으로 이어졌다. 이제 초의와 함께 추사의 만남의 이야기를 열어보자.

이제
만나러 갑니다!

다산 정약용

다산 유적지
실학박물관

장기읍성

볼정삼거리
보은산방
백련사
사의재
대흥사 다산초당

남양주 다산 유적지, 실학 박물관

다산이 태어나고 자랐으며, 정조 사후 관직에서 물러나 여유당與猶堂이라 이름 짓고 살엄음판을 걷듯 사람들을 피해 지내다 유배를 떠났다. 유배 후 고향인 이곳에서 많은 친구들과 교류하다 마지막 숨을 거두었다. 다산의 꿈이 자라고 몸을 사리고 마지막 생을 보낸 곳을 차분히 걸으며 호흡으로 다산의 숨결을 느껴보자.

유적지 내에는 그의 생가인 여유당과 다산의 묘, 다산문화관과 다산기념관이 있다. 다산문화관에는 저서들에 대한 간단한 소개가 있다. 다산기념관에는 거중기, 녹로, 유배생활을 했던 강진 다산초당의 축소 모형 등을 전시하고 있다.

다산 유적지 바로 옆에는 큰 규모의 실학박물관이 있다. 당시 시대를 깨우고자 했던 실학사상의 흐름을 살펴보며 오늘날 우리가 추구할 실사구시의 정신은 어떠해야 하는가 생각해봄 직하다. 팔당호를 끼고 다산 생태공원이 있어 다산의 길을 걷는다는 마음과 다산이 만났던 친우들과 제자들의 만남을 생각하며 걸어보자.

다산 유적지 입장료는 무료이며, 매주 월요일과 신정, 설날 & 추석 당일은 휴무다.

📍 경기도 남양주시 조안면 다산로747번길 11 다산정약용선생유적지

포항 장기읍성

포항시에서 해안도로를 따라 계속 북으로 올라가면 구룡포항과 장기곶에 도착하게 된다. 장기읍성(사적 제 386호)은 일제강점기 때 읍성 내의 건물들이 대부분 일제에 의해 파괴되었는데, 향교가 주민들에 의해 복원되었고 옛 동헌터 등이 남아 있다. 성벽도 많이 보수가 되어 둘레길처럼 걸으며 내려다보면 멀리 바다가 보이는 마을 풍경이 아름답다.

장기읍성은 고려시대 이전부터 있었던 고성일 가능성이 높은데 우암 송시열과 다산 정약용이 이곳에서 귀양살이를 했다. 다산 정약용이 민초들과 시선을 맞추며 목민관의 마음을 가다듬으며 농업, 어업, 의학 분야에 많은 도움을 주었던 마음의 결을 느껴보자.

📍 경상북도 포항시 남구 장기면 읍내리 127-2 외

나주 율정점, 율정삼거리

다산 형제의 깊은 슬픔이 스며 있는 곳이다. 나주 동신대 후문에서 북쪽으로 약 300m 정도 가면 삼거리가 나오며 율정마을이 보인다. 1801년 신유박해 때 강진으로 유배 가는 다산과 흑산도로 유배 가는 그의 형 손암 정약전이 유배지로 향하기 전, 이 마을에서 마지막 밤을 보냈으며 〈율정별리〉라는 시를 지었다. 현재 '서문주막'이라는 이름으로 율정점을 엉뚱한 곳에 재현해놓았는데, 위치는 그곳이 아니지만 잠시 들러 두 형제를 생각해보는 정도는 괜찮을 듯하다.

📍 전라남도 나주시 용산동 275-1

사의재

동문 밖 주막 뒷방에 차려진 마을 서당. '네 가지를 마땅히 해야 하는 방'이라는 뜻의 사의재. 강진으로 귀양 와서 처음으로 거주한 곳이며 처음으로 제자들을 거둔 곳이다. 평생 사제 간의 애틋한 의리를 이어간 황상을 만난 곳이기도 하다. 주막집 마루에 걸터앉아 삼근계를 내려주던 다산과 황상을 생각해보자. 아름다운 만남의 풍경이 그려질 것이다.

📍 전라남도 강진구 강진읍 사의재길 27

백련사

천년고찰로 다산과 혜장의 만남과 학문적 교류가 이루어진 곳이다. 시와 경과 《주역》과 차가 어우러져 만남의 향기를 짙게 하는 곳이다. 가만히 차 한 잔과 생각에 잠겨볼 만하다. 혜장을 찾아 왔던 초의와의 만남도 이곳에서 이루어져 평생 사제의 정을 나누고 다산의 아들과는 평생 친구의 정을 나누게 된다. 백련사에서 다산초당으로 오는 길을 걸으며 숨 가쁜 기대감으로 오갔을 다산과 혜장을 떠올려보자.

📍 전라남도 강진군 도암면 백련사길 145번지

강진 고성사 보은산방

다산이 큰아들 학연과 공부방을 차린 보은산방이 속한 고성사. 올라가는 길이나 내려오는 길에 영랑 생가와 시문학관 기념관도 함께 방문해볼 수 있다. 보은산 테마공원도 꽤 아름다운 곳이다. 고성사에서 내려다보이는 풍광은 한여름의 더위도 잊게 만들 시원함이 있다. 혜장도 황상도 방문하여 한판 시짓기 경연대회도 열었던 즐거운 추억의 자리다.

📍 전라남도 강진군 강진읍 고성실 260

강진 다산초당

다산의 강진 유배 시절 가장 긴 시간을 보낸 마지막 처소다. 유배생활을 하던 중, 1808년에 윤규로尹奎魯의 산정이던 이 초당으로 옮겨 1818년 귀양에서 풀릴 때까지 10여 년간 생활하면서, 《목민심서》 등을 저술하고 실학을 집대성함으로써 다산학 또는 실학사상의 산실로 알려져 있다. 다산과 제자들의 공부의 열기가 느껴지는 곳이다. 묵향, 시향, 다향에 취해볼 만한 곳이다. 올라가는 길에 다산기념관과 다산수련원을 거쳐 올라가면 좋은 정보를 얻고 갈 수 있다.

📍 전라남도 강진군 도암면 다산초당길 68~35

해남 대흥사

대흥사 창건 시기에 대해서는 여러 설이 있지만 신라 진흥왕 5년(544년)에 아도화상이 창건한 것으로 알려져 있다. 천불전과 표충사 구역의 서산대사 사당도 유명하다. 경내에 걸려 있는 현판 글씨는 조선시대의 명필가들이 직접 쓴 것으로 조선시대 서예의 진면목을 엿볼 수 있다. 특히 대웅보전의 현판 글씨는 추사 김정희와 원교 이광사의 일화로 유명하다.

다산과 추사를 이어주는 초의 선사가 일지암을 짓고 40여 년간 수도했던 곳이다. 최초의 다서인 《동다송》을 이곳에서 저술했다. 다선일미茶禪一味, 차 안에 부처님의 진리와 명상의 기쁨이 녹아 있다는 뜻이다. 세상 시름 다 잊고 차 한 잔에 인생을 담아보자.

📍 전라남도 해남군 삼산면 구림리 799

column

다산과 황상의 만남이 주는 감동은 어디에 있을까? 무엇보다 남다른
학식과 천부적인 재능을 가졌던 스승 정약용이, 둔하고 느리고 답답한
제자 한 사람을 포기하지 않았다는 데 있다. 어설픈 지식으로 말귀를
못 알아듣는다고 제자에게 핀잔만 주고 가르치기를 포기하는 선생들이
많다. 심지어 학교도 버릴 아이들은 버리고 가는 모양새다. 학업을 끝까지
마치지 못하고 이탈하는 학생들이 매해 늘어나고 있다. 대학진학률은
당당하게 세계 1위를 수년간 유지하고 있지만, 문맹율과 문해력文解力,
literacy은 최하위에 있다. 대학에서 가르치는 사람들의 가장 큰 어려움은
학생들의 낮은 문해력이다. 문해력이 떨어지면 이해력도 떨어진다.
난독증難讀症도 같은 원인에서 출발한다.
같은 연령의 아이들이라 해도 학습능력은 개인차가 있다. 나이가
같다고 수십 명을 한 교실에 넣어놓고 같은 교과과정으로 가르치는 것은
잘못된 교육방법이다. 지금 우리가 받고 있는 교육은 산업화와 함께
시작된 집단교육인 공교육이 150년 넘게 유지해오는 방법이다. 정면에
칠판이 있고 교사와 교탁이 있고 학생들은 책걸상에 앉아 앞만 바라보며
일방적으로 듣기만 해야 하는 교육의 역사는 그만큼 오래되었다.
학생들이 모두 이해했는지, 모르고 넘어가는 것은 없는지 일일이 관심을
가질 수가 없다. 그 시간들이 누적되면 학생들이 포기하는 과목이 하나둘
늘어나게 된다. 그것은 전체 학습능력에도 영향을 미친다.
교육은 사람답게 살 수 있도록 돕는 수단이다. 인간이 태어나 교육을
받음으로써 자기 시대에 책임 있는, 사람다운 삶을 살아갈 수 있도록

돕는 것이 교육이다. 적어도 고등교육을 받았다면 자기가 누구인지 알며
자신이 잘하는 것은 무엇인지, 사람답게 산다는 것은 무엇인지 정도는
알아야 한다. 서로 도우며 더불어 사는 법을 배워야 하며 자아실현을 통해
사회와 국가의 발전에 기여해야 한다는 정도는 알게 되어야 한다.
교육은 책임이다. 맡겨진 한 사람도 끝까지 포기하지 않아야 한다.
사람마다 각기 다른 성격과 심성을 가지고 태어난다. 단 한 사람도 같은
사람이 없다. 그럼에도 우리의 교육은 획일화된 기준으로 교육함으로써
개인의 성격과 심성을 억압하는 면이 많다. 학생 한 사람 한 사람에게
맞는 교육이 아닌 학생 모두가 한 가지 기준에 맞추라는 것이다. 출산율이
급격히 떨어지면서 학교들이 폐교되고, 대학입학 정원이 줄어들어 대학
구조조정을 실시하는 시대다. 걱정만 할 것이 아니라 적은 수의 학생에게
많은 교사들이 함께 하며, 한 사람 한 사람에게 주목하고 집중하는
교육을 하면 된다. 개인차를 배려하여 교과과정과 학습진도를 조절하는
개별학습과 나이와 학년에 관계없이 수준별 학습을 진행하는 방향으로
가야 한다. 잘하는 것은 더 잘하게 하고, 어려운 것은 시간을 가지고
천천히 할 수 있도록 교육하면 모두가 함께 갈 수 있다. 사교육 문제도
해결되며 특수학교도 필요 없게 된다. 교육의 목표부터 잘못 설정된
탓이다. 교육의 정의가 잘못 내려진 탓이다. 교육은 좋은 대학을 가거나
탁월한 인재를 키우는 것이 목적이 아니다. 교육은 사람됨을 위한 것이다.
그러하기에 한 사람도 포기하지 않는 교육이 되어야 하는 것이다. 다산이
황상을 가르치듯 말이다.

두
번
째 만
남

만남으로 만들어진

추사체의 김정희

스승이 걸었던 길에서 만난 스승들
완원 옹방강

경술문장해동제일經術文章海東第一. "경학과 예술과 문장에 있어 조선에서 제일인자"라는 뜻이다. 중국 당대 제일의 금석학자요, 서예가이며 경학의 대가였던 옹방강(翁方綱, 1733~1818)이 24세의 한 조선 청년에게 칭찬했던 말이다.

'입춘대길立春大吉'

대문에 붙은 입춘첩이 지나가던 40대 선비의 발걸음을 멈추게 했다. 사람을 불러 글씨를 누가 썼는가 물었다. 그 집에 여섯 살 난 아이가 썼다고 했다. 아버지를 찾아서는 아이가 앞으로 학문과 예술로 세상에 이름을 날릴 만하니 자신이 가르쳐 성취시키겠다며 스승을 자처했다.

그 선비의 이름은 초정楚亭 박제가(朴齊家, 1750~1805)였고 여섯 살
아이의 이름은 추사秋史 김정희(金正喜, 1786~1856)였다.

정조 사후 다산이 정적들의 공세에 몰려 가족들이 죽임을 당하
거나 기약 없는 유배 생활로 흩어지게 되고, 남겨진 가족의 삶이 비
참한 지경에 이르게 되는 시간들을 거쳤던 것처럼, 추사의 삶도 다
산 못지않은, 어떤 면에서 그보다 더한 고난이 있었다. 다산이 경험
했던 이별과 만남의 장면이 추사의 삶에서도 보인다. 《맹자》에 이런
말이 있다.

하늘이 장차 사람에게 큰 임무를 내리려 할 때에는

天將降大任於斯人也

반드시 먼저 그 심지를 지치게 하고

必先勞其心志

뼈마디가 꺾어지는 고난을 당하게 하며

苦其筋骨

그 몸을 굶주리게 하고

餓其體膚

그 생활은 빈궁에 빠뜨려

窮乏其身行

하는 일마다 어지럽게 하느니라.

拂亂其所爲

이는 그의 마음을 두들겨서 참을성을 길러주어

是故動心忍性

부족함을 채워 지금까지 할 수 없었던 일도 할 수 있게 하기

위함이니라.

增益其所不能

　이 책에서 다루는 열 명의 역사 인물들의 삶만 보아도 이 말은 사실인 듯하다. 우리는 다산의 삶에서 만남과 이별, 유배의 쓰라린 시간들이 새로운 시각을 갖추게 하고 사상적 집대성을 가능하게 하는 창작의 원동력이 되었던 것을 보았다. 추사의 삶도 크게 다르지 않다.

　사마천司馬遷의 《사기史記》〈이사열전李斯列傳〉에서는 "태산은 한 줌 흙도 사양하지 않고, 바다는 작은 물줄기라도 가리지 않는다泰山不辭土壤河海不擇細流"고 했다. 인생은 때론 우리에게 어떤 선택의 여지도 남기지 않는다. 내가 원하는 사람만 만나고 내가 원하는 상황만 찾아오지 않는다. 역사 속 만남의 이야기를 들여다보는 이유는 결국 나와 너를 이해하고 나와 세상을 이해하기 위함이다.

　태어나면서 자신의 집안 사정이나 시대적 상황을 선택해서 태어나는 사람은 없다. 배경이 좋은 집안에 태어났어도 그들의 평생에 순탄함이 보장되어 있는 것은 아니다. 흙바닥에 태어났어도 그들의 평생이 항상 그럴 것이라고 단정 지을 수 없다. 다산이나 추사도 예외가 없었다. 아무리 뛰어난 재주가 있어도 예외 없이 그들의 시대는 다양한 낯으로 그들을 찾아왔다. 그 시대적 사건과의 조우는 그들의 삶을 송두리째 흔들어놓았다.

　추사는 배경이 좋은 집안의 종손으로 태어나 천재로 촉망받고 일찍이 스승을 만나 학문적 성취를 이루어가고 있었다. 하지만 겨우 열 살을 넘겼을 때 그의 삶에도 많은 이별과 아픔이 기별 없이 찾아왔다.

열두 살 되던 해에 양아버지로 모셨던 백부 김노영이 세상을 떠났고 할아버지도 뒤이어 세상을 떠났다. 추사는 어린 나이에 적지 않은 규모를 갖춘 집안의 가장이 되었다. 열다섯 살에 한산이씨韓山李氏를 아내로 맞이했으나 열여섯에는 어머니 유씨가 36세의 젊은 나이로 갑자기 세상을 떠나게 된다. 스무 살에 아버지 김노경이 대과에 급제하는 경사가 있었으나, 같은 해에 추사의 아내가 나이 스물에 갑자기 세상을 떠났다. 엎친 데 덮친 격으로 같은 해에 함경북도 종성으로 유배 갔던 스승 박제가가 해배되어 왔으나 이내 세상을 떠났고, 그 아픔을 추스르기도 전에 양어머니인 남양홍씨마저 세상을 떠난다.

희로애락과 생로병사는 누구나 마주해야 하는 인생의 한 장면이라지만 어린 추사가 감당하기에는 쉽지 않았으리라.

추사는 23세에 예안이씨禮安李氏와 재혼하고, 24세에 사마시司馬試에 합격하여 생원이 된다. 같은 해 아버지 김노경이 동지사의 부사로 선임되어 연경(燕京, 지금의 중국 베이징)을 가게 되었다. 추사도 자제군관 자격으로 아버지를 따라 연경을 가게 되었다.

추사는 연경에 꼭 가고 싶었을 것이다. 연경을 여러 차례 오가며 중국의 대단한 문장가들과 만나 교유하던 스승 박제가를 통해, 추사는 이미 더 넓은 세상에서의 새로운 만남에 대한 꿈을 시로 짓기도 했다. 박제가는 그곳의 젊은 학자인 조강에게 추사의 시를 보여주었다고 한다. 8년 뒤 추사가 연경에서 처음 조강을 만났을 때 조강은 추사의 시를 기억하고 있었다.

053

김
정
희

개연히 한 생각 일으켜 慨然起別想

사해에서 널리 지기를 맺고 싶네 四海結知己

만약 마음 맞는 사람을 얻게 된다면 如得契心人

그를 위해 목숨을 바칠 수도 있겠네 可以爲一死

하늘 아래엔 명사가 많다 하니 日下多名士

부럽기 그지없어라 艶羨不自己

　조강은 추사가 연경에 온다는 소식을 듣고 주변의 여러 학자들에게 추사와의 만나기를 권했는데 그 소개글 가운데 이런 내용이 있다.

　　동쪽 나라에 추사 김정희 선생이 있는데 나이는 24세이며 세계로 넓게 지기를 찾을 의지가 있어 일찍이 〈사해에서 널리 지기를 맺고 싶네四海結知己〉라는 시를 지었다고 했으니, 그 숭상하는 바와 취향을 알겠다. 세상과는 잘 어울리지 않으며 출세하려는 글을 짓지 않고 세속 밖에서 노닐었는데 시를 잘 짓고 술도 잘한다. 중국을 심히 사모하며 조선엔 사귈 만한 인사가 없다고 스스로 생각해왔는데 이번에 사신을 따라 청국에 들어오게 됨에 장차 천하의 명사들과 교분을 맺으며 우정을 위하여 죽음도 마다 않는 옛사람들의 의리를 본받으려고 한다.

　혹자는 이 내용이 조선의 젊은 선비가 굽실대며 친분을 구걸하는 장면이나 사대의식으로 이해할 수도 있겠으나 그렇지 않다. 국경을 초월하고 민족을 뛰어넘어 깊은 학문적 교유를 나눌 수 있는 만남에 대한 목마름의 표현일 뿐이다. 자기의 목숨보다 소중하게 여기는 만남에 대한 간절한 갈망을 읽어야 한다.

이별은 또 다른 만남의 예고편이다. 어려서 자신을 알아봐주고 가르쳐주었던 스승 박제가와의 갑작스러운 이별이 그에게는 새로운 만남을 가져다준 씨앗이 되었다. 스승의 유지와도 같은 연경의 학자들과의 만남은 추사에게 그만큼 간절함을 품게 하였다.

초정 박제가도 다산 못지않게 정조의 은덕을 입었다. 1776년 정조는 즉위하자마자 규장각을 세워 학예부흥운동을 일으켰다. 신분 차별을 없애는 서얼허통절목庶流許通節目을 반포하여 실력 있는 북학파 학자인 박제가, 이덕무, 유득공 등이 규장각을 통해 관직에 진출할 수 있게 되었다.

정조와 박제가의 만남은 결국 추사가 연경에서 수많은 지식인들과 교류할 수 있었던 기회로 이어진다. 서얼로 차별 받으며 실력 발휘의 기회조차 주어지지 않았던 박제가였다. 제자였던 추사에게도 스승과 제자 관계였음에도 서얼 출신으로서 하대하거나 쉽게 대할 수는 없었던 부담감도 있었다. 그런 신분의 굴레를 정조가 벗겨주었고, 영의정이었던 채제공을 수행하여 연경으로 갈 기회가 주어졌다. 북학에 조예가 깊었던 것이 이유였다. 홍대용의 소개가 있었던 박제가의 연경에서의 만남은 고스란히 제자 추사에게 물려졌고, 스승의 길을 따라가며 수많은 만남을 가졌던 추사의 만남의 길은 뒤를 이은 수많은 지식인들의 교류로 이어져 18세기 한중 지식인들의 교류의 바람, 즉 '완당 바람'을 몰고 왔기 때문이다.

추사가 평생 연경을 방문한 기간은 두 달이 전부다. 이 두 달 동안의 시간이 훗날 추사체를 완성하는 계기가 되었다. 조선 최고의 금석학자로 성장하게 된 디딤돌이 된 것이다. 그때 만난 두 스승이 담계覃溪 옹방강과 운대芸臺 완원(阮元, 1764~1849)이다.

먼저 추사와 완원과의 만남은 운명적이라 할 만하다. 완원은 본래 강남 항주에 살고 있던 중 일을 보기 위해 연경에 올라와 자신의 후실인 공씨 집안의 저택에 머물고 있었다.

마차가 가장 좋은 여행수단이었을 시대에 완원은 강남 항주에서, 추사는 한양에서 연경으로 올라와 만났다는 것부터가 예사롭지 않음을 말해준다.

추사는 이미 스승을 통해 완원을 초상화로 만났고, 완원은 박제가를 통해 추사의 이야기를 전해 들었으니, 서로에 대한 기대감을 갖기에 충분했을 것이다. 추사가 완원을 찾아 갔을 때 완원은 반가워서 신을 거꾸로 신고 달려 나와 맞이했다고 한다.

완원은 추사에게 희대의 명차라는 용단승설龍團勝雪을 대접했다. 추사는 그 만남과 '맛남'이 강렬했던지 후에 승설노인勝雪老人이라는 호를 사용하기도 했다. 완원은 20년도 더 아래인 조선 젊은이의 비범함에 놀랐다. 통하는 사람을 만나면 이야기가 술술 풀려 나오는 법이다. 알아보는 사람에게는 무엇을 주어도 아깝지 않은 법이다. 첫 만남에서 완원은 많은 금석문과 책을 보여주었으며, 아직 교정도 끝내지 않은 자신의 저서를 추사에게 선물하기도 했다. 완원이 편집책임을 맡던 경전 연구의 일대 보고라고 불리는《십삼경주소교감기十三經注疏校勘記》245권 한 질을 선물로 주었을 만큼 추사에 대한 마음은 특별했다. 그만큼 아끼는 마음으로 무엇이든 아낌없이 주고 싶은 제자를 만난 것이다.

많은 이별 뒤에 찾아온 만남이 추사에겐 말로 다 할 수 없는 위로였고 회복이었으며, 새로운 삶의 방향성과 가치를 발견하게 되는 기회였다. 추사가 즐겨 사용한 '완당'이라는 아호를 가지게 된 것도 이 만남이 계기가 되었다.

담계 옹방강과 추사는 더 극적으로 만났다. 추사가 연경을 방문한 시기는 겨울이었다. 여러 젊은 학자들과 만나며 학문적 교유의 즐거움을 누리고 있으면서도 그의 마음에는 아직 해갈되지 않은 갈증이 자리하고 있었다. 여러 차례 부탁했으나, 옹방강 선생과의 만남이 성사되지 않고 있는 상황이었다. 완원과 여러 젊은 학자들을 만나며 금석학을 공부하며 서법과 경학과 시론을 다듬어가고 있었으나, 옹방강을 만나야 무엇인가 봇물이 터질 것만 같았다. 옹방강은 청나라를 대표하는 서예가이자 경학자, 금석학자였고 고서화나 탁본 등을 모으는 대단한 수집가였다. 그가 '대단한 수집가'였다는 말은 대단한 안목이 있었다는 말이다. 후일 추사가 금강안金剛眼이라고 불릴 만한 안목을 갖춘 것도 옹방강의 영향이 컸으리라.

추사는 드디어 78세의 원로 옹방강을 그의 제자 이임송의 안내로 만나게 되었다. 추사秋史라는 명호는 이때부터 쓰기 시작한 것으로 보인다. 옹방강과의 만남에서 자신의 호를 추사로 소개했는데 '추사'는 옹방강에게는 특별한 의미가 있는 명호였다.

원래 '추사'는 금석학의 대가이자 예서에 능한 서예가 강덕량江德量의 호였다. 추사 김정희의 스승이었던 초정 박제가는 옹방강의 집에서 강덕량을 만난 적이 있다. 옹방강와 강덕량은 둘도 없는 친구였으며, 강덕량이 진귀한 탁본 자료들을 옹방강에게 선물하기도 했다. 박제가도 강덕량이 보여주는 금석문의 옛 글씨들에 깊이 취했다. 박제가의 시에는 '강추사가 그립다'는 고백도 남아 있다. 스승 박제가가 '조선의 추사'가 되기를 기대해 그에게 붙여주었는지, 본인 스스로 감동을 받아 취했는지 모르지만, 김정희는 어느 순간부터 자신을 추사 김정희로 소개하고 있었다.

추사라는 명호로 옹방강과의 물꼬는 터지고야 말았다. '경술문장 해동제일經術文章海東第一'. 24세의 조선의 추사를 만난 담계 옹방강의 탄성이었다. 자신의 아들들을 불러 추사와 만남을 열어주고 8만여 점의 수장품으로 가득한 그의 서고인 석묵서루石墨書樓를 열어 안내했다. 조선에서는 보기 힘든 오래된 탁본들을 보며 청년 추사의 안목은 다듬어져갔다.

수십 권의 책을 읽은 것보다 더 머리를 시원하게 해주는 만남이 있다. 평생 공부의 정점을 찍는 것 같은 대화가 있다. 책에서만 보던 것을 내 눈 앞에서 보는 감동은 말로 표현하기 어렵다.

추사는 풍문으로만 들었던 중국 대가들의 탁본 글씨와 여러 그림을 대하며 가슴은 터질 듯 뛰고 눈이 새롭게 열리는 경험을 했을 것이다.

추사는 옹방강을 통해 '담계 옹방강을 보배롭게 받드는 서재'라는 뜻의 '보담재寶覃齋'라는 당호를, 완원을 통해 '완원을 스승으로 모신 집'이라는 뜻의 '완당阮堂'이라는 아호를 짓는 계기가 되었다.

제주 유배 시절 자신의 초상화에 스스로 쓰기를 "담계는 '옛 경전을 즐긴다'고 했고 운대는 '남이 그렇다고 말해도 나 또한 그렇다고 말하지 않는다'고 했으니 두 분의 말씀이 나의 평생을 다한 것이다"라고 한 것에서도 알 수 있듯 가히 그 영향의 깊이를 가늠할 수 있다.

옹방강이 1818년 86세로 세상을 떠났을 때, 추사는 남산에 올라 서쪽을 향해 통곡했다고 한다. 추사에게 석묵서루를 안내해주던 옹수배는 추사가 귀국한 다음해에 죽었고, 옹방강에게 하나 남은 아들 옹수곤조차 1815년 30세의 나이에 갑자기 세상을 떠났다. 하늘은 한 사람에게 모든 것을 주지는 않는 것일까.

차로 맺은 평생지기의 우정
초의 선사

인생의 스승은 큰바위 얼굴과 같아서 그 존재만으로도 우리 삶을 든든하게 붙잡아준다. 스승이 울타리라면 벗은 마당과 같다. 뭐든지 터놓고 만날 수 있는 존재가 벗이다. 벗이나 동무라는 말을 잘 쓰지 않는 시대다.

추사에게도 좋은 벗들이 많았다. 그의 성품이 까다롭고 원만하지 못했다는 평은 아마도 예술적인 면에 있어서 완벽주의 기질과 감상평의 예리함과 성품의 강직성에서 연유한 것이라 본다.

추사는 연경 방문에서 옹방강과 완원 같은 좋은 스승을 만난 기쁨과 함께 좋은 친구들도 많이 얻었다. 그중 화가 야운野雲 주학년朱鶴年은 추사를 무척 좋아했다. 추사의 생일인 6월 3일이면 허공에 술을 뿌리며 축하하겠다고 약속했다. 추사도 자기 생일이 되면 주학년의 말이 생각났는지 그를 떠올리며 시를 지어 남기기도 했다.

어쩌면 한번의 만남을 그렇게 기념할 수 있을까? 그러고 보면 만남은 횟수보다 진정성이다. 만날수록 식상한 사람이 있고 한 번을 만나도 여운이 쉽게 가시지 않는 사람이 있다. 여운이 짙으면 한 번이어도 평생을 간직하고 싶게 만드는 힘이 있다.

주학년뿐만 아니라 옹방강과 그의 아들 옹수곤, 완원과 그의 아들 완상생과도 국경을 넘어 계속 교유했다. 두 달이라는 짧은 시간을 연경에서 보냈지만 그들의 우정은 편지와 작품을 주고받으며 계속 이어졌다. 한 번 만난 후 언제 다시 볼지 몰랐지만 서로에게 최선을 다하는 마음 담긴 우정을 이어갔다. 만난 시간은 짧아도 그 깊이는 측정할 수 없는 것이다.

추사는 24세에 중국 연경에서 만난 학자들과 55세가 되기까지 30여 년을 교류했고, 많은 친구들과 후학들이 추사의 길을 따라 교류를 가졌다. 일일이 나열하기 어려울 만큼 많은 조선과 중국의 학자들 간에 지속적인 교류가 이어졌다.

국내에서는 글씨가 뛰어난 서화가이자 영의정을 지낸 이재彝齋 권돈인權敦仁, 시서화에 뛰어나 삼절로 불리었던 신위, 윤상도의 옥사로 추사가 곤경에 처했을 때 상소하여 목숨을 구명했고, 조선의 귀한 탁본들을 중국에 보내 연구하고 책으로 출판하여 양국 문화 교류에 공헌한 조인영, 안동김씨 순원왕후의 오빠이자 예조판서를 지낸 김유근, 경서와 역사에 밝았으며 추사의 함경도 북청 유배 시절 잘 돌봐주었던 윤정현 등이 친구로 있었다.

중국에서 만나 교류하게 된 친구들도 많다. 스승 옹방강의 둘째 아들 옹수배, 여섯째아들 옹수곤과 깊이 교류했다. 1,400여 권이 넘는 《황청경해皇淸經解》를 힘들게 구해 추사에게 보내주었던 스승 완원의 아들 완상생도 친구가 되었다. 추사의 생일이 되면 추사를 그리워하며 혼자 술잔을 기울이던 화가 주학년도 많은 초상화를 임모하여 추사에게 보내주었다. 옹방강의 제자인 섭지선은 추사와 깊은 학문적 교류를 나누며 추사의 부친 김노경, 아우 김명희, 친구 권돈인 등이 연경에 갔을 때 환대해준 친구다. 추사가 보내준 금석문을 모아 우리나라 금석문집인 《해동금석원海東金石苑》을 편찬한 유희해도 좋은 친구였다.

추사는 한 번 만난 후 평생 다시 보지 못했던 친구들도 있었고, 지속적으로 만났던 친구들도 있었다. 만난 횟수와 관계없이 많은 친구들, 특히 문인 벗들과 서로를 성장시키는 건강한 관계를 유지하며 깊은 우정을 나누었다. 추사가 이유 없이 오늘날까지 알려지고 있는 것이 아니다. 친구들과 주고받은 편지와 글씨와 그림에 대해 함께 감상하고 나눈 교류의 흔적들이 고스란히 오늘날까지 전해져오고 있기 때문이다. 진정한 친구는 친구의 삶에 진정성의 깊은 흔적을 남긴다.

추사의 좋은 친구 중에 이재 권돈인이 있다. 추사보다 연배가 몇 해 위이지만 학예로 교류하며 평생의 벗이 된다. 영의정까지 지낸 세력가이기도 했던 이재는 추사를 물심양면 많이 보살펴준 친구였다. 추사가 해배되어 돌아오던 해 영의정 자리에 있던 이재는 헌종이 갑자기 세상을 떠나자, 안동김씨 세력의 모함으로 유배길에 오르게 된다. 안동김씨 반대편에 서 있던 이재의 배후에 추사가 있다는 모함을 받아 결국 추사도 함경북도 북청으로 유배를 떠나게 된다. 추사의 동생들과 제자 조희룡과 오규일까지도 귀양을 떠나게 되었다.

추사는 한 차례 유배를 다녀와서인지 이전에 비해 마음의 여유가 생긴 듯했다. 친구로 인하여 무고한 일에 함께 유배를 떠난 처지였으나, 친구의 미안한 마음을 위로라도 하듯 먼저 편지를 써 보내며 이재의 유배지 인근의 유적지들을 소개하며 다녀보는 것도 좋을 것이라 권하기도 한다. 이재 권돈인도 추사의 평생지기답게 추사 사후의 뒷일들을 기꺼이 감당해주었다. 제자를 시켜 추사의 초상을 그리게 하고 예산 고향 집에 봉안하고 '추사영실秋史影室'이라는 현판을 걸어놓아 그 우정을 표했다.

추사는 비범한 재능과 널리 알려진 명성에 비해 이해할 수 없는 정치 풍랑에 많은 고초를 겪었다. 그 시간들을 견디게 해준 힘이 있었다면 친구들과 좋은 제자들이 끝까지 함께 해주었기 때문이다. 좋은 친구들 가운데 꼭 소개해야 하는 사람이 초의草衣 선사다.

초의 선사는 추사의 젊은 시절에 만나 추사가 출세가도를 달릴 때나 문인으로서 유명세를 누릴 때 뿐 만 아니라, 추사의 유배 시절과 노년까지 함께 했던 친구다. 유명해서 좋은 친구가 있고, 부유해서 좋은 친구가 있고, 탁월해서 좋은 친구가 있다. 하지만 마지막에 남는 친구는 끝까지 함께 해주는 친구다.

추사와 초의는 1786년 생으로 동갑내기다. 초의는 명문 집안에 태어나 자란 추사와는 배경이 너무나 달랐다. 전남 무안에서 출생하여 어린 시절을 보냈으며, 강에서 놀다 물에 빠져 죽을 뻔한 것을 어떤 스님이 구해주었다는 이야기가 있다. 그래서인지 일찍 출가했다. 19세에 대흥사 완호 스님에게 구족계를 받고 초의라는 법호를 받았다고 한다.

초의는 출가 후 9년간을 스승을 찾기 위해 떠돌다 다산을 만나고는 그 기쁨을 다음과 같이 적었다.

내 도리 행해보려 해도
所以行己道
어디에 물어야 할지 끈이 없네

將向問無緣

이리저리 향기 나는 곳 찾아봐도

歷訪芝蘭室

도리어 비린내 나는 생선가게 같았지

竟是鮑魚塵

남쪽으로 모든 성을 돌아다니랴

南遊窮百城

청산의 봄을 아홉 번이나 보냈네

九違靑山春

_초의, 〈봉정탁옹선생奉呈籜翁先生〉 중에서

 1805년 유배지에서 다산은 자신을 찾아온 큰아들 정학연을 가르치며 혜장과 황상을 만났다. 1808년에는 둘째아들 정학유가 강진으로 내려와 아버지와 공부하게 되는데 초의와 다산의 두 아들이 이즈음부터 만났을 것으로 짐작된다.

 1815년 초의는 상경하여 처음으로 추사와 만나게 된다. 단 하룻밤을 보냈지만 두 사람은 평생지기가 된다. 초의는 다산의 두 아들을 만나기 위해 상경했으나, 학연이 다산이 있는 강진으로 내려가게 되면서 운길산 수종사에 머물게 되었다. 겨울을 나기 쉽지 않은 탓이었는지 초의는 학연의 도움으로 수락산 학림사에 머물게 되었고, 그곳에 해붕 대사를 모시고 동안거에 들게 된다.

 추사는 그 즈음, 학림사에서 한 밤을 지내며 해붕 대사와 담론을 나누게 된다. 그리고 해붕 대사는 추사가 돌아가는 길에 글 한 편을 써주었다. 그 글은 추사와 초의 모두에게 큰 깨달음을 주었으리라.

"그대는 집 밖을 좇아다니고 나는 집 안에 앉아 있네. 집 밖에 있는 것은 무엇인가. 집 안에는 원래 번뇌가 없다."

젊음의 호기와 열정으로 방방곡곡을 다니며 학문과 예술을 논하지만 정작 본질을 바로 보지 못하는 모습을 깨닫도록 일러주는 어른의 마음이었으리라. 초의와 같은 젊은 스님에게도 인상 깊은 가르침으로 남았던 것 같다.

그렇게 만나게 된 추사와 초의는 2년 뒤 경주에서 재회하는 듯했으나 불발되고 말았다. 그동안 서신 왕래도 쉽지 않은 먼 거리에 얼마만큼의 친밀함이 싹텄는지 알 수 없으나 초의가 남긴 〈불국사회고佛國寺懷古〉라는 시에서 다음과 같이 아쉬움을 표했다.

오래도록 순시하고 있는 그대가 못내 그리워

苦憶先生久在行

자하문 밖 맑게 갠 하늘을 바라보네

紫霞門外看新晴

세상의 불국은 차라리 얻기라도 쉽지만

佛國人間寧易得

서로 만나 못 다한 정을 누릴 수 있을까?

相邀始可遂閑情

숭유억불崇儒抑佛의 시대에 사대부 출신 벼슬아치와 천민으로 분류되던 스님의 만남이 친구 관계로 발전할 수 있었던 것은 신분을 뛰어넘는 가치를 추구하지 않았던들 불가능한 일이었을 것이다. 초의가 다산 정약용과 두 아들을 만나면서 불교를 넘어선 정신세계에 들어가 있었기에 가능했을 수도 있다. 추사 역시 어려서부터 증조부가 세운 화엄사를 드나들며 불교 경전을 학문으로 익혀 남다른 지식과 이해가 있었기에, 특별한 인연으로 이어졌으리라. 초의가 스승 다산을 통해 불교를 넘어 유학에도 열린 마음과 생각을 가지게 된 것처럼 추사도 그가 스승으로 삼았던 옹방강과 완원 등이 폭넓게 학문하는 태도에 영향을 받았을 것이다. 열린 스승 밑에 열린 제자가 나오는 법이다. 열린 마음이 널리 좋은 친구를 구하게 한다. 다산과 혜장도 그러했고, 추사와 초의의 만남도 그러했다.

오늘 우리 시대에 깊은 친밀함을 나누는 것이 어려운 이유는 어쩌면 내 마음의 담장이 너무 높기 때문인지 모른다. 우리 시대는 갈등을 봉합하여 통일의 시대로 가야 하는 상황이다. 좌우가 나뉘고, 장유가 나뉘고, 남북이 나뉘고, 여야가 나뉘고, 보수진보가 나뉜 시대를 살고 있다. 훌쩍 뛰어 넘어버리고 싶은 담장이 많다. 무엇이든 어느 경지를 넘어선 사람들은 열린 사람들이었다. 자신이 누군지를 확실히 아는 사람만이 활짝 열릴 수 있다. 연다는 것은 자신감의 표현이기도 하다. 학문에 있어서나 진리를 추구하는 데 있어서나 정치나 인간관계에서나, 정체성이 분명하고 확신이 있는 사람은 오히려 열린 사람이 될 것이다.

추사와 초의의 우정은 다양한 국면으로 재미있게 전개된다. 서로를 보고 싶어 그리움을 표하는 편지를 띄우는가 하면, 보고 싶은데 찾아오지 않는 친구를 원망하기도 한다. 차를 보내 달라는 편지에도 묵묵부답인 초의에게 투덜거리기도 한다. 그러다 추사가 차와 함께 초의가 치통을 앓는다는 소식을 전해 받자, 그에게 회신하기를 "차를 나누지 않고 혼자 마시니 부처님이 주신 벌"이라며 초의를 놀려대기도 한다. 벼슬 자리에 있었던 추사는 오가는 인편을 쉽게 구할 수 있겠지만, 산 속에서 수도하는 초의의 입장에서는 편지나 차를 보낼 만한 인편을 찾는 일도 쉽지는 않았을 것이다. 그럼에도 추사의 그런 애정 어린 투정을 받아주며 두 사람의 우정은 무르익어갔다.

그러나 시대의 천재적 문인 추사의 삶에도 시련이 닥쳐온다. 1830년 추사가 45세이던 해, 아버지 김노경이 윤상도 옥사 사건의 배후로 지목되어 강진 고금도로 유배되는 일이 있었다. 추사와 같은 사대부로서는 드문 일인 격쟁擊錚을 두 차례나 감행했다. 격쟁은 임금님 행차 길에 길거리에서 꽹과리를 치며 억울함을 호소하는 일이다. 당대에 추사의 유명세나 학예계의 명성을 생각할 때 추사의 깊은 효심이 아니고는 이런 일이 불가능했을 것이다.

하지만 이 일이 추사에게는 미래의 불운을 예고하는 사건이 되고 말았다. 1833년 만 3년의 귀양살이를 끝내고 집으로 돌아온 김노경은 1835년 다시 관직의 길이 열리고 추사도 성균관 대사성에 제수됨으로써 다시 기회가 주어지는 듯했으나 불과 2년이 못 되어 세상을 떠나게 된다.

그러던 중 1840년 55세가 된 추사는 동지부사로 임명되어 연경을 다시 가볼 수 있는 기회가 주어졌다. 그간에 수많은 서신을 주고받으며 청나라 학자들 사이에서도 대단한 학자로 인정받고 있었기에 서신으로만 만나던 오랜 벗들을 직접 만날 생각에 적잖은 기대감을 가졌다. 그러나 부푼 꿈은 그리 오래 가지 않았다.

10년 전 아버지가 연루되었던 윤상옥도 옥사 사건을 경주김씨의 정적인 안동김씨 세력이 다시 거론하며 이미 돌아가신 아버지를 넘어 추사를 향해 칼을 겨누게 된 것이다. 유배 중이던 윤상도가 추자도에서 끌려와 국문을 당하고 아들과 능지처참을 당하는 일이 발생하자, 관련자들이 추사를 끌어 들여 의금부로 압송된다. 결국은 거짓말로 드러났으나 허위 증언을 한 자들이 모두 국문 중 죽임을 당하고 추사만 남게 되어 빠져나갈 길이 없게 된다.

이때 우의정이자 친구였던 조인영이 자신의 정치적 생명을 건 상소를 올려 제주 대정현으로 위리안치(圍籬安置, 귀양 간 죄인이 머무는 집 울타리를 가시로 만들어 가두는 형벌)의 귀양을 떠나게 된다. 제주로 유배가는 길도 멀었지만 국문을 당한 추사의 몸도 만신창이였다. 추사는 그런 몸과 마음을 이끌고 일지암으로 친구 초의를 찾는다. 초의와 추사는 밤을 새다시피 대화를 나누었고, 해가 뜨자 초의는 포구까지 나와 추사를 배웅했다.

〈제주화북진도濟州華北津圖〉라는 그림의 시문에는 초의의 애틋한 마음이 잘 드러난다. 벗을 아끼는 마음에서 온갖 고문과 오랜 여행으로 초췌한 친구의 모습을 바라보는 초의의 슬프고도 아픈 감회가 구구절절 느껴진다.

> 도광 20년(1840) 9월20일 해거름에 추사공이 일지암의 내 처소에 들러 머무르셨다. 공은 9월 초2일 한성을 떠나 늦게 해남에 도착하셨는데, 앞서서 공은 영어囹圄의 몸으로 죄 없이 태장笞杖을 맞은 일이 있어서 몸에 참혹한 형을 입어 안색이 초췌했다. 이런 가운데 '제주 화북진에 정배定配한다는 명을 받아, 길을 나선 틈에 잠깐 일지암에 도착한 것이다. 평시에

김정희

공은 나와 더불어 신의信義가 중후하여 서로 사모하고 아끼는 도리를 잊지 않았는데, 갑자기 지나는 길에 머무르게 되니, 불행 중에 다행한 일이다. 산차山茶를 마시며 밤이 새도록 세상 돌아가는 형세와 달마대사의 '관심론觀心論'과 '혈맥론血脈論'을 담론함에 앞뒤로 모든 뜻을 통달하여 빠짐없이 금방금방 대답하는 것이었다. 그런데 몸에 형벌의 상처를 입었으나 매번 지중한 임금의 은혜를 칭송하고 백성들에 처한 괴로움을 자신의 괴로움인 양 중히 여기니 참으로 군자라고 할 만하다. 하늘은 어찌하여 군자를 보호하지 않고, 땅은 어찌하여 크나큰 선비의 뜻을 길러주지 않아, 이처럼 곤경에 떨어지게 하여 기회를 빼앗아버리는가. 탄식하고 또 탄식할 만한 일이로다. 이튿날 공은 적소謫所로 떠나니 공의 원망스러운 귀양살이에 눈물 흘리며 비로소 〈제주화북진도〉 한 폭을 그려 이로서 나의 충정을 표한다. 도광 29년 9월23일 초의 의순은 낙관하지 않고 예를 갖춰 그리노라.

　제주에서의 추사의 삶은 그의 형편에서는 어려운 삶이었을 것이나 일반적인 유배자들과는 다른 모습이었다. 집 담장 밖에 둘러쳐진 가시나무 울타리를 넘어갈 수 없는 답답함이 있었겠지만, 여전히 권력의 중심부에 있는 많은 친구들의 후원과 제자들의 끊임없는 섬김으로 그리 형편이 나쁘지 않았던 것으로 보인다. 물론 본인은 아내에게 보낸 편지에서 끊임없이 반찬 투정을 하고 이것저것 보내 달라, 보낸준 것이 상했다, 간장은 누구 집에 걸 물어서 보내라, 상하기 쉬운 고급 음식들을 항목을 적어 그 먼 거리를 보내라는 등 철부지 어린아이 같은 모습도 보인다.

유배온 지 3년이 되는 해인 1842년 11월 13일 아내 예안이씨가 지병으로 세상을 떠나고 한 달 뒤에나 부음을 들은 추사는 통곡했다다. 그리고 쓸쓸한 마음을 어찌할 바 없어 아내의 죽음을 애도하는 〈도망시悼亡時〉를 지었다.

> 어이해야 월로께 호소를 하여
> 那將月老訟冥司
> 서로가 내세에 바꿔 태어나
> 來世夫妻易地爲
> 천리 밖에서 내가 죽고 그대는 살아서
> 我死君生千里外
> 이 마음 이 설움 알게 했으면
> 使君知我此心悲

상처한 친구의 슬픔을 위로하기 위해 초의가 제주로 건너왔다. 그는 6개월 여를 머물며 추사와 함께 시간을 보내며 위로해주었다. 출세가도를 달릴 때나 유배지에 죄인의 몸으로 갇혀 있을 때나 기쁜 일이 있을 때나 슬픈 일이 있을 때나 묵묵히 차를 따라주며 곁을 지키는 친구가 초의였다. 추사도 유배를 내려오는 길에 온몸이 매질과 고문으로 만신창이가 되었지만 친구를 찾는 걸음을 힘들어 하지 않았다. 오히려 초의와의 하룻밤이 그의 망가진 몸의 고통을 잊게 했는지도 모른다. 친구가 우려주는 차 속에 담긴 마음이 몸으로 흘러들어가며 고통을 잊게 해주었을 것이다. 다산과 혜장의 차담을 주고

받던 모습과 닮았다.

참선하는 것과 난을 그리는 것은 다르지 않다고 보았던 추사와, 차를 마시는 것과 선을 맛보는 일이 다르지 않다는 초의는 추구하는 정신조차 닮았다. 그들은 시공간을 뛰어넘어 추구하는 도의 세계에서 만났다.

추사와 초의는 노년에도 아름다운 우정을 나누었다. 초의 가까운 곳에 머무는 제자 소치小痴 허련許鍊에게 초의의 안부를 묻고는, 차를 보내오지 않는 초의에게 '몽둥이로 맞는다'며 '귀여운 협박'을 했다. 2년 치가 밀렸으니 한꺼번에 보내라고 윽박지르는 듯한 편지를 보내기도 하며 노년의 교우를 이어갔다. 추사의 애정 어린 협박에 못 이겼던지 초의는 어려운 걸음을 하여 추사가 붙드는 바람에 해를 넘기며 함께 시간을 보내기도 했다.

추사 사후 2년이 되는 해에 홀로 친구의 무덤에 찾아와 남긴 제문은, 추사와 초의의 우정의 방점과 같은 글이다.

> 무오년 2월 청명일에 방외方外의 친구 초의는 한 잔의 술을 올리고서 완당 선생 영전에 고하나이다. 엎드려 생각건대 좋은 환경에 태어나서 어찌 굳이 좋은 때를 가리려 했나이까. 신령스러운 서기로서 어두운 세상에 따랐으면 그게 곧 밝은 세상이었을 텐데, 이를 어기고 보니 기린과 봉황도 땔나무나 하고 풀이나 베는 나무꾼의 고초를 겪은 것입니다. (…)
> 슬프다! 선생은 천도와 인도를 닦아 여러 학문을 체득하시고, 글씨 또한 조화를 이루어 왕희지, 왕헌지의 필법을 능가

하고. 시문에 뛰어나 세월의 영화를 휩쓸고, 금석金石에서는
작은 것과 큰 것을 모두 규명하여 중국에까지 이름을 떨치
셨나이다. 달이 밝으면 구름이 끼고, 꽃이 고우면 비가 내립
니다.(…)

슬프다! 선생이시여, 42년의 깊은 우정을 잊지 말고 저 세
상에서는 오랫동안 인연을 맺읍시다. 생전에는 자주 만나지
못했지만 도에 대해 답론할 제면 그대는 마치 폭우나 우뢰
처럼 당당했고, 정담을 나눌 제면 그대는 실로 봄바람이나
따스한 햇살 같았지요.

손수 달인 차를 함께 나누며, 슬픈 소식을 들으면 그대는 눈
물을 뿌려 옷깃을 적시곤 했지요. 생전에 말하던 그대 모습
지금도 거울처럼 또렷하여 그대 잃은 나의 슬픔 이루 다 헤
아릴 수 없나이다.

슬프다! 노란 국화꽃이 찬 눈에 스러졌는데 어쩌다 나는 이
다지 늦게 선생의 영전에 당도했는가. 선생의 빠른 별세를
원망하나니, 땅에 떨어진 꽃은 바람에 날리고 나무는 달그
림자 끝에 외롭습니다.

세한연후의 제자들
이상적과 허련

비록 가장 먼 유배지에 내던져진 추사의 삶이었으나, 그의 친구
와 제자들은 그를 홀로 버려두지 않았다. 초의 선사를 통해 소개 받
아 추사의 제자가 된 소치 허련이 제주로 찾아온다. 스승이 갑자기

붙잡혀, 길을 잃고 갈 곳을 모르게 되었다고 했던 그가 스승의 곁을 지키기로 작심한 것이다. 스승과 제자는 눈물의 상봉을 했고 소치는 세 차례에 걸쳐 제주에 들어와 수개월씩 스승의 곁에 머물며 온갖 일을 돕는다. 그런 만큼 소치의 시서화 솜씨도 나날이 발전했다. 추사가 초의에게 보낸 편지에 소치의 그림을 보면 가지고 싶은 마음이 분명히 들 것인데 보여주지 못해 아쉽다고 쓰기도 했다. 후일 소치 허련이 남종화의 대가로 자리매김하게 되는 데에 분명히 밑거름이 되었을 것이다.

남종화南宗畵는 중국에서 전해온 수묵화의 한 종류다. 우리나라 남도남종화의 뿌리는 전라남도 진도. 진도에 가면 '운림산방'이라는 곳이 있는데 그곳에 처음 초막부터 짓고 살기 시작한 사람이 소치 허련이다. 완성된 운림산방의 정경은 〈신선도〉에 나오는 풍경과 유사하게 지었다고 한다.

소치는 28세에 초의의 제자가 되었다. 초의는 소치가 그린 그림을 추사에게 보여주었더니, 추사가 그를 자신에게로 보내라 했다. 불화나 베껴 그리기에는 아까운 사람이라 한양으로 와서 더 넓은 안목을 가지면 대성할 자질이라 칭찬했다고 한다. 초의는 소치를 추사에게 보냈고 그는 당나라와 중국의 수많은 그림들을 보여주며 소치의 눈을 열어주었다. 추사는 소치를 세계적 안목을 가지고 그림을 그릴 수 있는 대가로 자라도록 뒷받침했다. 눈을 열어주는 것, 자신의 어깨 위에 올라서 자신보다 더 높고 더 멀리 볼 수 있도록 돕는 일이 참 스승의 길이다.

남종화에는 반드시 어떤 학문적 사유와 의식의 성찰이 담겨 있어야 한다.

추사가 그린 그림 속에도 당시의 세태를 바라보는 추사의 정신세계가 담겨 있다. 글씨를 쓰더라도 어디에 쓰며 누구에게 줄 것인가에 따라 모양새를 다르게 했던 사람이 추사다. 중국 당나라 시대에 남종화와 수묵 산수화의 대가이자 시초는 왕유王維다. 소치는 그에게 영향을 많이 받아 나중에 이름을 허유許維로 바꾸기도 했다. 스승의 곁에 머물며 몇 장 되지 않는 추사의 초상화를 남긴 사람이 소치다. 스승의 삶의 열매는 결국 제자들이다.

소치와 함께 추사의 제자 가운데 이상적李尙迪이 알려져 있다. 추사가 제주로 유배 가면서 추사의 삶에 평생 같이 갈 사람과 같이 가지 않을 사람이 자연스레 걸러졌다. 유배지에서 엄청난 분량의 저술을 남겼던 다산과 마찬가지로, 추사는 작품도 남겼으나 추사체라는 자신만의 독특한 서체를 완성했다고 할 수 있다. 스승이 보고 싶어 하는 책들을 실어오며 평생에 붓 천 자루, 벼루 열 개를 구멍 내었다는 명필의 탄생에 제자 이상적의 역할은 너무나 컸다.

이상적은 엄청난 분량의 책들을 청나라에서 실어다 스승에게 보내왔으며, 붓, 벼루, 종이 등을 중국에서부터 스승을 위해 먼 길을 실어왔다. 이상적이 제주 유배 시절 추사에게 사다준 책만 수백 권이 넘는다. 《만학집晚學集》《대운산방문고大運山房文藁》, 120권 79책에 달하는 《황조경세문편皇朝經世文編》을 보내주었다. 제자의 끈끈한 의리와 사랑에 깊이 감동한 추사는 제자를 위한 〈세한도歲寒圖〉 한 폭을 그리기 시작한다. 그리고 이렇게 적었다.

지난해에는 《만학》과 《대운》 두 문집을 보내주더니 올해에는 우경의 《문편》을 보내왔도다. 이는 모두 세상에 흔히 있는 것도 아니고 천만 리 먼 곳으로부터 사와야 하며, 그것도 여러 해가 걸려야 비로소 얻을 수 있는 것으로 단번에 쉽게 손에 넣을 수 있는 것이 아니다.

게다가 세상은 흐르는 물살처럼 오로지 권세와 이익에만 수 없이 찾아가서 부탁하는 것이 상례인데 그대는 많은 고생을 하여 겨우 손에 넣은 그 책들을 권세가에게 기증하지 않고 바다 바깥에 있는 초췌하고 초라한 나에게 보내주었도다. (⋯)

공자께서 말씀하시기를 "날이 차가워진(세한) 뒤에야 소나무와 측백나무(송백)가 늦게 시든다는 것을 알게 된다" 하셨는데(⋯) 지금 그대와 나의 관계는 전이라고 더한 것도 아니요 후라고 줄어든 것도 아니다. (⋯) 아, 쓸쓸한 이 마음이여. 완당노인 쓰다.

추사가 그려준 〈세한도〉를 보면 문인화로서 추사의 정신세계가 잘 표현되어 있다. 그가 머물던 실제 집과는 다른 집의 모양과 나무들이 그려져 있다. 원형 창문을 가진 특이한 형태의 집과 그 양옆으로 소나무 두 그루, 잣나무 두 그루가 그려져 있다. 소나무 한 그루는 늙고 구부러져 있으며, 그 옆에는 꼿꼿하게 서 있는 소나무를 그려놓았다. 자신이 늙어서 시들시들해지는 모습과 그런 자신의 곁을 든든하게 지켜주는 제자의 의리를 상징하는 듯하다.

그림을 전해 받은 이상적은 너무나 감격하여 자신이 눈물을 흘리는 것도 깨닫지 못하고 스승의 그림을 감상하고 글을 읽어 내려갔다고 한다. 〈세한도〉를 중국에 가지고 가 표구를 하고 추사의 옛 지기들에게 시문을 부탁하여 중국 문인들의 격찬을 받았다.

추사의 제자인 이상적이 중국에 갈 때마다 중국의 유수한 문인들이 추사가 써준 시 한 수, 글씨 한 장이라도 얻기를 원했다고 한다. 이상적과 많은 역관들, 특히 추사의 소개를 받은 많은 후배들이 조선과 청나라를 오가며 한중문화교류의 가교 역할을 했다. 이상적이 청나라에서 교류하던 문인들만 100여 명이 넘었다. 그 배후에는 추사라는 스승의 울타리가 있었다. 이상적은 지켜야 할 가치를 아는 사람이었다. 이상적은 추사가 시문을 대단히 높여 칭찬했던 황상과 교류했는데, 황상은 이상적의 친구이자, 스승으로 알려져 있다.

참 놀랍지 않은가? 스승과 제자로 만났으나 친구가 될 수 있고, 친구로 만났으나 스승과 제자가 될 수 있었다는 것은 진정으로 학문하는 자세가 잡힌 사람들만이 맺는 관계성 아닐까. 진정한 선비는 어린 사람에게 배우는 것을 자존심 상해 하지 않는다. 선비들이 편지를 주고 받을 때 연배가 높은 어른이라 할지라도 젊은 사람을 형兄이라 하고, 자신을 제弟라 낮추어 부르는 것을 덕德이라고 생각했다. 공자가 죽어야 나라가 산다고도 했지만, 선비들의 세계를 깊이 들여다보면 지켜가야 할 덕스러운 모습들도 많이 있다.

〈세한도〉에 얽힌 이야기는 또 있다. 스승이 제자에게 준 그림 한 폭이 한국 근대사의 질곡을 모두 함께하며 역사를 만들어간다. 〈세한도〉는 이상적의 제자 김병선의 손을 거쳐 그의 아들 김준학에게 물려지게 되고 그 뒤 휘문고 설립자인 민영휘의 소유가 된다. 그 후 그의 아들대에 추사 연구가요 경성제대 교수로 있던 후지츠카 교수의 손에 들어가게 된다. 서예가요 서화 수집가인 소전素箋 손재형孫在馨이 〈세한도〉가 일본으로 넘어가게 될까봐 후지츠카에게 얼마든지 값을 지불할 테니 넘겨 달라고 했지만, 후지츠카는 자신도 추사를 너무나 존경하기에 잘 간직하겠다며 거절한다.

후지츠카는 경성제대에서 정년을 마치자, 추사와 관계된 모든 자료를 가지고 일본으로 귀국한다. 소전은 나라의 보물 같은 〈세한도〉를 찾기 위해 일본으로 건너가 몇 개월 동안 후지츠카를 찾아가 〈세한도〉를 넘겨달라고 간청하기에 이른다. 소전의 간절함을 본 후지츠카가 아들에게 자신의 사후에 〈세한도〉를 넘겨주라고 했지만, 소전은 끝까지 버티며 기다리고 기다렸다. 결국 후지츠카는 〈세한도〉를 소전에게 넘겨주게 되었다.

서울로 돌아온 소전은, 해방 후 민족대표 33인의 한 사람이며 추사 예술작품 연구의 권위자인 위창葦滄 오세창吳世昌과 추사 학술 연구의 일인자로 불리는 위당 정인보, 독립운동가이며 초대 부통령을 지낸 이시영에게 발문을 받았다.

위창 오세창은 역관이자 금석학자였던 역매亦梅 오경석吳慶錫의 아들이다. 결국 아버지의 스승인 이상적, 그리고 이상적의 스승 추사가 그려준 그림에, 오세창이 마지막 발문을 적게 되는 역사의 흥미로운 일이 일어난 것이다.

이상적과 함께 역관(譯官, 조선시대 통역 담당 관리) 생활을 하던 오응현이라는 사람이 있었다. 오응현은 오경석의 아버지다. 이상적은 그의 부탁으로 오경석을 제자로 받고 추사에게 소개하여 스승에게도 가르침을 받게 했다. 오응현에 이어 오경석이 8대째 역관을 했으며, 오경석의 아들 오세창도 그를 이어받아 조선의 마지막 역관 세대가 되었다. 역매 오경석은 일찍 청나라를 오가면서 추사와 이상적에게 배운 시서화와 금석학에 밝아 많은 골동 고서화를 구입했다.

그 아들 오세창이 추사의 금강안(金剛眼, 감상의 안목)을 물려받아, 당대 최고의 문화재 감정실력을 갖추게 된 이유이기도 하다. 오세창은 간송 전형필에게 문화재를 감별하는 눈을 뜨도록 도와, 간송이 전 재산을 동원하여 국내외로 흩어진 문화재들을 수집하여 우리나라 최초의 사립박물관이라 할 수 있는 보화각을 거쳐 간송미술관의 소장품으로 보존해오고 있다.

추사는 과천에서 한양 도성을 바라보면서 쓸쓸한 노년을 보내다 간다. 추사가 마지막까지 한 일은 제자들을 가르치는 일이었다. 추사에게는 다른 사람의 그림과 글씨, 시의 실력을 보고 될 놈, 안될 놈을 가려내는 '금강안'이라는 안목이 있었다. 그렇기에 제자들을 뽑아 시, 글씨, 그림을 가르친 것이다. 추사는 제자들이 가져온 것들에 직접 하나씩 코멘트를 달아주고 고칠 점들을 남겨주었다. 제자들에게 자신이 가진 모든 것을 쏟아부었다. 언제나 제자들을 만나고 제자들을 가르쳤다. 평생에 어디를 가든지 제자들을 만났다.

역사의 흐름 속에는 사람들의 만남이 흐른다. 만남은 신비다. 만남은 생명이다. 만남은 만남으로 이어지며 정신과 사상의 전수가 일어나며, 역사의 물줄기의 방향을 잡아주기도 한다. 세대를 뛰어넘어 만남의 영향력은 지속된다. 어떤 사람이 갑자기 어디서 툭 튀어나오는 것이 아니다. 반드시 그 사람에게 영향을 준 만남이 있다. 금방 보이지 않지만 오래 유심히 보면 그 사람 뒤에 서 있는 만남의 인연들이 보인다.

진짜 스승이 된다는 것은 역사의 맥을 이어갈 제자 한 명 남기는 삶이 아닐까? 많은 사람이 아니라 역사의 맥을 이어갈 한 사람을 만나야 한다.

초정 박제가의 제자인 추사, 추사의 제자인 이상적, 이상적의 제자인 오경석이 중국을 오가며 가져온 책들이 연암 박지원의 손자 박규수의 사랑방에서 당대의 조선의 젊은이들에게 읽히고 있었다. 그 자리에 젊은 청년 김옥균이 세계 각국의 역사, 지리, 정치체제, 종교, 상공업 등과 함선, 화약, 병사 훈련 도감 등 19세기 서구의 지식 총람과 같은 《해국도지》를 반짝이는 눈으로 보고 있었다.

이제
만나러 갑니다!
추사 김정희

봉은사

과지초당

추사박물관

추사고택   추사기념관

화암사

초의선사 유적지

대흥사 일지암

김정희
유배지   안덕계곡
        대정
        향교

충남 예산 추사 고택과 추사기념관

추사의 증조부 김한신이 지은 집이다. 어린 시절을 보낸 곳이며 제주 해배 후 돌아와 시간을 보낸 곳이다. 추사의 영정과 도장, 염주, 붓과 벼루 등은 보물로 지정되어 보관되고 있다. 추사의 무덤이 있고, 고조부 김흥경의 묘가 있는 곳에는 추사가 청나라 연경에서 가져온 씨앗을 심어 200년 이상 자란 백송을 중심으로 공원이 조성되어 있다. 추사 고택 바로 옆 추사기념관과 함께 둘러보면 된다. 가까운 곳에 윤봉길 의사 기념관과 충의사와 이응로 화백이 살던 수덕여관과 수덕사도 함께 볼 만하다.

◉ 충청남도 예산군 신암면 추사고택로 261

화암사

추사의 증조부 김한신이 중건한 사찰로 추사가 어린 시절 공부했던 절이다. 과거 시험을 준비하던 시절과 제주 해배 후 기거하며 남긴 것으로 추정되는 시경, 천축고선생택, 소봉래 등의 암각문 들이 있다.

◉ 충청남도 예산군 신암면 용궁1길 21-29

초의선사 유적지

초의선사 생가와 기념관, 우리나라 차 문화의 역사를 볼 수 있는 명선관, 대흥사 일지암을 그대로 복원해놓은 유적이 있다. 추사와 초의의 우정을 상징하는 용호백로정 등을 돌아보며 우정의 의미를 새겨보는 것도 좋겠다.

◉ 전라남도 무안군 삼향읍 초의길 30 초의선사탄생지

해남 대흥사 일지암

천년고찰 해남 두륜산 대흥사는 한국불교의 종통이 이어지는 대사찰로 13대 대종사와 13대 대강사가 배출된 불교계의 위상이 대단한 사찰이다. 초의선사로 인해 우리나라 차 문화의 성지와 같이 자리잡은 곳이기도 하다. 대흥사에서 산길로 1킬로미터 정도 걸어 올라가야 일지암이 있다. 다산의 제자였고 추사의 평생지기였던 초의선사가 40여 년간 기거하며 한국의 다도를 정립한 곳이다. 다서의 고전인 《동다송》을 저술하고 《다신전》을 정리했다. 초의선사 입적 후 소실되었다 1970년대에 복원되어 있는 곳이다. 물맛 좋기로 소문난 유천이 뒤쪽에 있다.

📍 전라남도 해남군 삼산면 대흥사길 400

제주 서귀포 김정희 유배지와 대정향교와 안덕 계곡

추사가 9년간 유배 생활을 하며 추사체를 완성한 것으로 알려져 있다. 기념관도 잘 만들어져 있으며 위리안치되었던 집을 복원해놓았다. 근처 대정향교에는 '의문당疑問堂'이라는 현판이 걸려 있었다. 지금은 추사기념관에 보관되어 있다. 유배 말년에 제자들과 자주 산책하던 안덕 계곡도 꼭 한 번 가보아야 한다. 계곡 안쪽으로 들어서면 이야기를 그치고 멈춰 설 수밖에 없는 고요함과 차분함이 느껴진다. 사색의 길이라고도 불리는 길을 거닐어보자.

📍 제주도 서귀포시 대정읍 추사로 44 추사 적거지
　제주도 서귀포시 안덕면 사항교로 165–17 대정향교
　제주도 서귀포시 안덕면 일주서로 1524 안덕가든

과천 과지초당, 추사박물관과 봉은사

추사의 생부 김노경이 마련한 거처다. 마지막 인생 4년을 보내며 왕성한 예술혼을 불태웠던 곳이다. 후지츠카 교수 가족이 기증한 추사유물 15,000여 점을 전시하는 추사박물관도 함께 있다. 봉은사에 들러 추사가 별세 3일 전에 마지막으로 쓴 현판 글씨인 판전板殿을 보고 가도 좋다. 추사기적비와 추사의 글씨로 추정되는 현판이 더 있다.

📍 경기도 과천시 주암동 184번지 과지초당 추사박물관
　서울시 강남구 삼성동 봉은사로 531 봉은사

세한연후 歲寒然後,

인생은 비로소 참에 이른다

김
정
희

추사는 조선 최고의 문인으로 알려진 데 비해 벼슬 운은 없었다. 한참
출세가도를 달리던 때 경쟁관계였던 안동김씨 세력이 10년 전 윤상도의
옥사 사건을 빌미로 공격해왔다. 추사의 목숨이 경각에 달렸을 때 친구
조인영의 목숨을 건 상소로 제주 대정현에 위리안치 유배를 떠나게 된다.
8년의 유배를 마치고 한양으로 돌아왔으나, 2년이 채 못 되어 북청으로
다시 유배를 가게 된다. 1년의 유배에서 돌아와 과천에 은거하며
후학양성에만 힘을 쏟았다.

제주 유배 시절, 스승에게 정성을 다하는 제자 이상적에게 〈세한도〉를
그려주며 그 발문에 "세한연후지송백지후조야歲寒然後知松栢之後彫也"라는
《논어》〈자한편〉을 인용한다. "날씨가 추워진 후에야 소나무와
측백나무의 변하지 않는 지조가 돋보인다"는 뜻이다. 인생을 살다보면
따뜻한 날만 계속되지 않는다. 견디기 힘든 찬바람이 불어오는 시절도
있다. 권불십년화무십일홍權不十年花無十日紅이다. 대단한 권력도 꽃의
아름다움도 수명이 있다. 인간 역시 제한된 시간을 살다가는 존재다.
부러울 것 없는 명예와 부를 누리며 한 시대를 풍미하던 사람도 마지막은
초라하고 쓸쓸한 경우가 많다. 어떤 이의 죽음은 얼굴 한 번 본 적도 없는
사람들이 통곡하며 애도한다. 살아생전 수없이 많은 사람들이 주변에
있었으나, 죽은 후 누구도 눈물 한 방울 흘리지 않는 경우도 있다. 마지막
순간엔 모든 것이 드러나게 되어 있다.

무라카미 하루키가 말한 소확행小確幸처럼 '작지만 확실한 행복을
추구'하는 사람들도 많다. 꿈꾸는 일이 크거나 작다든지, 나를 행복하게

하는 일이 많거나 적다든지 하는 것도 본질은 아니다. 큰 일 하나를
이루기 위해 평생을 바치는 것이 기쁨인 사람이 있고, 작고 행복한 추억
하나로 평생을 살아갈 수 있는 사람도 있다. 결국 본질은 크고 작음과
많고 적음보다는 함께 함과 영원함에 있다. 인간에게 영원永遠이라는
개념은 쉽게 손에 잡히지 않는다. 하지만 이 땅에서의 내 삶의 마지막
순간은 영원과 맞닿아 있다. 그런 의미에서 어떻게 사느냐보다 어떻게
죽느냐가 더 중요하다. 우리는 잘살기 위해 살지 않고 잘 죽기 위해 산다.
삶의 마지막에 내가 남긴 말, 내 귀에 들린 사랑하는 이의 마지막 인사,
마지막 잡은 손의 온기. 그런 것들이 영원으로 떠나는 여행의 동행과
같다.

우정, 신의, 효도, 충성 등의 미덕이 군사독재, 물질만능, 무한경쟁으로
어리석은 것들로 취급당하는 시대다. 넓은 집에 고가의 물건을 채워놓고
살아도, 생의 마지막은 썰렁한 병실에 차가운 주사바늘만이 곁에 남은
삶일 수 있다. 많은 친구가 있지만 진정한 친구는 없고, 많은 재물을
가졌으나 의미와 소중함으로 간직하고픈 물건 하나 없는 사람일 수 있다.
인생의 성공과 행복이란 마지막에 내 곁을 지키주는 존재가 결정한다.
그런 의미에서 세한연후는 나와 내 주변의 가식과 거짓을 벗겨버리고
참을 드러내는 빛과 같다. 마지막까지 함께 가지 못할 존재들을 걸러내는
인생의 필터와 같다. 그래서 세한연후는 차라리 고난이 아니라 감사다.
현실에서 그런 사람들의 만남이 그리웠다. 현실에서 만나기 힘든 만남의
갈증은 나를 역사 속의 인물에게 이끌었다. 그들이 나눴던 우정과 신의에

흠뻑 빠졌다. 짧은 인생 살아가며 그런 만남을 찾았다. 함께 만남의

이야기 속으로 들어가 더 깊고 진정성 있는 만남을 갈망하게 되었다.

세한연후의 만남이 실제가 되어가는 인생이 되고 있다. 모진 세파에 깊은

신의를 자랑하는 소나무와 같은 상록수의 만남이 세상을 따뜻하게 하기를

바란다.

세 번째 만남

시대의 풍운아

김옥균의 만남과 관계성

사랑방에서 만난 생명동지
북촌 청년들

김옥균은 1851년 1월 23일 충청남도 공주군 정안면 광정리에서 아버지 김병태와 어머니 은진송씨의 큰아들로 태어났다. 얼굴이 옥처럼 빛나는 윤기가 있어 옥균玉均이라고 지었다.

"달은 비록 작으나 온 천하를 비춘다月雖小照天下"김옥균이 여섯 살 때 아버지가 달을 보며 글을 지어보라고 하자 지은 시다. 어려서부터 감수성이 예민하고 표현력이 좋은 아이였다.

아버지는 당시 세도정치로 날리던 안동김씨 집안이었으나 권력의 중심에서 멀었고, 서당을 운영하며 근근이 생계를 이어갔다. 8, 9세 무렵 재종숙 김병기의 아들로 입양되어 서울로 오게 되었고, 강릉부사에 임명된 양부를 따라 율곡 이이가 배향된 송담서원松潭書院에서 공부하며 율곡 이이의 변법경장(變法更張, 율곡이이가 개혁의 필요성을 요청한 상소문)을 접하고 경장更張에 대한 마음을 품게 된다.

율곡 이이는 국가 발전의 세 단계를 새로운 왕조를 세우는 창업創業의 시기, 제도를 마련하고 체계를 잡아가는 수성守成의 시기, 그리고 미진한 제도를 고치고 개혁하는 경장의 시기로 보았다. 관직에 오른 이이는 선조에게 지속적으로 경장을 강조했다. 경장은 '거문고나 가야금의 느슨해진 줄을 바꾸어 맨다'는 뜻으로 해이해진 것을 긴장하도록 다시 고치거나 사회적, 정치적으로 제도를 개혁할 필요가 있는 시기라고 보는 것이다.

김옥균은 그러한 경장의 마음을 품고 서울로 돌아와, 과거에 장원급제하여 관직에 나가게 된다. 그의 집은 지금의 북촌에 자리잡고 있었다. 공교롭게도 옆에는 서재필의 집, 앞에는 김홍집의 집이 있었으며, 멀지 않은 곳에 박규수와 홍영식, 서광범 등이 살고 있었다.

그들은 박규수를 통해 사랑방 모임에 참여하게 되었고, 그곳에는 이미 개화의 필요성을 인식한 오경석과 유홍기 등이 있었다. 실제로 개혁을 추진하기 위해서는 중인 신분인 오경석과 유홍기가 앞장서기는 어려우니, 당시 상류계급인 북촌의 양반자제들과 마음을 나누어 혁신의 기운을 일으켜야 한다는 생각을 품었던 것이다. 박규수의 사랑방은 금세 만남의 장이 되었다. 박규수는 김옥균을 비롯해, 친구들과의 나이 차가 적게는 40년 많게는 50년 이상이 되었지만, 그들과 한자리에 마주하여 대화할 수 있을 정도로 열린 생각을 가진 사람이었다. 그는 평안도 관찰사로 있는 동안 제너럴셔먼호 사건을 비롯한 서양 세력과의 충돌 문제를 해결하는 역할을 담당했고, 연행사(燕行使, 조선후기 청나라에 보낸 조선 사신의 총칭)로 청나라에 다녀

오면서 형성된 생각은 개화의 필요성을 인정하고 있는 상황이었다. 자신이 앞장서서 할 수 있는 일은 아니었으나, 자신의 사랑방을 젊은 인재들을 위해 기꺼이 내줌으로써 갑신정변(甲申政變, 1884년 김옥균을 비롯한 급진개화파가 개화사상을 바탕으로 조선의 자주독립과 근대화를 목표로 일으킨 정변), 갑오개혁甲午改革, 독립협회를 통한 독립운동 등을 펼치는 인재들이 그곳에서 서로 만날 수 있었다.

박규수를 통해 연암 박지원의 실학사상이 전해지고, 오경석을 통해 박제가와 추사를 잇는 실사구시의 정신이 전수되었으며, 한의학을 공부한 유홍기는 그들 가운데서 여러 사상과 서적들을 잘 풀어 가르치는 스승 역할을 했다.

박규수는 당시에 청나라에서 만든 세계지도를 가지고 있었다. 그는 《해국도지海國圖志》라는 책을 보고 오늘날 지구본과 같은 지세의地勢儀를 직접 만들었다. 100권으로 구성된 《해국도지》는 세계 각 나라의 지리, 역사, 인구, 정치, 종교까지 총 망라되어 있는 백과사전 같은 책이었다. 그는 젊은 친구들에게 지구본을 빙글빙글 돌려서 보여 주며 말했다.

"오늘의 중국이 어디 있느냐? 저리 돌리면 미국이 중국이 되고, 이리 돌리면 조선이 중국이 되며, 어느 나라든지 중中으로 돌리면 중국이 되나니, 오늘에 어디 정해진 중국이 있다더냐?"

박규수는 이렇게 가르치며 세상의 중심이 중국이라고 주장하던 그 중국은 어느 나라나 될 수 있다고 했다. 아마도 당시로서는 파격적이고 충격적인 시청각 교육이었을 것이다. 그는 틀에 갇힌 생각을 깨트리고, 다른 시각에서 볼 수 있도록 눈을 열어주는 일을 했다.

60대의 박규수, 40대의 오경석과 유홍기, 30대의 김윤식, 김홍집,

20대의 어윤중, 박영교, 김옥균, 10대의 홍영식, 유길준, 서광범, 박영효가 사랑방에서 만나 '이대로는 안 된다'는 문제의식을 공유하면서 '그러면 어떻게?'라는 대안을 모색하는 만남이 무르익어가고 있었다. 그러나 박규수는 개화파라고 불리게 된 이 젊은이들의 만남이 시작된 지 몇 해 되지 않은 1877년 세상을 떠난다. 오경석 역시 1879년 49세에 병을 얻어 일찍 세상을 떠나게 되면서 유홍기가 청년 개화파의 정신적 스승 역할을 홀로 감당했다.

박규수 사랑방 구성원 중 오경석이 가장 활발하게 외국을 오가며 새로운 서적들을 사오고 새로운 생각들을 실어 나르는 역할을 했다. 그는 추사 김정희와 우선 이상적의 제자였다. 오경석은 8대째 역관의 집안에서 태어나 자신도 역관이 되어 중국을 자주 오가며 신사상과 신문물에 눈을 떴다. 그는 청나라가 기울어가는 것을 보며 조국을 깊이 걱정하는 마음이 일어났다. 서양 무기의 무서움도 알고 있었다. 조선은 청나라의 문물에 비해 한참 뒤처지는 상황이었다. 그런 청나라를 문 열게 하고 무릎 꿇게 한 서양의 힘을 보며, 우리나라도 더 늦기 전에 스스로 개항을 하고 서구 문물을 받아들여야 함을 절실하게 느끼고 있었다.

독립운동가로 민족대표 33인에 속하였던 당대 최고의 서화가요 수집가였던 위창 오세창의 증언에도 아버지 오경석이 역관으로 중국을 자주 왕래하며 세계 각국의 역사나 흥망사를 연구하여 우리나라 정치가 부패한 것과 세계의 대세에 뒤처지고 있는 것을 깨닫고, 앞으로 반드시 비극이 일어날 것이라 예견하고 개탄했다고 한다. 중국에서 구입한 신서적과 신사상을 가장 가까운 친구인 대치 유홍기에게 주어 연구하게 하고 함께 대화하며 개혁의 필요성과 꿈을 키워

갔다.

박규수의 사랑방은 일단의 젊은이들이 자신의 생을 걸고 나라를 바꿔보겠다는 의지를 다짐하는 곳이 되었다. 비록 그들의 개혁이 삼일천하로 끝났다 할지라도, 나라를 바꿔보겠다는 젊은이들이 모여 의지를 다짐하던 박규수 사랑방의 개혁정신은 지금 우리 시대와도 맞닿아 있다.

2016년 촛불집회를 시작으로 많은 국민의 뜨거운 염원과 열망이 모아져, 2017년 국회에서 박근혜 전 대통령 탄핵소추안이 가결되자, 전 국민의 관심이 집중된 곳이 헌법재판소였다. 21세기 대한민국 역사에 가장 중요한 결정이 내려졌던 역사적인 장소다. 헌법재판소 경내 모퉁이에 있는 작은 비석에 이렇게 쓰여 있다. "조선조 말 근대화를 주장한 우의정 환재 박규수(1807~1876) 선생 집터"

환재의 할아버지 연암 박지원도 임시 거처로 삼았던 곳으로 박규수의 집터임을 알리는 표지석이다. 대한민국 역사의 흐름을 바꾼 결정이 내려진 곳에 젊은이들이 나라를 개혁하기 위해 모든 것을 걸기로 결단한 박규수 사랑방이 있었던 것이다.

우리나라 가옥구조에서 사랑방은 독특한 요소다. 안주인인 여성들이 주로 거주하는 안방과는 거리를 둔 곳으로, 바깥주인인 남성들이 주로 거처하면서 글을 읽거나 손님을 맞이하는 공간이다. 손님 접대뿐만 아니라 교육이 이루어지는 장소이기도 하며, 남자들이 모여 대화를 나누는 바깥 사회와 연결되는 통로 역할도 하였다.

백범 김구는 안중근 의사의 아버지 안태훈 진사의 사랑방에서 유학자인 고능선을 스승으로 만나게 되었고, 월남 이상재는 과거 시험에 낙방한 후 승지 박정양의 사랑방에 기숙하며 다양한 만남과 국내외 정세에 대한 지식을 쌓았다.

춘원 이광수가 개화파의 핵심 멤버였던 박영효에게 당시의 신사상이 어떻게 혁명가들에게 전해지게 되었는지 묻자, 그는 "그 신사상은 내 일가 박규수 집 사랑방에서 나왔소. 김옥균, 홍영식, 서광범, 그리고 내 백형(박영교)하고 재동 박규수 집 사랑에 모였지요"라고 했다.

사랑방은 만남의 장이었다. 새로운 친구를 만나고 새로운 사상을 만나고 새로운 시대를 만나는 자리였다. 우리 역사를 살펴보면 구한말과 일제식민 지배시대, 그리고 민주화운동시기를 지나오는 동안 곳곳에 다양한 형태의 사랑방들이 존재하고 있었다. 그곳에 모인 젊은이들이 세계사에 눈을 뜨고 새로운 문화를 접하고 새로운 시대의 청사진을 그렸다. 박규수의 사랑방도 그 가운데 하나였다.

만남에는 우연이 없고 역사에 우연이 없다. 인생에 모든 일은 이유와 원인을 가진 필연이며 역사는 그래서 정직하다. 사랑방에서의 만남이 시대를 보는 안목과 의식을 깨우고, 모든 것을 걸고 한 번 모험할 만한 무엇을 찾게 했다. 일의 성공과 실패와 상관없이 한 번뿐인 목숨 모두 마찬가지인데 한 번 걸어볼 만한 일을 만났을 때, 그 자체로 얼마나 행복하고 가슴이 두근거릴까.

다산에게 삼근계를 받았을 때의 황상이 그랬을 것이고, 스승을 만나러 가기 위해 봇짐을 싸놓고 20여 일간 날이 개기만을 기다리던 초의의 마음도 그랬을 것이다. 만남의 여운이 너무 깊어 집에 돌아와 잠을 이루지 못한 경험이 있는가?

만남은 운명이다. 사랑방에서의 만남이 돌이킬 수 없는 인생의 결과를 가져오게 되었기 때문이다. 운명적 만남은 실패한 것처럼 보여도 역사는 그 만남이 이끄는 길로 가고야 만다.

여행, 책, 사람과의 만남이
역사를 만든다

홍대용의 《연기燕記》, 박지원의 《열하일기熱河日記》, 박제가의 《북학의北學議》의 공통점은 모두 중국을 방문하면서 보고 듣고 배운 것들을 기록한 기행문이라는 것이다. 이들의 뒤를 이은 추사 김정희의 연경 방문은 평생 한 번이었지만 그의 일생을 바꾸는 만남과 배움이 있는 여행이었다. 우선 이상적, 역매 오경석, 환재 박규수 등 개화기를 여는 중요한 역할을 했던 사람들도 모두 중국 방문을 계기로 열리게 된 시각과 생각의 변화를 경험한 사람들이었다.

역사 속에 살았던 사람들의 삶에는, 만남을 통해 한 사람의 인생의 방향 전환이 일어나고, 만남을 통해 예상하지 못했던 성장의 계기가 찾아오고 만남을 통해 생각하지 못했던 기회들이 주어졌다.

이른바 역사 속에서 알려진 사람들, 자기 인생과 자기 시대를 책임 있게 살았던 사람들을 살펴보면 몇 가지 공통점이 있다. 영향을 받은 사람이 존재하고, 생각을 형성하는 데 도움을 준 책들이 있고, 삶의 견문을 넓히는 여행을 통해 또 다시 새로운 만남을 경험했다는 것이다. 결국은 만남이다. 좋은 책과의 만남, 낯선 풍경과의 만남, 새로운 사람과의 만남.

북촌 청년들의 눈을 열어주고 싶었던 박규수, 오경석, 유홍기도 그런 사람들이었다. 자신들이 보았던 낯선 풍경을 북촌의 젊은이들이 보기를 원했다. 예상대로 자신들이 청나라를 다녀와 충격을 받고 각성이 일어났다면, 북촌 청년들은 일본을 보고서 충격을 받게 되었다. 이러한 낯선 풍경과 문화를 경험할 수 있도록 연결해준 사람이 오경석이었다. 청나라를 자주 오가는 역관이었던 오경석은 이미 스승의 스승이었던 추사가 보고 온 청나라, 스승 이상적이 보고 온 청나라는 더 이상 자신이 보고 있는 청나라가 아니었다.

서구 열강들 앞에 무기력하게 무릎 꿇고 수치를 당하는 대국 청나라를 직시하면서 조선의 미래가 보였다. 평안 감사로 제너럴셔먼호 사건을 해결한 전적이 있는 박규수도 더 이상 거부할 수 없는 시대의 흐름이 개항이라는 것을 인식하게 되었다. 생각이 맞아떨어진 박규수와 오경석은 조선의 젊은이 가운데 미래가 촉망되는 친구들에게 새로운 문을 열어준다. 책과 낯선 풍경과, 새로운 사람과의 만남이 그것이었다.

영국을 비롯한 세계 각국의 지리와 역사, 국방, 병기기술 외에 민주적 선거제도 등의 해설서인《해국도지》, 세계 5대양 6대주별 지리 해설서인《영환지략瀛環志略》, 서양의 과학기술 해설서인《박물신편博物新編》, 세계 지리에 관한 문답식 개설서《지리문답地理問答》, 서유럽 및 북유럽 견문서인《해국승유초海國勝遊草》등의 많은 서적들을 소개해줌으로써 북촌 청년들이 지금까지 접해볼 수 없었던 새로운 세계에 눈 뜨며 가슴이 뛰게 해주었던 것이다.

북촌 청년들 한 사람 한 사람이 눈을 뜨는 계기들을 살펴보면 그 내용을 알 수 있다.

박영효朴泳孝는 박규수 사랑방 개화학습에서《연암집燕巖集》을 통해 인간평등사상을 배웠고, 조선 말기의 개화승開化僧 이동인이 건네준 일본 서적들을 통해, 국제 정세를 파악하고 인권존중의식도 갖추게 되었다. 그가 1882년 수신사修信使 대표로 일본에 파견되었을 때 서광범, 김옥균 등이 동행했다. 일본에서 돌아온 후 국민을 계몽하기 위해 신문 발행을 건의했고, 1883년 조선 최초의 근대신문《한성순보漢城旬報》를 발간하는 등 개화를 향한 움직임을 계속하게 되었다.

홍영식洪英植은 1881년 신사유람단으로 일본에 파견되어 일본의 군사제도, 우정업무 등 일본의 신진문물과 제도를 조사하고 돌아왔다. 또한 1883년 한국 최초의 미국 사절단인 보빙사報聘使의 부대표로 대표인 민영익과 함께 5개월간 미국시찰을 마치고 돌아와 외아문협판, 우정총판에 임명되어 군사, 외교, 우정 업무의 요직을 두루 거치게 된다. 우정총국 낙성식을 축하하는 연회 자리를 기회로 김옥균 등과 갑신정변을 일으키는 일에 앞장서게 된다.

서광범徐光範 역시 박규수 사랑방 개화학습 동문이다. 그는 박영효와 함께 수신사로 일본을 다녀온 후부터 정치적으로도 두각을 나타내기 시작했다. 홍영식과 함께 보빙사 일원으로 미국도 방문하여 선진문물을 보고 익히며 개화의 필요성을 절감하고 김옥균과 함께 갑신정변에 적극 참여하게 되었다.

서재필徐載弼은 서광범을 통해 김옥균을 만났고 그를 굉장히 존경하고 잘 따랐다. 서로 이야기가 잘 통하고 서로에 대한 믿음이 있었으며, 김옥균은 서재필을 친동생처럼 생각하고 대했다. 서재필은 개화파의 막내로 박규수 사랑방 동문은 아니다. 19세에 김옥균을 만나 개화당에 청년당원으로 가입하고 김옥균이 주선하여 1883년 군사와 국방 체계의 선진화를 준비하기 위해 일본 육군사관학교에 입학하여 신식 군사교육을 받았다. 갑신정변에 가장 어린 나이로 참여했다.

유길준俞吉濬은 박규수 사랑방 동문으로 김옥균을 사랑방에서 만나 가까워졌다. 《해국도지》와 실학사상과 선진문물을 접하고는 과거시험을 포기한다. 그는 1881년 신사유람단에 참가했다가 조선 최초의 일본유학생이 되었다. 또한 게이오기주쿠(慶應義塾, 일본 도쿄의 사립종합대학)에서 일본의 문명개화론자인 후쿠자와 유키치를 만나 많은 영향을 받게 된다. 1883년 보빙사 수행원으로 미국으로 가게 되고, 민영익의 권유로 그곳에 남아 우리나라 최초의 미국유학생이 되었다.

그는 갑신정변 발발 당시 미국에 체류하여 참가하지 않았다. 갑신정변 이후 개화파가 몰락하며 국가로부터 지원이 끊어지고 귀국을 명받게 되자 조선행을 결심한다. 유길준은 조선에 돌아와 다행히 죽음은 면했지만 7년 동안 가택연금을 당한다. 그 기간에 24편으로 구성된 《서유견문록西遊見聞錄》을 집필했다. 이 책은 서양의 근대 문명을 국민의 권리, 정부의 역할, 세금 징수, 교육, 제도, 화폐, 어린이 양육, 복지, 증기기관 등 구체적으로 소개하여 갑오개혁의 이론적 기초를 제공했다.

이 외에 김홍집, 어윤중, 김윤식 등의 박규수 사랑방 동문들이 더 있으나, 개화를 실행하는 구체적인 방법론을 놓고 의견이 다른 급진개화파와 온건개화파로 나뉘게 된다. 급진개화파가 주도한 갑신정변에 온건개화파는 참여하지 않았다. 갑신정변은 삼일천하로 막을 내리게 된다. 스케일은 컸으나 디테일이 없었던 개혁이라고 평가된다. 박규수와 오경석 등의 공백이 이유일 수 있다. 정치 경험이 풍부한 박규수나 외국 문물과 제도에 밝은 오경석이 멘토의 역할을 했었더라면 젊은 개화파들의 성급함과 미숙함을 보완할 수 있지 않앉을까.

스승이나 멘토의 역할이 그렇다. 젊은 세대보다 세상 돌아가는 현실을 잘 모를 수 있고, 일을 진행하는 방식이 다를 수도 있다. 스승과 멘토에겐 오랜 삶의 경험에서 얻은 넓고 멀리 보는 통찰력이 있기 때문이다.

후회를 남기지 않는
만남 동지

김옥균과 개화당이 주도한 갑신정변이 비록 실패로 돌아갔지만 그 평가는 현재까지도 엇갈린다. 친일파와 동일한 집단으로 취급하는 견해부터, 청나라의 속국으로 전락한 조선을 자주독립국가로 세우고 스스로의 힘으로 근대화를 달성해 서구열강과 어깨를 나란히 하는 꿈을 꾸었던 젊은이들의 위대한 모험으로 보는 견해까지. 필자는 후자에 가깝다.

당시의 정황을 살펴보면, 1876년 최초의 근대식 불평등 조약인 강화도조약을 일본과 맺은 이후 조선은 더욱 혼란으로 빠져들었다. 무방비상태로 서구열강의 문호개방 요구에 대응해야 하는 슬픈 현실이었다. 사대적 발상으로 바라보던 청나라마저 서구열강에 무릎 꿇게 되는 상황임에도 불구하고 조정의 책임자들은 여전히 친청정책과 쇄국정책으로 일관했다. 젊은이들이 볼 때는 나라의 미래가 도무지 보이지 않는 상황이었다. 젊은이들의 가슴속에는 변해야 산다는, 새로운 세상에 대한 간절함이 자리잡기 시작했다.

1882년 구식군대가 일으킨 병란인 임오군란壬午軍亂은, 갑신정변의 신호탄 역할을 했다. 두 차례의 양요를 겪으면서 서양 무기들의 위력을 맛본 조정은 신식무기 도입과 신식군대 창설을 서둘렀다. 하지만 자연스레 구식군대에 대한 차별이 일어났고, 1년도 넘게 밀린 급료도 겨우 1개월 치만 받을 뿐이었다. 그나마 급료로 받은 쌀 속에는 모래가 섞여 있었다. 흥분한 군인들이 담당 관리를 구타하는 사건이 일어나자 주동자들을 잡아 가두기 시작했다. 지휘관들에게 찾아가 항의했으나 그들은 모르쇠로 일관한다. 지휘부의 무책임한 태도에 화가 난 군인들이 직접 행동하기 시작했다. 군인들의 봉급을 책임지는 선혜청 당상 민겸호의 집을 부수고 관청이었던 선혜청宣惠廳을 불태웠다.

군란 수습을 빌미로 민씨 일가에게 밀려나 있던 흥선대원군이 다시 개입하고 청과 일본까지 개입하면서 국제적인 분쟁이 되고 말았다. 청나라 군대는 군란 진압을 빌미로 한양에 4,500명이 들어와 임오군란의 주동자들을 처형하고 흥선대원군을 납치해 청으로 끌고 갔다. 일본 공사관은 불탔고, 신식군대인 별기군 교관 호리모토 레이조 소위도 죽었다. 일본은 공식적인 사과와 배상을 요구했다. 이 일을 수습하기 위해 다시 사절단을 구성해 일본 방문을 추진했는데 정사로 박영효가, 수행으로 서광범과 김옥균이 함께 가게 된다.

젊은이들의 가슴은 불타올랐다. 미진한 제도를 고치고 개혁하는 경장이 아니고는 방법이 없다는 확신이 섰다. 임금의 아버지를 납치하고 동족을 학살하고 수탈하는 청나라 군대를 보며, 이제는 벗어나야 하며 그 일을 방해하는 세력은 제거되어야 했다. 일본은 오히려 이 기회를 외교적으로 활용하기 위해 일본으로 건너온 수신사 일행을 환대했다. 한편, 청나라가 청불전쟁 중이던 베트남 전장을 수습하기 위해 청나라 군대 1,500명을 조선에서 철수시키자, 일본은 김옥균과 개화파에게 접근한다. 그들은 자주 국가를 쟁취하고자 했으나 나라도 힘이 없고 자신들도 힘이 없으니 일본과 손을 잡기로 했다. 하지만 그들의 목적은 일본을 끌어 들이는 것이 아니라 분명히 근대화된 자주 독립 국가를 세우는 것이었다. 그 점이 이후에 나타나는 을사오적이나 정미칠적과의 차이다.

1884년 12월 4일 김옥균과 개화파는 개화당 홍영식이 총판으로 취임한 우정국 낙성식 날에 거사를 실행하기로 한다. 갑신정변이다. 만찬이 끝나갈 무렵 불길이 치솟고 바깥이 소란스러워지기 시작했다. 가장 먼저 바깥으로 뛰어나갔던 민영익이 피투성이가 되어 안으로 들어왔다. 개화당의 반대파들이 차례로 제거되었다. 하지만 내각 개편부터 청군과 민씨 일가의 심상치 않은 움직임으로 상황은 쉽게 안정되지 않았다. 고종의 신병을 확보하는 쪽이 정당성을 획득하는 것이기에 고종을 붙들고 늘어졌다. 하지만 고종은 개화파를 점점 신뢰할 수 없게 되었다. 차라리 청군의 보호를 받는 것이 낫겠다는 생각까지 하게 되었다. 청군의 공격에 더 이상 소수의 인원으로 버티는 것이 힘들다고 판단한 다케조에 일본 공사가 일본 군인들을 후퇴시키면서 김옥균과 개화파의 꿈은 산산조각나게 된다. 홍영식과 박영교, 그들을 따라 고종을 끝까지 호위하던 사관생도들 모두가 현장에서 죽임을 당했다. 고종은 결국 청 군의 보호의 손길로 넘어갔다.

김옥균과 개화파의 거사가 실패로 돌아가자 고종은 측근에 두고 함께 개화의 꿈을 꾸며 준비하던 '젊은 미래'들을 한순간 역적으로 몰았다. 그들을 지지하고 거사를 묵인했건만, 우유부단함과 국가중대사를 치르는 일에 준비가 미흡했음을 보고 신뢰를 철회한 것이다.

반역자의 무리가 된 그들의 가족도 무사할 수 없었다. 김옥균의 양부 김병기는 관직을 박탈당하는 것으로 끝났지만, 생부 김병태는 천안감옥에서 몇 년간 수감 생활을 하다 세상을 떠났다. 천안에 살던 아우 각균은 도망치다 잡혀 대구 감옥에서 죽었다. 생모인 은진 송씨는 큰딸과 함께 음독자살을 했고, 다른 딸은 자살시도에 실패하고 전국을 떠돌며 힘겹게 살았다. 김옥균의 부인 유씨는 어린 딸과 함께 고향으로도 가지 못해, 친척을 찾아 옥천으로 갔다 붙잡혀 노비 신세가 되었다. 결국 시아버지의 도움을 받았다는 사람의 도움으로 그 집으로 들어가 허드렛일을 하며 숨어 지내게 된다.

홍영식의 아버지 홍순목은 열 살짜리 손자와 함께 음독자살을 했으며, 홍영식의 처 한씨도 자살로 생을 마감했다.

박영효의 아버지 박원양은 아들과 박영교가 정변을 일으켰다 실패한 것을 알고 영교의 아들과 함께 음독자살을 했다. 또 다른 형제인 박영호는 이름을 바꾸고 숨어살다 갑오년에 세상으로 다시 나왔다.

서재필의 아버지 서광언도 아내 이씨와 자살했고, 형 서재형은 감옥에서 죽었다. 동생 서재창은 참형에 처해졌고, 두 살짜리 아들은 돌보는 이가 없어 굶어 죽었다.

서광범의 아버지 서상익도 감옥에 갇혔다가 7~8년 후 세상을 떠났다. 서광범의 아내 김씨는 감옥 생활을 견디고 후에 재회했다고 한다.

갑신정변의 주동자들의 집은 모두 파헤쳐 연못으로 만들어버렸다. 참으로 처참한 결과다. 자신들은 겨우 몸을 빼서 살아남았으나 가족과 그들을 따랐던 종들과 그 가족까지 죽거나 잡혀가거나 노비가 되었다. 개화된 좋은 세상을 꿈꾸었던 기대는 죽음과 처참한 고

난으로 돌아왔다.

만남이 이렇게 처참한 결과를 가져올 수밖에 없었던가? 차라리 그 방에서 서로 만나지 않았더라면 가족들까지 이런 비참한 일을 당하지 않았을 것이라는 후회는 없었을까? 사랑하는 부모와 아내와 형제와 자녀들까지 자살과 참형과 옥사와 아사를 당했던 일이, 젊은 그들에게는 얼마나 큰 죄책감과 후회로 남았을까.

그럼에도 불구하고 이 젊은이들이 회고록에 남긴 고백은 남다르다. 서재필은 당시 20대 초반의 나이에 겪기에는 너무도 충격적이고 비극적인 일을 자신뿐만 아니라 모든 가족들이 겪어야만 했다. 스스로 목숨을 끊거나 잡혀가서 죽임을 당했으며, 특히 두 살배기 어린 자식까지 버려져 굶어 죽는 일을 당했다. 그럼에도 불구하고 서재필은 《갑신정변 회고록》에서 다음과 같이 밝힌다.

> 일본의 외교사절이 조선에 도래하기 전에 몇 년간 몇몇 되는 조선의 지식분자는 일본을 왕래하여 일본어를 능통하는 총혜한 한 승려를 통하여 일본과의 비밀한 통신을 했었다. 그중은 일본에서 구미 문명에 관한 다수한 서적을 가져왔다. 그리하여 그네들은 그 가져온 서적들을 탐독함으로써 조선이라는 울을 벗어난 바깥세상에서 되어가는 일을 차츰차츰 알게 되었다.
>
> 이 젊은 지식분자 일단의 지도자는 고 김옥균이었다. 그는 상당한 학자였을 뿐만 아니라 그 외에도 다재다예多才多藝한 인물이었고, 나이도 제일 많았다. 그는 정적들로부터 허다한 비방을 듣기도 했으나, 나는 그가 대인격자였고 또 시종

일관 진정한 애국자였다고 확신한다. 그는 조국이 청국의 종주권 아래 있는 굴욕감을 감추지 못하여 어찌하면 이 수치를 벗어나 조선도 세계 각국 중에 평등과 자유의 일원이 될까 밤낮으로 노심초사했다. 그는 현대적 교육을 받지는 못했으나 시대의 추이를 통찰하고 조선을 힘 있는 현대적 국가로 만들려고 절실히 바랐었다.

또한 그는 당시 독립당에 속하여 함께 거사를 행했던 사람들의 마음가짐과 자신의 마음을 고백한다.

이에 우리가 알아둘 것은 그네(독립당)들의 신명身命과 재산을 돌보지 않은 그 필사적 운동의 동기는 다른 것이 아니고 단순히 최고형의 애국심뿐이었던 것이다. 그 실패가 그네들의 과오는 아니다. 당시의 국정이 어찌할 수 없었던 것뿐이다. 나 개인으로 말하면 그 당시 활약한 한 사람으로 누구의 찬사를 받을 것도 없고 동시에 그 실패로 인하여 책망을 들을 것도 없는 나는 나라를 위하여는 생사를 불계하는 열혈의 한 청년이었던 것이다.

끝으로 안에 그저 살아 있는 1884년 나와 동고同苦하던 벗들에게 나의 경의를 표하는 동시에 그네들의 여년餘年이 행복스럽기를 멀리서 빌고자 한다.

왜 괴롭지 않았을까. 왜 가슴이 먹먹해지고 숨 쉬기 어려울 만큼 가족이 그립지 않았을까. 윤봉길 의사가 마음에 뜻을 품고 집을 나서며 남겼던 '장부출가생불환丈夫出家生不還'의 마음이었으리라. 부인과 아이들을 남겨두고 조국의 독립을 위해 자신을 희생할 각오를 하고 상해임시정부로 망명하여 찾아가는 걸음이었다. 남아가 뜻을 세우고 집을 나서면 뜻을 이루기 전에는 살아 돌아오지 않을 각오로 떠나는 것이다. 서재필도 그런 마음이었을 것이다.

후일 친일파로 변절한 박영효조차 회고록에 이렇게 남겼다.

이때로부터 나는 10년 망명의 몸이 되고 김옥균은 자객 홍종우의 독 묻은 칼에 목숨을 잃고 우리 잔당 및 개혁의 뜻을 품은 소장들은 모두 혹은 살육을 당하거나 혹은 망명했다. 이 약 10년은 청국의 완전한 지배 아래에서 소강을 유지하여 조정은 길이 민씨의 천하로 더럽고 어지러움이 오히려 심하여 만민의 불평이 날로 늘어났으며, 이것이 마침내 동학당의 봉기와 일청전쟁의 원인을 짓게 되었다.

슬프다, 인생이여! 죽은즉 청산의 한 줌 흙이더라. 누가 옳고 누가 그른지는 물을 것도 없고 지금에 와서 죽은 뒤에 약방문을 쓰는 일은 할 필요가 없다. 다만 나는 국상의 망극한 중에 무단히 일어나는 추회와 함께 조선의 혁명이란 이렇게도 지극히 어렵다는 것과 로마는 망하는 날에 망한 것이 아니라는 감상을 감히 느끼게 되노라.

그는 거사가 실패로 돌아간 후 조선의 상황을 언급하며 거사의 필요성을 역설했고, 자신도 이제 나이 들어 시시비비할 처지는 아니라는 뜻을 밝힌다. 비록 거사는 실패했지만 당시 조선의 상황은 망국을 향해가고 있었음을 말하고 있다.

그는 춘원 이광수와의 대담 속에서 동지로 출발하여 의절하는 관계가 된 김옥균에 대하여 몇 마디 긍정과 부정의 말을 하는 정도로 말을 아낀다.

"김옥균의 장처는 사람 사귐이요, 교유가 참 능하오. 글 잘하고, 말 잘하고, 시문서화를 다 잘하오. 김옥균의 단처는 덕의와 모략이 없는 것이요."

김옥균보다 열 살이 아래였던 박영효의 입장에서는 김옥균을 만나지 않았더라면 어떻게 달라졌을까? 생각해볼 수도 있다. 모든 일의 결과를 알고 보는 우리는 저렇게 되지 않았더라면 다른 결과를 가져 왔을 텐데 하는 아쉬움을 느낀다. 하지만 그 시대 사람들은 자신들의 뛰는 가슴을 따라 뛰었을 뿐이다. 이것은 나라가 아니었고, 바뀌어야 했고, 다른 방법은 없었다. 그들도 다른 길을 찾아보지 않은 것은 아니나 결국은 자신들의 목숨을 담보로 한 가장 극단적인 모험을 택했다. 젊은 혈기였다고는 하지만 자신과 가족 모두의 목숨을 담보로 임금과 내밀히 대화하면서 진행했던 일을 그리 허술하게 하지는 않았을 것이다. 김옥균에 대한 평가는 왜곡된 면이 많다. 조선을 식민지화하려는 일본 정객들의 평가가 주를 이루기 때문이다. 하지만 한국 역사가들에 의해 김옥균과 개화파의 개혁 실험은 긍정적으로 재평가받고 있다.

가슴 뛰는 일을 위해 내 발로 뛸 수 있는 때가 행복한 것이다. 그런 모험이 젊은 날에 있었다는 것도 큰 재산이다. 박규수 사랑방에서 만나 한 시대를 젊은 나이에 뒤흔들어본 경험이 있는 그들은 후에도 인생을 대강 살지 않는다.

서재필은 미국에 있다가 갑오개혁 1차, 2차, 을미개혁이 일어나면서 급진개화파로 몰렸던 사람들이 사면되고, 1895년도에 조선으로 다시 돌아온다. 조선으로 돌아온 서재필은 국민들의 의식 계몽을 위해 《독립신문》을 만들었다. 갑신정변 실패의 교훈을 통해 몇몇 사람들이 모여 일을 도모한다고 되는 것이 아니라, 국민의 지지가 필요하다는 교훈을 얻은 것이다. 국민의 의식을 각성시키고 시대를 보는 바른 시각을 심어주기 위해서 독립협회를 설립하고 민중 집회인 만민공동회를 개최하며 《독립신문》을 발간한다. 청나라 사신을 맞이하는 사대의 상징이었던 영은문迎恩門의 이름을 독립문獨立門으로, 청나라 사신이 머물던 모화관慕華館의 이름을 독립관獨立館으로 바꾸는 일도 한다.

어떤 이는 서재필이 김옥균과 개화파를 만난 것이 새로운 기회요, 눈을 뜨게 되는 축복이자 한편으로 그의 삶의 가장 큰 비극의 시작이었다고 이야기한다. 그러나 회고록에서 그는 그렇지 않다고 밝혔다. 주어진 시대적 상황 속에서 조국을 향한 불타는 애국심으로 젊음을 불살랐던 기억으로 추억한다.

동지同志는 후회를 남기지 않는다. 뜻을 같이 하는 사람을 만나는 일도 흔하지 않다. 그런 만남에 후회가 없어야 한다. 뜻을 위해 만났으니 '뜻동지'다. 뜻을 이루지 못해도 동지일 수 있다. 뜻을 이루는 것보다 중요한 것은 후회를 남기지 않는 것 아닐까.

사람 사는 멋을 아는 만남
김옥균

사람을 사랑하고 사람들과 함께 하는 멋을 아는 사람들은 사람을 가리지 않는다. 빈부귀천도 중요하지 않고 남녀노소도 중요하지 않다. 현실보다 이상에 마음을 두고 나이도 신분도, 국경과 종교도 뛰어 넘는다. 김옥균은 늘 주변에 사람들이 몰려들었다. 그에게는 개방적인 생각과 솔직함이 있었고, 시원시원하게 대화할 줄 알았다. 그를 만나는 사람마다 길지 않은 시간 안에 그의 매력에 깊이 매료되었다.

아직 개항과 개화가 이루어지지 않은 조선 땅의 청년이었지만 종횡무진하며 많은 사람과 관계를 맺었다. 정승 출신 박규수, 중인 역관 출신 오경석, 미국공사 푸트, 망명지에서 끝까지 함께 한 유혁로와 이윤고, 마지막 길을 함께 해준 와다 엔지로, 죽어서도 김옥균 곁에 묻히길 원했던 가이 군지, 일본 정계의 거물들, 일본 바둑계의 명인들 등 대단한 인맥이었다.

그중 후쿠자와 유키치는 일본 지폐 1만 엔에 초상화가 들어가 있는 인물로, 근대 일본 최고의 사상가요 교육자였다. 1881년 말 김옥균이 처음으로 일본에 갔을 때 후쿠자와를 만났다. 후쿠자와는 이미 일본에 들어와 동향을 살피며 조선의 동지들과 소식을 나누던 개화승 이동인을 통해 김옥균 이야기를 들어 알고 있었다. 만난 지 얼마 되지 않아 김옥균이 보통 사람이 아닌 것을 알았다고 하니 그의 사람 보는 안목도 만만치는 않았다. 첫 인상이 용감하고 명쾌하며 품은 뜻이 일신의 입신양명에 있지 않고, 조국의 미래를 위해 헌신하려는 마음을 보고 감동하여 자신의 집에 머물게 했다. 김옥균은 후쿠자와의 소개로 당시 일본 정계의 유수한 인물들을 만나게 된다. 그 후 김옥균이 일본에 방문할 때마다 지속적으로 교류하며 갑신정변을 위해 무기를 보내는 등 여러 도움을 준 것으로 알려져 있다.

비록 후쿠자와가 일본의 대외 침략 정책을 지지하는 '탈아론脫亞論'을 발표한 인물이지만, 김옥균과의 관계에 있어서만은 진정성이 있었다. 갑신정변 실패 후 일본으로 망명한 김옥균을 만났을 때도 무사히 살아온 것을 축하해주었다. 일본 정부가 김옥균을 오가사와라 섬으로 귀양 보낼 때도 그는 정부를 성토하며 언론을 통해 김옥균의 해배를 호소하기도 했다.

후쿠자와는 김옥균의 살해 소식을 전해 듣자, 자신의 집에 위패를 안치하고 김옥균을 애도했다. 또한 청일전쟁 와중에 김옥균의 처와 딸을 찾아 살 길을 도와주기도 했다. 개화를 꿈꾸는 젊은이와 문명화를 주도하던 일본 사상가의 만남은 일면 어색해 보이기도 하지만, 서로 뜻이 통했기 때문에 서로를 향한 존중을 가질 수 있었던 것이다. 김옥균도 당시 파격이라 할 만큼의 폭넓은 인간관계를 맺었던 사람이지만, 후쿠자와 역시 일본인으로서 조선에 대한 편견 없이, 김옥균과 진정성 있는 관계를 맺고 그를 기념하고 기렸다는 것도 드문 일이다.

그는 국적과 나이와 신분을 보지 않고 김옥균이 가슴에 품은 조국의 자주독립과 근대화라는 시대적 사명 앞에 자신을 던질 준비가 된 한 조선 젊은이의 마음에 감동했던 것이다.

일본인 정객으로 김옥균과 만남을 특별히 기억하는 또 한 사람이 있다. 도야마 미츠루다. 그는 김옥균보다 네 살 아래의 일본인으로

고베에서 처음 만났다. 그는 1940년 〈김옥균을 생각하며〉라는 글을
통해 김옥균과의 만남을 다음과 같이 회고했다.

> 생각건대 김옥균과 나는 진실로 서로 허許하여 지내는 벗이었
> 습니다. 처음에 만난 것은 김 군이 일본에 와서 고베의 어떤
> 여관에 있을 때였습니다. 서로 그 마음에 반하여 최후까지 간
> 담상조肝膽相照하는 사이가 된 것도 무슨 인연일 것이외다.

그 역시 탈아론을 주장하는 사람이었으나, 김옥균과 간과 쓸개를
서로에게 내어놓고 지낼 만큼 친밀했다. 마지막 중국으로 떠나려는
김옥균이 가보家寶로 내려오는 '비전정길'이라는 칼을 선물로 달라고
하자 가보라 안 된다고 하면서도 결국 김옥균이 가져가도록 허락하
고 만다. 그는 김옥균을 중국의 쑨원과 비교할 정도로 높이 평가했다.
그럼에도 불구하고 후쿠자와나 도야마 두 사람 모두가 조선 침
략을 정당화하고 국익을 추구했다는 점에서는 위험한 인물들이었
다. 그런 점에서는 김옥균과 이들의 만남이 일본에서의 좋은 개인적
인 만남으로 끝난 것이 그 자신을 위해서 다행이라 할 수 있겠다. 이
후 일본이 조선을 침략하고 조국을 강제 병탄하는 것을 보았다면 김
옥균은 어떤 반응을 보였을까? 김옥균의 면면을 보아서는 친일파로
전락했을 가능성은 없다고 본다.
김옥균의 천성이 그랬다. 자신을 암살하기 위해 일본으로 건너온
위장 자객들임을 알면서도 그들과 어울려 먹고 마시고 그들 틈에 잠
들어 있기도 했다. 어쩌면 그는 자신의 매력에 지나친 자신감이 있
었을까? 누구든 만나 함께 시간을 보내며 서로를 알아가게 되면 생

각이 바뀔 수 있다고 믿었던 것인지도 모른다. 그만큼 호방함과 담대함이 있었으니, 참으로 주어진 한 번의 인생을 멋스럽게 살았던 사람이다.

김옥균이 만났던 사람 중 일본인이지만 특별하고 독특한 관계를 맺은 사람이 한 명 더 있다. 도쿄 신죠지眞淨寺 김옥균 묘 옆에 있는 묘의 주인공인 가이 군지다. 1881년 김옥균을 조선에서 처음 만났고, 첫 일본행에도 동행했던 사람이다. 그는 조선에서 사진관을 운영하고 있었는데 김옥균의 도움으로 사업이 잘되었다고 한다. 그 이후로 김옥균이 울릉도 개척사업을 진행할 때나 망명 후 일본에 머물 때 물심양면으로 도왔던 사람이다.

김옥균의 시체가 서울 양화진에서 능지처참되자 그가 사람을 시켜 김옥균의 머리카락을 일부 잘라와 그 유발遺髮을 넣은 묘를 신죠지에 만들었다. 그는 가족들에게 자신이 죽으면 김옥균의 묘 옆에 묻어 달라는 유언을 남겼고, 가족들이 그의 소원대로 김옥균 묘 옆에 묻어주었다. 김옥균의 묘가 일본에 두 곳, 한국에 한 곳 등 세 곳에 흩어져 있는 이유다.

그리고 김옥균이 죽던 해 열일곱 살이었던 소년 와다 엔지로가 있다. 그는 일본 유배지였던 오가사와라 섬에서 만난 아홉 살 꼬마였다. 사교성 좋고 재주가 많은 김옥균은 그곳에서 금방 아이들과 친해졌다. 김옥균의 거처에 살며 학교를 다니기도 했을 만큼 김옥균을 잘 따랐던 아이였다. 결국 김옥균의 마지막 가는 길까지 따라 다닐 운명이었다. 그는 열일곱 살 소년이었으나, 김옥균이 피살당하자 방부용 석회를 바른 관을 준비하고 조선과 중국 정부에서 뺏으려는 김옥균의 시신을 지키기 위해 안간힘을 썼지만 어느 순간 김옥균의 관이 사라져버렸다. 그는 일본인이었지만 일본 영사관에서 시체 일본 이송을 방해하자, 백방으로 이 문제를 해결하기 위해 노력했다. 결국 관을 도둑맞은 것을 알았을 때 그는 땅이 꺼지도록 두 발을 구르며 통곡했다고 한다.

김옥균은 사람 끄는 매력이 참으로 대단하다. 박규수 사랑방에서 만난 북촌 청년들이 그를 기꺼이 리더로 인정하고 따랐고, 미국, 일본, 중국 등 여러 나라의 관료나 사상가들과 특별한 교류를 했던 점도 특별하다. 인생 만남은 언제나 오고 간다. 사람도 세월도 오고 간다. 붙잡아두려 하지 않는 그 만남을 가장 즐겁게 마주하는 것, 어쩌면 그것이 김옥균다운 모습 아닐까.

감탄고토甘呑苦吐. 달면 삼키고 쓰면 뱉는다는 말이 있다. 어쩌면 달아도 써도 삼키는 인생이 김옥균이었다. 상대방은 삼켰다 뱉었다를 반복해도 자신은 언제나 삼키고, 그 맛에 상관없이 웃어줄 수 있는 삶의 여유를 가졌던 사람이었다.

누군가는 스케일Scale은 컸으나 디테일Detail이 없었던 개혁이라고 그를 표현했다. 도쿄 아오야마 공원에 있는 김옥균의 묘비에는 이렇게 쓰여 있다. "비상한 능력을 가지고 비상한 시기를 만났으나, 비상한 공을 세우지 못하고 비상한 죽음을 맞이했던 사람이다."

사람을 너무 믿어주는 것이 그의 최대의 장점이자 단점이었다. 사람을 믿으면 끝까지 믿어주는 것도 마찬가지였다. 그는 순수한 사람이었다. 누구든지 찾아오면 허물없이 만나고 믿어주는 사람이었다. 그러다 뒤통수를 맞고 속아도 또 믿어주는 사람이었다. 그렇기에 김옥균을 알고 그를 따르는 사람들은 끝까지 김옥균을 배신하지 않았다.

김옥균

    인생을 살면서 필연적으로 만나 뜻을 나누었던 동지들을, 일이 실패했다고 후에 험담하는 것은 그에 대한 예의가 아니다. 뜻을 이루고 이루지 못하고는 우리의 노력 여하에만 달린 일은 아니다. 우리에게 필요한 것은 뜻을 세우고 마지막까지 뜻을 지키는 것이다. 뜻을 세우는 것은 마음을 합하는 일이요, 뜻을 지키는 것은 끝까지 신의를 지키는 일이다.

    개화파의 막내였던 서재필이 조선에 돌아와 펼친 민중계몽운동의 일환이었던 만민공동회를 통해 역사의 무대에 등장하는 젊은이가 있었다. 그가 연설하는 날이면 사람들이 구름떼와 같이 몰려들어 탄성과 탄식, 눈물과 웃음으로 시대의 아픔을 공감했다. 사람들의 마음을 움직였던 명연설가요 인격적 만남과 관계성의 상징이라 할 수 있는 도산 안창호를 만나러가보자.

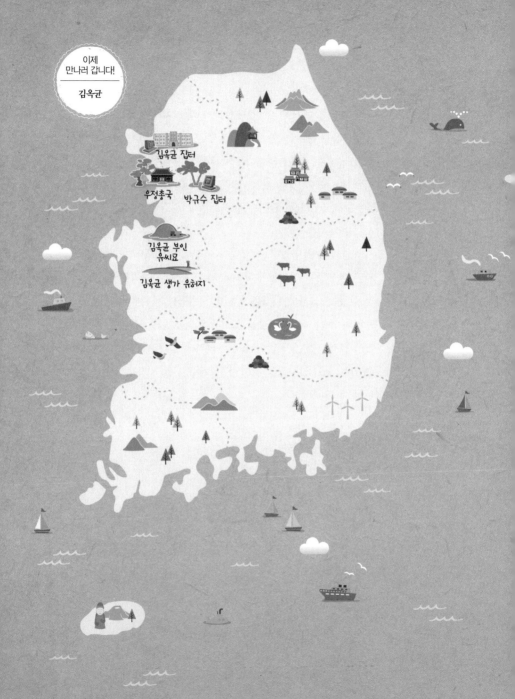

이제
만나러 갑니다!

김옥균

김옥균 집터

우정총국 박규수 집터

김옥균 부인
유씨묘

김옥균 생가 유허지

일본

사노시 향토박물관

김옥균무덤들

오가사와라 섬
김옥균 유길준 유배지

헌법재판소 박규수 선생 집터

개화사상의 모태라고 할 수 있는 박규수 사랑방이 있던 집터다. 우리나라 최초의 서양식 병원 광혜원이 처음 자리했던 곳이며, 경기여고, 창덕여고 등의 학교들이 있던 터다. 북촌은 역사마을이다. 성삼문, 유길준, 김옥균, 홍영식, 손병희, 지청천, 윤보선, 박인환 등의 집이 모두 북촌에 있다. 지금은 아무것도 남아 있지 않으나 표 시석 앞에 서서 북촌의 청년들이 모여 새로운 시대를 꿈꾸던 장면을 상상해보자.

📍 서울시 종로구 북촌로 15 헌법재판소

정독도서관 김옥균 집터

지금은 어떤 흔적도 남아 있지 않다. 경기고등학교가 떠나고 정독도서관이 들어왔 다. 파란만장한 삶이 닮은 두 사람이 이곳에 살았다. 사육신 성삼문과 갑신정변의 김옥균이다. 두 사람 다 충청도가 고향이고 두 사람 다 능지처사를 당했다. 잔디밭 을 걸으며 옳다고 믿는 바에 모든 것을 걸었던 그들의 마음을 함께 생각해보자.

📍 서울시 종로구 북촌로 5길 48

우정총국 갑신정변의 현장

홍영식이 초대 총판으로 임명되어 낙성식을 틈타 갑신정변을 일으켰던 곳. 과거 우 체국 업무와 관련된 전시물들이 있다. 갑신정변의 장면들을 상상해보며 관람하면 좋을 듯하다.

📍 서울시 종로구 우정국로 59

김옥균 생가 유허지와 김옥균 부인 유씨묘

공주시 정안면에는 6세까지 살던 생가지에 유허비만 서 있고 작은 마을 자체가 화 재로 없어져버렸다. 아산에는 김옥균의 양자 김영진이 부인 유씨와 합장한 묘를 만 들었다. 바람처럼 구름처럼 살다 간 사람처럼 집터도 무덤도 제대로 남아 있지 않 지만, 지나가는 길에라도 꼭 방문해보길 바란다.

📍 충청남도 아산시 영인면 아산리 143 김옥균 부인 유씨묘
　충청남도 공주시 정안면 광정리 38 김옥균 유허지

일본 사노시 향토 박물관

도쿄에서 두 시간 남짓한 시골 소도시인데 김옥균과 관련된 방대한 자료가 보관되어 있다. 김옥균, 박영효 등을 후원하며 평생 교류한 스나가 하지메가 자료를 기증하여 박물관이 보관하고 있다. 자료가 만여 점 된다고 한다. 추사 김정희의 글씨, 위창 오세창의 글씨와 그림 등도 있다.

📍 2047 Ōhashichō, Sano-shi, Tochigi-ken 327-0003

일본 김옥균 무덤들

김옥균과 만난 이래 그의 후원자요 동지로 함께 일했던 가이 군지의 묘와 함께 있는 김옥균의 묘. 능지처사 당한 김옥균의 머리카락만 일부 잘라와 묘를 만들었다.

📍 2 Chome-33 Minamiaoyama, Minato-ku, Tōkyō-to 107-0062
   2-26-9 Mukogaoka, Bunkyo Tokyo Prefecture 113-0023

오가사와라 섬

유네스코 세계자연유산으로 등재된 아름다운 섬이다. 도쿄에서 배를 타고 24시간 꼬박 가야 도착하는 먼 거리에 있다. 비행기나 다른 교통편은 없다. 지금도 가기 쉽지 않은 그곳에 김옥균은 130년 전에 유배 되었고, 《서유견문록》을 쓴 유길준도 일본 망명 후 친구 김옥균이 유배되었던 곳에 4년간 유배되었다. 그곳에 김옥균이 섬 아이들을 불러모아 한자와 바둑을 가르친 집터가 남아 있다.

📍 일본 도쿄도 오가사와라 제도

지혜 나누는 삶의 공동체,
우리 시대 사랑방이 필요하다

북촌 젊은이들의 삶의 궤적을 따라가보면, 결국 어떤 책을 읽느냐,
어떤 경험을 하느냐, 어떤 사람을 만나느냐가 그 이후 인생에 얼마나
큰 영향력을 미치는지 알 수 있다. 가치가 달라지고 방향성이 새롭게
설정된다. 우리나라에서 자라는 청소년과 청년을 생각해본다. 시험
성적을 높이기 위한 책만이 아닌, 삶을 위한 독서의 시간이 절대적으로
필요하다. 인문학적 사고란 자기 성찰과 타인과 상황에 대한 이해를
넓혀주는 것이다. 독서와 깊은 사색과 성숙한 대화가 없이는 그러한
생각을 가지기 어렵다. 진정한 독서는 책을 읽는 것이 아니라 책을 만나는
것이다. 책 속으로 걸어 들어가 책 속의 인물들을 만나는 것이다. 그들의
마음을 듣고 느끼고 대화하는 것이다. 그런 독서가 살아 있는 책 읽기다.
강의실에서만 배우는 교육이 아닌 자연과 역사의 현장에서 배우는
공부가 더 필요하다. 국내뿐만 아니라 해외에 많은 역사 유적지들도
탐방할 수 있도록 도와야 한다. 필자는 15년 가까이 국내외 역사탐방을
진행해오고 있다. 고구려, 백제, 신라, 발해, 고려, 조선대 유적지들을
찾아다녔다. 인물을 연구하고 인물과 관련된 유적을 찾아 전국을 헤맸다.
조중 접경지역과 상해임시정부 루트, 동남아역사탐방, 러시아 연해주
역사탐방, 동유럽 역사탐방, 미국 역사문화탐방 등 수없이 많은 지역을
젊은이들과 함께 다녔다. 짧게는 3, 4일에서 길게는 열흘씩 매년 수차례
탐방을 다니면서 보게 된 것은, 함께 참여했던 젊은이들의 눈빛과 생각,
미래에 대한 계획에 많은 변화가 오는 것을 경험했다는 것이다.
좋은 인생 멘토와의 만남과 대화를 통한 배움의 시간이 절실하다. 공부를

열심히 해서 좋은 성적을 얻었으나, 결국 자신의 갈 길을 찾지 못하는
방황이 시작되는 친구들이 너무 많다. 박규수의 사랑방 같은 우리 시대
젊은이를 위한 만남의 사랑방이 절실하다. 어른의 지혜가 젊은이에게
전해지는 사랑방이 있어야 한다. 전통이나 역사는 고리타분하고 꼰대
같은 어른의 전유물이 아니다. 전통과 역사는 꿈과 미래의 디딤돌이다.
디딤돌 없이는 높이 도약할 수 없다. 세대를 초월하여 열린 마음, 열린
사고, 열린 대화로 만나야 한다.

대한민국 곳곳에 새 시대를 맞이할 건각健脚들을 키우는 사랑방이 많이
세워져야 나라의 미래가 밝다. 통일을 연구하고 준비하는 사랑방,
시민의식을 연구하고 가르치는 사랑방, 지속가능한 청년미래를 연구하는
사랑방, 건강하고 세계적인 수준의 정치를 연구하는 사랑방 등 수없이
많은 영역에서 미래를 준비하는 사랑방이 필요한 시대다. 사람을 세우고
사람을 살리는 사랑방 운동이 일어나야 한다. 그리고 그곳에서 세대를
초월하여 만나야 한다. 지혜를 나누고 밥을 나누고 삶을 나누며 미래를
향해 가는 사랑방 공동체의 회복이 일어나야 한다.

네
번째 만남

인격적 만남의 신사

도산 안창호

각자도생 各自圖生
고통의 시대를 만난 도산!

도산島山 안창호安昌浩는 1878년 대동강 하류 도롱섬의 농사짓는 선비의 집안에서 태어났다. 도산은 고려 말기 학자 문성공文成公 안향安珦의 후손이다. 문성공은 성리학을 우리나라에 처음으로 소개했고, 경북 영주 소수서원에 배향된 인물이다.

도산은 17세가 되던 1894년 청일전쟁이 일어나 조국의 산하가 폐허가 되고 동족이 약탈당하며 힘없이 유린당하는 현장을 만나게 되었다. 왜 청나라와 일본이 우리 땅에서 전쟁을 하는 것인가?

청일전쟁과 당시의 임금인 고종의 태도 변화에 대해 간략하게라도 짚고 넘어가야겠다.

1894년 동학농민운동이 일어났다. 당시 조정이 얼마나 무능했는지 농민군을 어쩌지 못해 청나라에 원병을 요청하게 된다. 청나라는 일본과의 톈진조약에 의거하여 파병 사실을 일본에 통보하고 군사를 파견하게 된다. 당시 내각총리대신 이토伊藤博文는 이 기회를 이용하여 청일전쟁을 일으켜 궁지에 몰린 내정을 개혁하고, 향후 청나라까지 침략하여 아시아를 지배하려는 야욕의 발판을 마련하려 했다.

　파병 요청을 하지도 않은 일본의 상륙에 조선 정부는 당황하여 철병 요청을 한다. 이미 동학농민봉기는 일단락된 상황이었기에 더 이상의 외국 군대의 상륙이나 주둔은 필요가 없었다. 하지만 일본은 더 깊은 속셈을 가지고, 청나라에 조선 내정을 함께 개혁하는 안을 제시하지만 거절당한다. 그리고 청나라와의 조약을 파기하고 단독으로 조선내정 개혁을 추진하기로 결정한다. 러시아와 미국 등이 철수를 요구했지만, 오히려 영국과 협력조약을 맺고 자신들의 뜻을 관철시키고자 일을 강행했다.

　일본 해군의 기습공격과 육지 전투에서 승기를 잡은 일본은 공식적으로 청나라에 선전포고를 했고, 청나라도 일본에 선전포고를 하면서 본격적인 청일전쟁이 시작되게 되었다. 이 모두가 조선 정부의 의사와는 아무런 상관없는 일이었다. 일본은 속전속결로 평양에서 청나라 군대 14,000여 명을 격파하고 황해해전에서 대승을 거둔 후 육군은 압록강 너머 남만주로, 해군은 요동반도에 상륙하여 대련과 여순을 점령한다. 다음해인 1895년 일본은 산동반도 위해에 있던 청나라 북양함대기지를 공격했다.

　청나라는 사태가 불리해지자, 몇 차례 강화회담을 추진했으나 일본은 자신들의 목적을 어느 정도 달성하기까지 멈추지 않았다. 그러나 러시아, 프랑스, 미국 등 열강의 간섭을 우려하여 1895년 4월 17

일 청일강화조약인 시모노세키조약下關條約을 체결함으로 청일전쟁은 일단락된다.

나라가 힘을 잃자, 당시 조정의 대신들은 외세에 편승하여 일신의 안정을 찾기 바빴고, 청나라와 일본의 눈치 보기에 정신이 없었다. 고종은 상황이 불리해지자, 젊은 개혁파와 자신의 신하들을 역적으로 몰아 죽도록 내던져버렸다. 갑신정변에 개혁적 성향의 젊은 이들이 그렇게 희생되었었다.

더욱 굴욕적인 것은 일본이 청일전쟁의 승리로 체결한 시모노세키조약의 첫 조항이었다. "조선이 완전무결한 독립자주국임을 확인한다. 따라서 이 독립자주를 손상시키는 조선국의 청국에 대한 공헌, 전례 등은 장래 완전히 이를 폐지한다." 즉, 일본이 청나라로부터 우리의 독립을 얻어준 것이었다.

청일전쟁을 통해 조선에 독립을 던져준 것을 빌미로 일본은 우리와 조일잠정합동조관과 조일맹약을 맺어 철도부설권, 군용전신선 관할권 등의 이권을 가져가게 된다. 또한 일본의 동맹국으로서 일본군의 통행에 편의를 제공하고 식량까지도 부담한다는 조약을 맺게 되었으니 독립을 준 것인지 나라를 다시 빼앗긴 것인지 분간할 수 없을 정도였다.

힘없는 조정은 일본이 하는 대로 따를 수밖에 없었고, 일본이 강요한 개혁을 실시하기에 이른다. 그것이 갑오경장(甲午更張, 갑오개혁)이다.

그러나 일본의 세력 확장을 우려한 러시아, 프랑스, 독일 3국이 요동반도를 청나라에 다시 반환하도록 강권한 삼국간섭三國干涉으로 조선에 대한 영향력이 감소하자, 일본의 미우라 공사는 대원군을 앞

세우고 일본군과 낭인들을 동원하여 민비를 시해하는 을미사변乙未事
變을 일으키게 된다.

이 일을 계기로 조선인의 반일감정은 극에 달했고, 김홍집 내각
이 강제로 단발령을 시행하자 곳곳에서 반일의병운동이 일어나 정
국이 혼란에 빠진다. 불안을 느낀 고종은 자신의 거처를 러시아 공
관으로 옮기는 아관파천俄館播遷을 단행함으로써, 친일내각은 다시
붕괴되고, 일본은 조선에서 정치적 군사적으로 후퇴하게 되었다.

고종은 다시 한 번 자신의 신하들을 버린다. 갑신정변에는 청나
라에 의탁하여 김옥균 등 젊은이들을 역적으로 몰아 가족들까지 죽
게 하였고, 갑오개혁이 실패하자 러시아 공관으로 옮겨가기 무섭게
김홍집, 유길준 등을 역적으로 규정하고 그들을 체포하여 처형하도
록 명령한다. 갑신정변과 갑오개혁의 실패로 조선의 젊은 미래들이
죽임을 당하게 되는 비극적인 현실이 당시의 상황이었다. 더욱 아이
러니한 것은 고종 자신이 갑신정변 실패 후에 역적으로 몰았던 서재
필을 조선 정부의 고문으로 다시 청했다는 것이다.

젊은 도산이 살아가야 했던 시대는 외세에 의해 주어진, 이름뿐
인 독립이었다. 국호를 '대한제국'으로 고치고, 임금을 '황제'라 높
여 칭하고, 외교관을 파견하는 등 독립국의 겉치레만 갖춘 허수아비
같은 나라였다.

시대는 선택하여 태어날 수 없다. 조선말기, 부패하고 힘없는 나
라의 현실과 지도자들의 타락과 자기 목숨 하나 지키기 위해 백성과
충신을 버리는 일이 있었다. 시대 속에 내던져진 그들은 각자도생各
自圖生 해야만 했다.

도산은 고민하고 또 고민했으나 답은 오히려 쉽게 얻을 수 있다.

스스로 지킬 힘이 없었다. 나라를 망하게 한 것은 외세가 아니라 우리 자신임을 알게 되었다. 힘이 독립의 기초이고, 힘을 키운다는 것은 국민이 도덕 있는 국민이 되고, 지식 있는 국민이 되고, 단합하는 국민이 되어 남에게 멸시당하지 않는 나라가 되는 것이었다.

그런 나라가 되는 길은 무엇인가? 덕德 있고, 지知 있고, 애국심 있는 국민이 되는 것이다. 그렇게 하는 길은 무엇인가? 우선 나 자신이 그러한 사람이 되는 것이다. 내가 덕 있고 지 있고 애국심 있는 사람이 되면 나라에 그런 힘을 보태는 것이니 내가 힘을 기르자. 내가 공부하자!

도산은 스스로에게 묻고 스스로에게 답하며 길을 찾아 나갔다. 후일 많은 젊은이들이 시대에 따를 인물이 없고 지도자가 없음을 한탄할 때에 도산은 가슴에 남는 말을 전해주었다.

"우리 중에 인물이 없는 것은 인물이 되려고 마음먹고 힘쓰는 사람이 없는 까닭이다. 인물이 없다고 한탄하는 사람 그 자신이 왜 인물될 공부를 아니하는가?"

"낙망은 청년의 죽음이요, 청년이 죽으면 민족이 죽는다."

내가 살아갈 시대를 선택할 수 없다. 내가 태어날 집안을 선택할 수 없다. 그러나 그 시대를 그 상황을 마주하는 나의 태도는 선택할 수 있다. 오늘도 쉽지 않은 시대를 만나 살아가는 젊은 세대를 향해 외치는 도산의 음성이 들리는 듯하다.

"낙심하지 마라!"

"네가 인물이 되라!"

당신네 나라에서
위대한 지도자가 왔소?

도산은 '인물이 되는 공부'를 위해 도미를 결심한다. 샌프란시스코에 도착하여 도산이 처음 마주한 장면은 수십 명 되지 않는 한인들이 어렵게 생활하면서도, 서로 돕지 않고 분쟁을 일삼으며 미국인들로부터 멸시를 받으며 사는 모습이었다. 도산은 자신의 공부보다 동포들의 생활을 개선하는 일이 더 급선무라 생각하여 주변의 뜻있는 동지들과 함께 한인친목회를 구성했다. 동포들의 생활 개선을 도와주며 직업을 소개하기도 하고, 불이익으로부터 보호해주는 역할도 도맡아 했다. 뜻을 함께 한 이강, 김성무, 정재관 등의 동지들이 목적 달성을 위해 힘썼다. 도산의 생활비를 다른 동지들이 벌어서 지원했고, 도산은 동포들을 지도하고 돕는 일에 전심전력한다.

도산이 교민들의 생활을 개선하는 방법은 오로지 솔선수범하는 것이었다. 당시 동포들의 생활 환경의 문제점은 첫째, 한인이 사는 집은 청소가 제대로 되지 않아 더럽다는 것, 둘째, 집 바깥이 지저분하며 화초나 잔디를 가꾸지 않아 볼품없다는 것, 셋째, 집 안이 정돈되지 않고 불결하고 불쾌한 냄새가 많이 난다는 것이었다. 이웃 사람마저 살 수 없어 이사를 가는 일도 있었다. 마지막으로 너무 소란스럽게 떠들기도 해서 이웃의 불편이 이만저만이 아니었다.

도산은 아무 말 없이 교포들의 집을 찾아다니면서 청소를 시작했다. 화단을 만들어 꽃을 심어주고, 커튼을 만들어서 창에 달아주었다. 심지어 주방과 화장실까지도 청소해주었다. 처음에는 도산의 도움을 거부하고 불편해 하던 이들이 시간이 지나며 삶의 모양이 달라지기 시작했다.

도산은 어려서부터 의복을 단정히 하는 훈련이 잘되어 있었다. 도산의 사진들을 보아도 한 번도 흐트러진 모습이 없다. 청소년들을 훈련할 때도 의복을 단정히 하는 것과 태도를 바르게 하는 것을 중점적으로 훈련하여 단기간에 학생들의 태도뿐 아니라 정신까지도 변화되게 하는 특별한 영향력이 있었다.

'양놈들이 뭐라고 하든지 나는 내 멋대로 살겠다'는 한인들에게도 이웃을 배려하는 것이 문명인의 도리요, 한 사람의 한인이 미국인에게 불쾌한 생각을 주면 전 미국인으로 하여금 우리 민족 전체를 불쾌하게 생각하게 하는 것임을 역설했다. 점차 동포들의 신임을 받게 되자, 이제 먼저 도산을 집으로 초대해 이야기를 듣고 함께 바꾸어 나가는 변화가 시작되었다. 도산의 영향력이었다. 1년이 채 지나지 않아 미국인들이 주변의 한인들에게 묻기 시작했다.

"당신네 나라에서 위대한 지도자가 왔소?" 한인들이 그러한 일이 없다고 했다. "위대한 지도자가 없이는 당신들의 생활이 이렇게 변할 수 없다"고 하자 모두가 도산 이야기를 했다고 한다. 도산을 만난 미국인들은 그가 장년이나 노인이 아니라 20대 중반의 젊은이인 것을 보고 더욱 놀랐다. 도산이 가서 일하던 곳마다 도산의 인격에 감동받는 미국인들이 생겨났으며, 그들 가운데 한 사람이 건물을 제공하기도 했다. 그 건물은 한인 사회 최초의 회관이자 교회가 되었다.

도산은 로스앤젤레스 동쪽에 위치한 리버사이드라는 지역에서 오렌지 농장의 노동자로도 일을 했다. 한인노동자들과 함께하며 일자리를 주선하고 성경과 영어를 가르치기도 했다. 당시 미국 땅에는 한국, 중국, 필리핀, 일본 등 여러 나라에서 노동자로 이민 온 사람들이 많이 있었고, 그들은 대부분 농장에서 일을 했다. 도산이 한인 노동자들에게 "오렌지 하나를 정성스럽게 따는 것이 나라를 위하는 길"이라고 역설했다.

리더십은 안목Perspective이다. 리더가 무엇을 보느냐가 어디로 갈 것인가를 결정한다. 도산은 작은 일에 충실하며 성실함이 큰일을 이루는 중요한 기초라고 보았다. 당장 눈에 드러나지 않는 일이 결과적으로 드러나는 큰일에 영향을 미친다고 보았다. 작고 사소한 잘못된 습관들을 고쳐 바르고 좋은 습관을 만드는 일에 집중함으로써 큰일을 도모할 수 있도록 이끌어주는 것이 도산의 리더십이었다.

조선인 노동자가 일하는 농장의 수확률이 좋아지자 농장주들이 서로 조선인 노동자들을 고용하려 한 것은 당연했다. 조선인 노동자들의 일감이 늘자, 이민사회 전체의 이미지가 좋아지고 생활수준이 높아졌다. 당시의 이민 노동자들은 그렇게 힘들게 일해 한 달 평균 15달러에서 18달러의 임금을 받았다. 그 임금의 10~20%를 떼어서 독립운동을 위한 자금으로 임시정부에 보냈던 사람들이 당시의 한인 노동자다. 그런 의식을 심어준 사람이 도산 안창호였다.

미국 로스앤젤레스에는 도산 안창호 기념 인터체인지, 도산 안창호 기념 우체국, 리버사이드에는 도산 안창호 동상이 시내 중심부에 세워져 있다. 물론 한국정부와 한인회의 노력이 컸지만, 도산 안창호의 삶의 이야기를 듣는 미국인조차 그를 존중하고 기념하는 것이 마땅하다고 생각하는 사람들이 있기에 가능한 일이었다.

도산은 가족과 함께 지낸 시간이 60년 인생에 13년이 채 되지 않는다. 24세이던 1902년 도미하여 1907년까지 가족과 함께 보냈으며, 다시 귀국하여 평양에 대성학교를 설립하고, 남강 이승훈에게 영향을 주어 평북 정주에 오산학교를 설립하는 계기를 마련했다. 도산은 사업가였던 남강과 함께 서울, 평양, 대구 등지에 서점 태극서관과 출판사업을 시작해 국민의식을 계몽하는 등 다양한 사업과 단체 활동을 열어나갔다.

　도산은 을사조약이 체결되는 등 점점 압박이 심해지는 국내 분위기를 감지하고는 동지들과 함께 중국으로 망명하기로 결심했다. 사랑하는 조국을 떠나야만 하는 심정을 담은 〈거국가去國歌〉를 남겨 전 국민이 애창하는 노래가 되었다.

간다 간다 나는 간다
너를 두고 나는 간다
잠시 뜻을 얻었노라
까불대는 이 시운이
나의 등을 내밀어서
너를 떠나 가게 하니
일로 부터 여러 해를
너를 보지 못할지나
그동안에 나는 오직
너를 위해 일할지니
나 간다고 설워 마라
나의 사랑 한반도야

　이광수에 의하면 수많은 청년 남녀가 들에서 산에서 일본경찰의 귀를 피해 이 노래를 부르며 울었다고 한다. 그 노래를 부르며 많은 민족의 지도자들이 압록강과 두만강을 건너 망명길에 오르기도 했다. 결국 나라를 잃고 말았다.

도산은 민족개조론을 펼쳤다. 멀리 보고 사람을 준비시키고 의식을 계몽해서 힘과 실력을 키워 독립해야 한다고 했다. 힘도 없고, 실력도 없고, 의식도 개혁되지 않은 사람들이 무장투쟁하고 외세의 힘을 입어 나라가 독립이 된다고 한들, 우리 스스로 나라를 지키고 계속 이끌어갈 수 없다고 생각했다. 나라를 되찾은 후에 다시 일본에 빼앗기지 않고 주변국들에 휘둘리지 않으려면 실력을 갖추어야 한다는 것이었다.

그런 생각을 가졌기에 도산은 사람을 아꼈고 동지를 아꼈다. 도산은 동지도 변심할 수 있다고 했다. 그러나 '차라리 동지를 믿어서 속으라'고 했다.

도산의 동지 중에 추정秋汀 이갑李甲이 전신불수로 신음하고 있을 때, 도산 부부가 수년간 노동일을 하여 저축한 돈 1,000달러를 추정에게 보낸 적이 있다. 추정은, 도산이 공사장 인부로 일하고 도산의 아내인 이혜련이 삯바느질과 빨래를 하여 모은 돈을 보내주었다는 이야기를 듣고, 눈물을 떨구었다. 급진적 성향의 추정 이갑은 여러 면에서 도산과 의견이 달라 함께 하기 힘든 관계였다. 도산도 본인이 운영하는 단체나 청년회에 추정이 함께 하는 것을 원하지 않았다. 하지만 공무의 의견이 다르다고 하여 동지의 어려움을 결코 외면하지 않는 것이 도산의 동지애였다.

상해에서는 동오東吾 안태국安泰國이 병원에 입원했을 때, 도산은 그의 병상 옆에 돗자리를 깔고 병간호를 하며 대소변과 씻기는 일까지 직접 거들었다. 안태국이 운명하자 도산은 통곡하며 울었다고 한다.

도산의 그러한 동지사랑은 항상 많은 사람들을 부끄럽게 했고 울음 짓게 했다.

도산은 '빙그레 웃는 민족'이라는 별명을 얻도록 하자고 늘 말했다. 갓난이의 '방그레' '늙은이의 벙그레' '젊은이의 빙그레'를 이야기하며 훈훈한 기운이 있는 사회, 빙그레 웃는 세상을 만들기를 원했다.

만남에는 왕도가 없다. 만남을 어색해하는 사람들에게도 '빙그레' 만이 해결 방법이다. 웃는 낯으로 만나면 훈훈해진다. 심각한 이야기일수록 웃으면서 하라고 했다. 그렇잖아도 심각한 이야기를 인상 쓰고 무거운 분위기에서 하면 더 어려워진다. 좋은 관계를 유지하는 데 웃는 표정 하나면 충분하다. 도산의 인격적 감화를 주는 리더십은 어디에서 누구를 만나든 저절로 닮아가게 하는 힘이 있었다. 닮으라고 말하지 않아도 상대를 바꾸려고 애쓰지 않아도 함께 보내는 시간만으로 닮는 신비함이 있었다. 오늘 만남을 앞두고 빙그레 웃는 연습 한번 해보자.

난세亂世를 이기는 힘
동지와의 만남

남강 이승훈과 오산학교

도산의 가슴은 불타올랐다. 고향을 떠나 상경한 도산은 1895년 선교사들이 세운 밀러학당(현 경신중고등학교)에 입학하여 신학문을 공부했고 졸업 후 학교 조교로도 근무했다. 이 무렵에 기독교에 입교하게 되어, 당시 활발하게 독립운동을 하던 다른 동지들과의 만

남이 이루어지게 된다. 1897년에는 서재필, 이상재, 이승만 등이 이
끄는 독립협회에 참여했고, 서재필의 동료였던 유길준의 《서유견문
록》을 읽고 자신이 살고 있는 시대를 바라보는 눈이 뜨였다. 고향 선
배이기도 한 필대은과 함께 평양지회를 설립하는 일에도 참여했다.
또한 도산은 만민공동회 관서지부를 설립하여 3년 여간 경기도, 황
해도, 평안도를 순회하며 연설했다. 독립협회 활동을 통해 조국의
근대화에 대한 청사진을 그리며, 민주주의사상을 접하고 자신의 생
각을 확립해나갔다.

　도산의 주변에도 많은 동지들이 있었지만 도산과의 만남이 인생
에 큰 방향 전환을 가져온 사람들이 있었다.

　도산은 연설가로 유명했다. 도산이 연설을 하면 사람들이 많이
모여 들었다. 관리들의 부정부패를 신랄하게 지적할 때면 듣는 이들
의 함성과 박수 소리가 높아졌다. 우리 스스로의 부끄러움과 잘못을
통렬하게 지적할 때면 흐느껴 울거나 탄식하며 가슴을 치는 이들도
있었다.

　평양 만민공동회에서의 연설을 듣고 도산을 만나러 온 사람이 있
었다. 도산보다 14세 연상인 그는 평양 제일 부자로 불리던 남강南岡
이승훈李昇薰이었다. 평안북도 정주가 고향으로 일찍 부모를 여의고
10대부터 그릇 가게 점원으로 일하여 경험을 쌓으며 자신만의 사업
을 일으켰다. 30대에 이미 거상이 되었고 40대에 나라를 위해 무엇
을 할 수 있을 것인가 고민하던 중, 청년 도산 안창호의 연설을 듣게
된 것이다. 교육이 희망이며 미래를 준비하기 위해 힘을 길러야 함
을 강조하는 연설을 듣고 감동하여 찾아오게 된 것이다.

　"나라가 없이는 집도 몸도 있을 수 없고, 민족이 천대받을 때에

나 혼자만 영광을 누릴 수는 없소."

도산을 통해 민족의식을 각성하고 교육으로 미래를 준비하는 일의 중요성을 깨달은 남강은 고향으로 돌아가 자신의 집과 서재를 짓던 일을 중단한다. 그 자원을 동원하여 강명의숙과 오산학교를 세워 민족을 위해 헌신할 인재를 양성하는 일에 심혈을 기울인다. 학교의 기왓장이 떨어져 나가면 자신의 집 기왓장을 빼서 덮어놓았다. 겨울에 화장실에 대변이 쌓여 얼어붙어 사용할 수 없게 되면 직접 도끼를 들고 깨내며 솔선수범했다. 학생들은 남강의 삶을 통해 변화되기 시작했다. 만남은 변화를 낳고 그 변화는 또 다른 만남을 변화시킨다.

안창호를 만난 남강은 신채호, 박은식, 이동녕 등이 주도하는 신민회新民會의 평북 총책이 되었고, 독립정신과 민족정신을 고취시킬 수 있는 좋은 스승들을 학교에 모셔왔다. 고당 조만식曺晚植이 교장을 역임했으며, 단재 신채호, 다석 류영모, 염상섭, 춘원 이광수 등이 교사로 있었다. 졸업생인 시인 김소월, 시인 백석, 화가 이중섭, 의사 백인제, 한경직 목사, 주기철 목사 등의 인물이 좋은 스승을 만나는 장이 되었다.

오산학교 1회 졸업생들에게 남강은 이렇게 말했다. "첫째, 무슨 일이 있어도 거짓말하지 말아라. 둘째, 다른 사람들 속이거나 등쳐 먹지 말아라. 셋째, 무슨 일을 하든지 게으르지 말아라." 도산 안창호의 무실역행務實力行의 사상적 영향이 고스란히 드러난다.

도산은 상해청년단이 주최한 시국대강연에서 청년들에게 말했다.

"우리 청년이 작정할 것이 두 가지가 있소. 하나는 속이지 말자, 둘째는 놀지 말자. 나는 이것을 특별히 해석하지 않소. 대한 청년은

스스로 생각할 때에 깨달을 수 있습니다. 이 말을 매일 주야로 생각
하오."

　도산은 이 강연에서 정직과 성실을 강조했는데, 남강 이승훈이
졸업생들에게 한 당부와 일맥상통한다. 만남은 서로를 닮아가게 하
는 힘이 있다. 특히 도산을 만난 사람들은 모두 도산을 닮아갔다. 강
요하지 않아도 대화하며 시간을 함께 보내면 닮아갔다.

　남강은 도산을 만나 민족의식과 교육에 눈을 떠서 속된 말로 잘된
일이 없다. 독립운동을 위해 시도한 사업들도 일본의 방해로 다 망
했다. 있던 재산은 집의 기왓장 문풍지까지 학교에 다 쏟아부었다.
유배를 가고 감옥을 드나들며 온갖 수모와 고초를 겪었다. 그럼에도
불구하고 그 무엇도 그의 굳은 의지를 꺾을 수 없었다. 다른 많은 이
유도 있겠으나 함께 고난 받던 동지들이 있었기 때문이다. 몇 년씩
감옥에 들어가 있어도 학교를 지켜주던 교육의 동지들이 있었고, 사
업을 맡아주던 동지들이 있었다. 돈을 잃었다. 하지만 동지를 얻었
다. 어려운 시대를 살아가는 좋은 방법은 뜻을 함께 나누는 동지들
과 함께 가는 것이다.

　일제가 민족 지도자들의 저항 의지를 꺾기 위해 조작한 대표적인
두 사건이 있었다. 1910년 안중근의 사촌동생 안명근이 독립군자금
을 모금하다 일제에 발각되어, 160여 명의 관련 인사가 체포된 안
악사건安岳事件이 있었다. 남강도 이 일에 연루되어 제주로 유배를 가
게 되었다. 조선총독부는 이를 계기로 1911년 9월 테라우치 총독 암
살음모사건을 조작하여 신민회 간부와 600여 명의 민족 운동가들을
체포하여 105인을 구속 기소한다(105인사건). 이때 유배지에 있던 남
강은 서울로 압송되어 징역 6년을 선고받고 3년여 만에 출옥했다.

남강이 교도소생활에 대해 "감옥이란 참 이상한 곳이야. 강철같이 굳어서 나오는 사람도 있고, 썩은 겨릅대같이 흩어져 나오는 사람도 있다"는 말을 남긴다.

도산을 만난 이후 남강의 삶은 지각변동과 같은 변화가 찾아왔다. 삶의 진지한 고민 앞에 답답한 가슴으로 하루하루 살던 시간 속에 한줄기 빛처럼 도산의 열정적인 연설이 길을 비췄다. 그런 만남이 있다. 답답하던 가슴이 뻥 뚫리는 만남, 머리가 시원해지고 눈을 번쩍 뜨이는 경험을 하게 하는 만남이 있다. 도산과 남강이 그러했다.

도산을 만나고 변화된 남강이 오산의 제자들이 키웠고, 그 변화의 물결은 제자들의 삶을 통해 종교, 교육, 철학, 문학, 예술, 정치 등 한국 근현대사에 깊은 흔적을 남기며 흘러갔다. 동지란 같은 고난을 함께 마주했던 깊은 흔적을 가진 사람이다.

남강은 민족대표 33인으로 3.1운동에도 적극적으로 앞장섰으며 그 일로 가장 긴 옥고를 치르게 된다. 남강은 "내 뼈는 학교에 표본으로 만들어 보관하여 학생들에게 보여주고, 교육에 진력하는 사람들에게도 보여 주기를 원한다"고 유언했지만, 일본의 방해로 그리되지 못했다. 정신이 살아 있는 사람은 죽어서도 영향을 미친다. 정신을 만나면 그를 만난 것이다. 더 깊이 만나야 한다.

신의神醫 이태준과 동의의국同義醫局

조선 사람 하나 없던 몽골 땅에 들어와 몽골 사람들이 '하늘이 내린 의사'로 존경했던 조선의 청년 의사, 몽골의 마지막 황제 보그-칸이 감동하여 자신의 주치의를 삼고 몽골 최고훈장인 '에르데닌-오치르'를 수여한 사람, 1907년 세브란스의학교(현 연세대학교 의과대학)에 입학하여 1911년 제 2회 졸업생으로 의사가 된 청년 이태준의 이야기다. 소설가 상허尙虛 이태준李泰俊 과 많이 혼동하는 인물이다.

몽양 여운형이 시베리아 이르쿠츠크에서 개최 예정이었던 원동 민족혁명단체대표회에 참가하기 위해 가던 중 대암大岩 이태준李泰俊 의 무덤 앞에서 느낀 소회를 《몽고 사막 여행기》에 적었다.

"이 땅에 있는 오직 하나의 이 조선 사람의 무덤은 이 땅의 민중 을 위하야 젊은 인생을 바친 한 조선청년의 거룩한 헌신과 희생의 기념비였다."

기록으로 남아 있는 자료도 거의 없어 일반인에게 많이 알려지지 않았던 독립운동가 중 한 사람이다. 러시아와 중국을 거쳐 여행하는 독립운동가들에게는 치료와 회복의 휴식처이자 자금조달처이기도 했던, 몽골 울란바토르에 동의의국同義醫局이라는 병원을 설립했던 사 람이다.

이태준은 경남 함안에서 출생하여, 십대 중반에 어머니와 아버지 를 차례로 여의고 동생을 돌보며 살았다. 스무 살에 옆 동네 처녀 안 위지와 결혼했는데 둘째딸을 출산한 뒤 아내도 세상을 떠나고 만다. 출석하던 사촌교회의 손안로 선교사가 태준의 성실함과 총명함을 보고 경성으로 소개하여 가게 된 곳이, 후일 세브란스의학교 선배가 된 김필순의 집이었다. 김필순의 집에서 자주 회동하던 여러 독립운 동가들을 만났으나 당시에는 직접적인 활동은 하지 않는다. 이태준 이 도산 안창호를 처음 소개 받은 시기는 그 즈음으로 추측된다. 그 후 김필순을 통하여 세브란스의학대를 설립한 애비슨O. R. Avison 선교 사와 만남이 이어져 세브란스의학교에 입학하게 되었다.

세브란스의학교 재학 시절, 하얼빈에서 일어난 안중근 의사의 이토 히로부미 처단 의거로 인하여 여러 민족지도자들이 체포되었다. 도산 안창호도 같은 기간에 체포되었다 두 달여 만에 석방되어, 치료차 병원으로 오면서 그와 다시 만나게 된다. 도산의 주치의가 된 이태준은 그와의 만남에서 깊은 감동을 받고 남은 삶을 어떻게 살아갈 것인지 고민하게 된다. 그후 그는 비밀청년단체인 청년학우회에 가입한다. 비밀리에 애국계몽활동을 이어가던 중 조선총독부가 서북지역 일대의 반일 인사들을 제거하기 위하여 조작한 105인사건이 일어나자 김필순과 이태준 모두 망명을 결심하고 중국으로 떠나게 된다.

중국 남경에서 기독회의원基督會醫院이라는 병원에서 의사로 일하며 독립운동을 지원하던 중, 우사 김규식과 몇몇 동지들이 중국에서의 독립운동이 여의치 않자, 몽골에서 비밀군사학교를 설립하여 군대를 양성할 계획을 세우게 된다. 몽골에 도착하여 여러 준비를 했으나 일이 더디게 진행되자, 우선 각자 급한 일들을 위해 흩어졌다. 이태준은 몽골 현지 사람들의 건강 상태가 심각한 것을 보고는 그들을 치료하며 당분간 기다리기로 한다. 어린 아이들도 여러 종류의 질병에 시달리고 있었으며, 당시 몽골에 성행하던 화류계 질병으로 많은 몽골사람들이 죽어가고 있었다. 이태준이 해외에서 약을 구해와 몽골 사람들을 치료해준 것이 큰 효과를 보게 된다. 결국 동의의원이라는 병원을 차리게 되는데, 수많은 몽골인들의 질병을 치료하여 '신의神醫' 또는 '붓다 의사'라는 호칭을 받을 정도였다.

이태준은 병원 운영을 통해 독립자금을 지원하고, 독립군의 연락과 만남의 장소를 제공하는 등 많은 편의를 제공했다. 그러나 이태준은 모스크바 레닌정부가 상해임시정부에 지원하는 독립자금을 금

괴로 운반하는 일을 하던 중 일본, 미국 등의 지원을 받는 러시아 반혁명군에게 잡혀 38년 짧은 생을 마감하게 된다.

그에게는 의사로서 안락한 삶을 누릴 수 있는 기회가 얼마든지 있었다. 그러나 그가 세웠던 병원, 동의의국의 이름처럼 같은 뜻을 품은 동지들과 함께 고난 받는 것이 혼자 호의호식하는 것보다 낫다고 생각했다.

러시아 반혁명군이 몽골에 들어오자 당시 몽골을 점령하고 있던 중국군과 전투가 벌어졌다. 러시아 반혁명군에게 밀려 후퇴하는 중국군 사령관 가오 시린이 자신을 따라가자고 권유와 협박을 했다. 그러나 그에게는 독립운동 자금을 운송하는 일과 폭약전문가 마쟈르를 의열단 단장 김원봉에게 소개해야 하는 책임이 있었기에 몽골에 남기로 했다.

2001년 7월 몽골에서 이태준기념공원의 준공식이 있었다. 기념공원은 자이승전망대가 위치한 구릉 아래, 몽골정부가 제공한 2,200평의 부지에 세워졌다. 수년 전만 해도 주변엔 잡초가 우거졌고 몽골 텐트인 게르로 만든 초라한 기념관이 전부였다. 그러나 연세대의대와 한국대사관의 노력으로 지금은 몽골정부와 한국대사관이 공동으로 관리하는 위원회가 조직되었다. 기념관도 게르를 본 떠 새롭게 건축했다. 이제는 몽골을 여행하는 한국인들에게 단골코스가 되었다.

만남은 때론 많은 대가를 지불해야 한다. 만남은 모험이다. 만남이후 당신의 인생이 어떤 방향으로 흘러갈지 알 수 없기 때문이다. 경남 함안에서 태어나 부모를 일찍 여의고 아내조차 일찍 보낸 청년의 삶이 몽골에서 마칠 줄은 본인도 생각하지 못했을 것이다. 동생과 두 자녀를 다시 볼 수 없었던 걸음이었지만 후회는 남기지 않았다.

시대의 아픔이라고 하기엔 너무 큰 고통이었을 것이다. 하지만 그들이 살았던 시대는 가족의 정조차 일일이 되새겨볼 기회를 주지 않았다. 자신의 목숨이 소중하지 않은 사람 없고, 가족의 일이 우선되지 않는 사람 없다. 하지만 그 시대 그들에게는 자신과 가족의 목숨보다 우선되는 일이 있었다. 그것은 조국의 독립이었다. 조국이 있고서야 나의 목숨도 가족의 목숨도 있는 것이라는 것을 그들은 경험으로 알았다. 결국 조국이 없다면 내 목숨도 가족의 목숨도 보장되지 않는다는 것을 보았기 때문이다.

도산은 만나는 젊은이마다 어떤 미래를 꿈꾸는지 물어보았다. 황금빛 미래를 꿈꾸는가? 청운의 푸른 꿈을 가졌는가? 황금빛 미래가 찬란하고 화려한 앞날을 상징한다면, 보랏빛 미래는 고귀하고 숭고한 앞날을 상징한다고 할 수 있다. 이태준은 어려서부터 고생한 자신과 동생, 그리고 두 자녀의 삶에 보상이 될 만한 황금빛 꿈을 가져봤을 것이다. 그러나 도산을 만나며 그의 생각엔 변화가 찾아오기 시작했다. 나라가 있고서야 나도 있다는 사실이었다. 그는 나라를 되찾는 일에 자신이 할 수 있는 일이 있다는 것을 깨달았다.

만남은 길이다. 내가 걸어가야 할 길을 보여주기 때문이다. 오늘의 만남은 길을 보여주는 것일까, 길을 잃게 하는 것일까? 만남은 또 다른 길로 우리를 안내하는 길잡이와 같다.

태허大虛 곁에 묻어 달라! 태허 유상규

도산의 삶에는 젊은이들과의 만남이 많았다. 많은 젊은이들이 가슴이 답답하면 도산을 찾아왔고 도산은 그들과 밤을 지새우며 들어

주고 격려하고 함께 울었다. 독립운동가들 사이에 갈등이나 쉽게 의견 조율이 되지 않는 현장에는 늘 도산이 있기를 기대했다. 그에게는 좌우와 남녀노소를 아우를 수 있는 인격적 감화력이 있었다. 늘 먼저 희생했다. 늘 양보했다.

상해임시정부 시절, 동지들이 그를 대통령이나 국무총리에 선출하려고 해도 그는 늘 임시정부의 문지기를 자처했다. 그는 지금의 노동부장관과 같은 자리였던 노동국총판이라는 직책을 맡았다. 입구에 책상 하나를 두고, 출입하는 사람을 맞이하며 빗자루를 들고 임시정부청사를 쓸고 닦는 노동자를 자처했다. 그곳에서 이미 도산을 기다리고 있는 청년이 있었다. 태허太虛 유상규劉相奎였다. 그는 국내에서 독립운동에 참여하던 중 중국으로 망명하게 된다. 상해임시정부에 들어가 일하고 싶었다. 그가 임시정부에서 일하고 싶었던 이유는 분명했다.

> 그래도 나 딴은 포부랍시고 포부를 가지고 그곳을 가면 나를 나흔 어머니나 만날 듯이 호강滬江으로 갓섯다. 틀림이 업섯다. 기후其後로는 일생一生 그를 섬기는 것이 나의 포부抱負이엇든 듯하엿다.
>
> _유상규, 〈방랑의 일편〉 중에서

평안북도 강계에서 출생하여 중학생 나이에 홀로 상경하여 도산이 다녔던 구세학당(밀러학당)의 후신인 경신중학교를 졸업하고 경성의학전문학교에 첫 신입생으로 입학하게 된다. 졸업을 1년 앞두고 3·1운동에 동참하여 학생들을 모으며 만세 운동에 적극적으로 가담했다가 결국 일제의 눈을 피해 상해로 망명하게 된다. 망명을 마치고 조국으로 돌아오는 길에 지난 시간을 회고한 글이 〈방랑의 일편〉이다. 이미 중국 망명을 결정하며 그곳에 가서 도산을 만날 수 있다는 기대감이 어머니를 만나는 기대만큼 컸었고, 그를 평생 섬기고 싶었다는 고백이다.

태허가 일면식도 없는 도산을 사모하고 함께 일하기를 원했던 이유는, 이미 널리 알려진 도산의 인격적 감화력 때문이었다. 도산은 청년을 사랑하여 흥사단을 조직하고 젊은이들을 깨우고 훈련시켰다. 해외 동포들과 함께 대한인국민회를 조직하여 독립운동을 전개함으로써 이미 그 명성이 국내에까지 알려졌다.

임시정부에서는 도산이 상해에 도착하기 전부터 이미 그를 내무총장으로 내정해놓은 상황이었다. 도산은 상해에 도착해서도 "나는 내무총장으로 있는 것보다 한 평민이 되어 어떤 분이 총장이 되든 그분을 섬겨서 우리의 통일을 위하여 힘쓰고 싶다"고 밝혔으나 상해에 있는 청년들이 도산이 내무총장에 취임해줄 것을 강력하게 권했다고 한다.

임시정부로 모여서도 쓸데없는 파벌과 분열만 조성하고 중상모략만 일삼는 상황이 되자 이런 조직으로는 독립운동을 할 수 없다고 생각한 도산은, 미국에서 조직했던 흥사단의 원동위원부를 상해에 설치하여 독립운동하는 사람들을 기본부터 다시 양성하고자 했다. 이광수, 주요한, 유상규 등 3·1 운동 이후 임시정부로 모여든 청년들을 통해 단세가 크게 확장되었다. 그와 함께 상해임시정부도 활성화되기 시작했으니 도산의 젊은이들에 대한 감화력과 난국을 타개하는 인격적 지도력의 영향력이 드러나는 대목이다.

그렇게 고대하던 도산이 상해에 도착했을 때 태허의 마음은 어땠을까? 그리고 도착하는 대로 태허는 도산의 개인수행비서가 되어 그 곁에서 주야로 보필하게 되었기에 유상규의 모든 활동은 도산과 분리될 수 없었다. 상해임시정부에서의 역할, 독립운동과 관련된 여러 역할, 흥사단을 통해 젊은이들을 훈련하는 일 등 모든 영역에서 도산의 일거수일투족을 함께 하며 태허는 도산을 닮아가게 되었다. 오죽하면 태허의 후손들이 출간한 그의 평전 《태허 유상규》(2011)의 부제를 '도산 안창호의 길을 간 외과의사'라고 지었을까.

도산은 독립을 위한 인재양성을 위해 평양 대성학교를 세웠다. 당시 그 학교에 대한 평가만 보더라도 도산의 감화력이 우리의 상상을 초월했음을 알 수 있다. 춘원 이광수에 의하면 대성학교의 학생으로 들어오면 수주일 내에 '도산화島山化'되었다고 했다. 그리하여 대성학교의 생도는 개교 1주년이 되기도 전에 평양 시민의 존경과 사랑을 받게 되었고, 방학을 맞이하여 자신의 고향으로 돌아가면 큰 스승에게 영향을 받은 만큼 선비의 품격이 있다 하여 부모와 어른들과 친구들에게도 놀라움과 존경을 받았다고 한다.

태허의 동향 친구 김경하가 자신의 회고록 《태산을 넘어 험곡에 가도》(2002)에 남긴 일화를 보면 도산 안창호와 흥사단이 어떤 단체인지 잘 알 수 있다.

> 나의 본래 목적인 신학 공부를 할 수 있는 길을 찾아야겠다고 생각했다. 그리하여 나는 상해에 있는 향친우인 유상규 군에게 편지를 보내며 신학 공부를 할 수 있는 길을 찾아달

라고 간청했다. (…)

내가 상해에 있는 유상규 군에게 편지를 보낸 지 한 달쯤 되었을 때 유군으로부터 회답이 왔다. 얼른 뜯어보니, 손바닥 넓이만 한 종잇조각에 "내가 네 사정을 금능신학교에 있는 백영엽 군에게 말했으니 그를 찾아 가라"는 내용이었다. 나는 그 편지조각을 받고, "이것이 무슨 편지야? 같은 우표를 붙여서 보내는 바엔 큰 종이에 그동안 살아온 자기 소식도 좀 쓰고, 그리고 내 문안도 했어야지? 이것이 무슨 쪽지야? 편지냐?"고 속으로 생각하면서, "한세량 옹은 나의 등록금을 분납해주시겠다고 하시는데 어떻게 할까? 이 쪽지를 보고 남경으로 가야 하나? 그냥 북경에서 공부를 해야 하나?" 하고 생각하던 끝에, 정상인 선생에게 가서 나의 사정을 다 털어놓았다. (…)

나의 형편을 다 들은 정상인 선생은 "유상규 군과 백영엽 군은 모두 홍사단원들이다. 홍사단원은 거짓말이나 실속 없는 헛소리는 안 하는 것이다. 그의 편지는 말이야 길든 짧든 믿을 수 있는 편지이다. 그리고 신학공부는 북경 협화신학교보다 남경 금능신학교가 나으니까, 내 생각으로는 남경에 가는 것이 좋겠다"고 대답했다. (…)

당시 홍사단원들에 대한 신뢰가 얼마나 높았는지 알 만하다. 어떻게 그런 일이 가능할까? 사실 답은 자명하다. 삶으로 가르치는 것뿐이다. 인격으로 가르치는 것이다.

오늘날 한국사회는 교육문제로 심한 몸살을 앓고 있다. 대학 진학률이 세계에서 가장 높은 나라지만, 고등교육 과정까지 다 마친 사람들조차 삶을 마주할 준비는 갖추어지지 않다. 지적 수준과 실력보다 더 심각한 것은 인성의 문제다. 도산은 농담으로라도 "거짓말을 말아라" "꿈에라도 성실을 잃었거든 통회하라"고 가르쳤다. 실력보다 더 중요한 것이 정직이라고 강조했다. 대성학교 학생들이나 흥사단에서 활동하던 청년들이 사람들에게 신뢰를 받았던 것은 이런 도산의 가르침을 받았기 때문이다. 삶으로 가르치는 스승을 만난 것이다.

도산은 임시정부에서의 활동만으로는 한계가 있음을 절감하고 해외 각 지역의 동포들을 격려하고 독립운동에 동원하기 위해 다시 먼 길을 떠났다. 제자요 자식 같은 유상규에게는 서울로 돌아가 공부를 마치고 의사로서 나라를 위해 일할 것을 당부했다. 도산이 느꼈던 어려움은 독립운동을 하겠다고 모여든 사람들의 자질 자체가 독립을 할 수 없는 사람들이었음을 깊이 느꼈던 것 같다. 제자들에게도 상해에 있지 말고 각자 있던 곳으로 돌아가 공부를 마치고 각자의 힘을 키워 조국을 위해 헌신할 것을 주문했다. 상해에 있던 임정요인 가운데는 도산의 그런 점을 못마땅하게 생각했던 사람들도 있었다.

유상규는 도산의 조언을 받아 들여, 일본을 거쳐 서울로 돌아와 경성의전을 졸업하고 경성의전 부속병원 외과의사 및 학교 강사로 박사학위를 공부하며 의학을 통한 계몽활동뿐만 아니라, 동우회 기관지인《동광東光》과《신동아新東亞》에 많은 글을 기고했다. 실명이 아닌 태허라는 호로 필명을 사용하여 발표하여 가족들조차 그 글이 유상규가 쓴 글인지 알 수 없었다고 한다. 후일《상록수》의 작가 심훈

沈薰이 태허를 만나러 집으로 왔다가 만나지 못하자, '태허 대형에게'라는 쪽지를 남겨 알게 되었다고 한다.

춘원은 도산의 전기《도산 안창호》에서 유상규에 대해 썼다.

> 도산의 이 우정을 그대로 배운 사람이 하나 있었으니 그것은 유상규였다. 유상규는 상해에서 도산을 위하여 도산의 아들 모양으로 헌신적으로 힘을 썼다. 그는 귀국하여 경성 의학전문학교 강사로 외과에 있는 동안 그는 사퇴 후의 모든 시간을 남을 돕기에 바쳤다. 의술로는 돈 아니 받는 왕진에 골몰했고 무엇이나 친구의 일이면 분주했다. 그는 1개년에 겨우 20일 휴가를 어떤 병든 친구의 병간호에 바쳐버렸다. 그는 의학박사 학위를 얻고 큰 병원을 손에 넣어 그해 가을이면 개업한다던 7월에 단독丹毒 환자 치료 중에 감염되어 아깝게도 별세했다. 그때는 도산이 대전에서 출옥 중이라 몸소 장의 전반을 주장했거니와 경성에서 처음이라고 할 만큼 회장자가 많았다. 그들은 재물이나 세력의 힘에 끌린 회중이 아니요, 모두 고인을 사랑하고 그에게 감사하는 동지와 친우들이었다. 도산의 비탄으로 초췌한 용모는 말할 것도 없거니와 고인의 은사인 오사와 교수의 조사 낭독도 떨리는 음성이었다. 이 장의가 이렇게 성대한 것을 일본 관헌이 의심하여서 이것도 동우회 사건의 한 죄목이 되어 있었다.

1936년 7월 18일 38세로 스승의 곁을 먼저 떠난 태허의 장례식이

20일 경성의학전문학교 교정에서 스승이요 부모였던 도산 안창호의 주관으로 치러졌다. 그의 학교 은사였던 일본인 교수들조차 그의 죽음을 진심으로 애도하고 슬퍼할 만큼 꽉 찬 인생을 산 그였다. 그의 인생에 허비한 시간은 없었다고 할 만큼 넘치지도 않는 꽉 찬 삶이었다. '길게 사는 것Long Life'이 중요하지 않고 '꽉 찬 삶Full Life'을 사는 것이 후회를 남기지 않을 수 있다. 떠나서 다행이 아니라 떠나서 너무나 아쉬운 인생이 있다. 만남이 이어지기를 기대하게 하는 사람이 있고 다시 만나는 것이 부담스러운 사람이 있다. 결국 한 번의 만남이 그만큼 중요하다.

그가 마지막까지 보여주었던 모습은 스승을 닮은 제자의 모습이다. 자기 것을 아끼지 않고 남에게 내어주는 모습이 딱 그렇다. 도산이 많은 동지들에게 조금도 자신의 것을 아끼지 않았기 때문이다. 당시 독립운동을 하던 많은 이들이 독립을 위해 각자 추구하는 노선이 달랐기에 갈라선 경우도 많았다. 민족주의 진영과 사회주의 진영으로 나뉘어 독립운동을 하던 이들도 수차례 함께 가기 위해 회합을 가졌으나 뜻대로 되지 않았다. 도산도 수없이 많은 사람들을 만나고 설득했으나 결국은 함께 할 수 없는 경우가 많았다. 그래도 도산은 동지는 끝까지 믿어주어야 한다고 이야기했다. 믿어주고 속아라!

1937년 일본은 중일전쟁을 시작하기 전 한반도 내에서의 저항을 약화시키기 위해 민족지도자들에 대한 일제 검거령을 내렸다. 전국에서 500여 명의 지도자들이 체포되었는데, 도산을 포함한 흥사단원도 50여 명 가까이 되었다. 죄명은 수양단체를 가장한 독립운동 혐의였다. 도산은 이미 건강이 약해질 대로 약해져 6개월 만에 위장병과 폐결핵 증세로 위급한 상태에 빠지게 된다. 병보석으로 경성제

대부속병원에 입원했으나 안타깝게도 1938년 3월 10일 만 59세를
일기로 세상을 떠났다.

망우리忘憂里! 태조 이성계가 일찍 자신의 묫자리를 정하고 이제
근심을 잊을 수 있겠다며 정한 이름이 망우忘憂 다. 왕이 정한 묫자리
에 일제가 전국의 묘지를 다 모아 한때는 수만여 기의 묘지가 들어
와 있었다.

도산의 임종에 앞서 마지막으로 도산을 만나 그의 이야기와 당시
상황을 글로서 남긴 사람이 선우훈鮮于燻이다. 그의 책《민족의 수난》
(1954)에서는 도산이 "내가 죽은 후에 내 몸은 내가 평소에 아들같이
여기던 유상규 군 곁에 묻어 주오"라고 말했다고 한다.

망우리에 있는 태허의 묘는 쉽게 찾을 수 없다. 태허의 표지석은
길가에 있으나, 묘는 한참 떨어진 언덕 위에 있다. 그 묘 오른쪽 위
도산의 묘소에는 묘 대신 '도산의 묘'라는 표지석만 서 있다. 1973년,
서울 강남의 새로운 길을 닦으며 '도산대로'라 이름 짓고 강남구 신
사동에 도산공원을 만들었다. 그때 망우리에 묻혀 있던 도산과 미국
에 묻혀 있던 부인 이혜련을 합장하여 도산공원에 묘를 만들어놓은
것이다. 태허의 후손들은 태허가 뒤늦게 독립유공자로 추서되었지
만 아직도 태허의 묘를 국립묘지로 이장할 생각이 없다고 한다. 도
산의 묘 조차 없는 마당에 아버지의 묘소를 옮겨가면 두 분의 아름
다운 만남의 이야기가 묻힐까 염려되기 때문이다. 몇 해 전, 도산공
원 경내 도산 묘소의 묘비가 바뀌었다. 기념관 담당자에게 물어보니
부부를 합장한 묘에 도산의 이름만 새겨져 있었다는 것이 교체한 이
유였다. 또 비문을 춘원 이광수가 썼는데 친일 청산 차원에서 교체
했다는 대답이 돌아왔다. 묫자리를 본인의 유언과 상관없이 망우리

에서 파온 일도 안타까운데, 묘비조차 교체하여 기념관 지하에 방치해놓는 것은 친일 청산이 아니라 역사 앞에 부끄러운 일이다.

도산의 묘를 다시 옮겨오는 일은 어려운 일일 것이다. 그나마 다행스러운 것은 도산기념관 지하에 10여 년 방치되었던 묘비를 다시 망우리 도산의 묘소가 있던 곳으로 옮겨놓았다는 소식이다. 원래 도산의 묘소에는 도산을 추모하는 작은 비석들이 여러 개 있었다. 그중 하나에 이런 문장이 쓰여 있다.

"사람을 대함에 봄바람 같고, 일을 행하심에 가을 서릿발 같으셨네."

도산의 인격적 만남의 비밀을 잘 표현한 한 문장이다. 우리는 계속해서 가슴 뛰는 만남, 잠 못 이루는 만남의 이야기를 살펴보고 있다. 연애할 때나 있을 법한 만남이 나이와 인종과 국경과 성별을 뛰어넘어 가능함을 본다. 이성과의 사랑과 결혼의 숭고함과 아름다움이 있지만 그것과는 다른 또 다른 만남의 숭고함과 아름다운 이야기가 많아져야 하지 않을까.

도산은 독립운동을 하면서도 진영 논리에 빠져 나눠진 사람들을 하나로 모으는 일에 '통일'이라는 단어를 사용했다. 진정 통일이 가까워진 시대를 살아가는 우리에게 도산의 인격적 만남의 이야기는 통일을 준비하는 좋은 모델이 되리라 확신한다. 빙그레 웃는 낯으로 남과 북이 만날 날을 기대하게 된다. 빙그레 웃는 낯으로 휴전선을 넘어 압록강, 두만강을 넘어 중국 동포, 고려인 동포와 만나게 될 날을 소망하게 된다.

도산이 상해임시정부 내무총장으로 일하고 있던 때에 찾아온 또한 명의 젊은이가 있었다. 그는 임시정부의 문지기라도 시켜주기를

원했으나, 그의 인물됨을 알고 있었던 도산은 그를 임시정부의 경무
국장으로 세웠다. 백범 김구의 임정활동이 시작되는 순간이었다. 백
범의 만남의 이야기로 들어가보자.

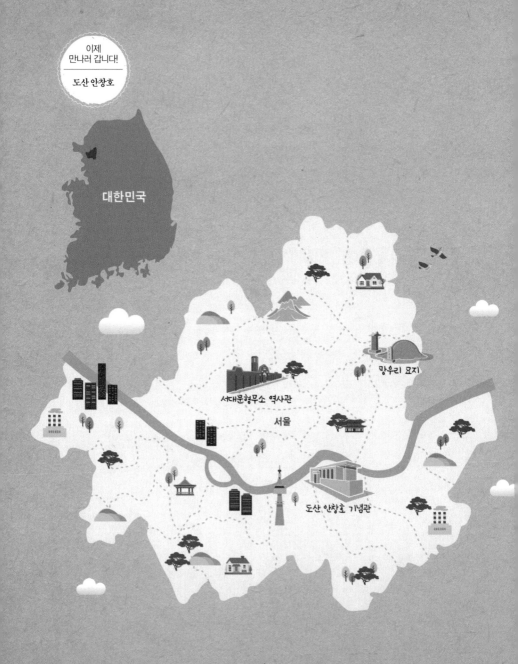

이제
만나러 갑니다!

도산 안창호

대한민국

망우리 묘지

서대문형무소 역사관

서울

도산 안창호 기념관

미국

캘리포니아

도산기념 우체국

도산기념
인터체인지

대한인국민회
기념관

도산 패밀리하우스

도산 동상

도산안창호기념관

도산과 부인 이혜련 여사의 합장 묘와 도산의 삶을 볼 수 있는 기념관이다. 아름답게 꾸며져 있어 어느 계절에 가도 강남 한복판에서 차분한 마음으로 생각에 잠길 수 있는 곳이다.

📍 서울시 강남구 도산대로 45길 20

망우리 묘지

도산의 원래 묘가 있던 곳이자 곁에 묻히고 싶었던, 아들 같은 제자 유상규의 묘소가 있다. 유상규 묘의 지번은 203555번이다. 우측 언덕 위 도산의 묘지에는 표지석만 세워져 있다. 최근 도산공원의 옛 묘비를 옮겨왔다. 망우리에는 위창 오세창, 만해 한용운, 화가 이중섭 등 많은 위인들의 묘가 있으니 천천히 돌아볼 만하다. 지금은 공동묘지라기보다는 공원묘원으로서, 조경이 아름답고 경관도 태조 이성계가 감탄했을 만큼 멋지다.

📍 서울시 중랑구 망우로 570

서대문형무소역사관

도산을 비롯하여 백범 김구와 유관순 열사 등 독립기념관 못지않은 한국 근현대사 80년을 한눈에 볼 수 있는 유적지다. 추운 날에 가는 것은 추천하지 않는다. 물론 그 현장의 스산한 느낌은 더 실제적으로 느낄 수 있다.

📍 서울시 서대문구 통일로 251

도산기념인터체인지

2002년 한인이민 100주년을 맞아 명명된 'Dosan AhnChangHo Memorial Interchange(도산 안창호 기념 인터체인지)'라고 쓰인 표지판이 10번 프리웨이와 110번 프리웨이가 서로 만나는 곳에 위치해 있다.

📍 DOSAN AHN CHO MEMORIAL INTERCHANGE 110 AND 10 192

도산안창호기념우체국

2004년 6월 코리아타운 6가 우체국을 '도산안창호기념우체국'으로 개명했다.

📍 3751 W. 6th St, Los Angeles, CA 90020

도산패밀리하우스

도산 안창호 선생이 상해로 떠난 뒤 이혜련 여사가 5남매와 함께 살던 집이다. 도산의 서거 소식도 이곳에서 들었다고 한다. 남가주대학USC 캠퍼스 내에 있다. 지금은 USC 대학의 한국학 연구소가 되어 있다.

📍 809 W 34th St, Los Angeles, CA

도산 안창호 선생 동상

오렌지 농장 한인 노동자들을 계몽하며 지도력을 발휘한 도산을 기념하여 리버사이드 시청 앞에 동상을 세웠다. 도산의 리더십에 대해 생각해볼 만한 곳이다.

📍 3900 Main St, Riverside, CA 92522

대한인국민회 기념관

샌프란시스코에 있다가 1937년 로스앤젤레스 제퍼슨가로 이전했다. 한인 동포들을 지도하던 젊은 청년 도산을 생각해보며 한인의 이주역사도 생각해볼 만하다.

📍 1368 W Jefferson Blvd, Los Angeles, CA 90007

column

몇 년 전 제주감귤농장에서 귤 따는 체험을 했다. 손으로 툭툭 당겨서 따면 되는 줄 알았던 귤 따기가 간단하지 않았다. 귤 하나를 따려면 전지가위질을 두세 번 해야 했다. 조금만 긴장을 늦추면 꼭지와 함께 껍질이 떨어져나갔다. 꼭지를 깔끔하게 잘라내지 않으면 다른 귤껍질에 상처를 내 함께 썩게 된다.

도산이 기억나는 순간이었다. "오렌지 하나를 따더라도 정성껏 하는 것이 나라를 위하는 길이다." 미국 캘리포니아 리버사이드의 오렌지 농장에서 함께 일하던 조선인 노동자들에게 한 말이다. 당시 한인의 삶은 처참했다. 널빤지를 이어 세운 벽과 바닥으로 방 한 칸을 만들어 온 가족이 거주했다. 욕실이나 냉난방 시설은 상상도 할 수 없었다. 그곳에 도산도 가족들과 이주하여 노동자들과 함께 거주하며 노동을 했다. 그런 상황에서도 도산은 나라를 생각하는 마음을 잃지 않았다. 도산은 작은 일 하나가 만들어내는 결과를 간과하지 않았다.

보는 것과 연관 있는 단어를 시력視力, 시선視線, 시각視角, 시야視野 네 가지로 정리해볼 수 있다. 시력은 무엇을 보고 있는가, 시선은 어디를 보고 있는가, 시각은 어떻게 보고 있는가, 시야는 얼마만큼 보고 있는가로 정리할 수 있다.

지도력의 시작은 시각Perspective이다. 지금의 상황이 어디에서부터 비롯되었으며, 현재 우리는 어디에 서 있으며, 그래서 어디로 갈 것인가를 보는 시각이 중요하다. 지도자가 시각이 없어 길을 잃으면 사회 전체가 방황하게 된다. 세상은 눈에 보이는 것이 전부가 아니다. 사람들의

표정뿐만 아니라 마음도 읽는 시선이 있어야 한다. 행동을 분석하는
심리학도 있다. 보이는 현상 너머를 보는 시각도 필요하다. 한 경우만이
아닌 여러 경우와 다양한 배경을 살펴보는 시야도 넓어야 한다.
도산은 이런 입체적 시각을 갖춘 지도자였다. 빙그레 웃는 얼굴이 민족
전체를 빛나게 할 것이라고 보았다. 단정한 옷차림과 반듯한 자세가 모든
일의 기본기라고 보아, 어떤 환경에서도 흐트러짐 없이 살았다. 국민
개개인이 인격을 개조하고 힘이 있어야 나라가 힘이 생긴다고 믿었다.
그러했기에 작은 일 하나, 작은 사람 하나를 소홀히 하지 않았다.
당시 우리 교민은 사탕수수 농장의 노동자로, 인간 이하의 삶을 견뎌야
했다. 특히 멕시코와 쿠바로 이민 간 교민들은 짐승과 같은 대우를
받으며 폭력과 성학대에 시달렸다. 그런 가운데서도 자신들의 수입의
일부를 독립운동을 위해 헌납했다. 그들을 방문하고 격려하고 끝없이
현실만이 아니라 미래를 바라보며 견디도록 소통하며 일깨웠던 지도자가
도산이었다. 바다에서 살아도 하늘을 본다고, 작은 일에서 후일 맺게 될
열매를 보는 눈을 열어주었던 것이다. 오늘 내 인생, 내 상황도 조금은
다른 시각에서 바라보는 연습을 하자. 시력에만 의존하지 말고 시선도
시각도 시야도 갖추고 바라보자. 구름 한 조각에서 큰 비를 보듯이.

다섯 번째 만남

만남의 뜻을 찾고 만남의 신의 지킨

백범 김구

백범 김구

젊음의 방황은
무죄다!

사람은 역사 속에서 걸어나와 역사 속을 걷다가 역사 속으로 들어
간다. 모든 것의 배경에는 역사가 있다. 역사를 이해하는 것이 사람
을 이해하는 것이다. 한 사람의 삶을 평가할 때 시대적인 배경을 이
해하는 것이 중요하다. 사회나 국가도 마찬가지다. 한 나라의 시대
적 상황을 균형 있게 이해하기 위해서는 그 나라의 역사를 알아야
한다. 그 나라의 역사는 주변국의 역사와 함께 살펴보아야 한다.

대한민국의 통일 문제도 그렇게 간단하지만은 않다. 통일에 대한
다양한 견해가 존재한다. 통일문제를 균형 있게 바라보기 위해서는
우리나라를 둘러싼 주변국가의 입장을 함께 고려해야 한다. 무슨 일
이든 어떤 사람의 삶이건 한 면만을 보고 균형 있는 시각을 가지기

는 어렵다.

역사의 인물을 다루는 일은 그래서 쉽지 않다. 그 사건, 그 사람을 보는 다양한 시각이 존재하기 때문이다. 백범 김구의 삶을 이해하는 데도 엇갈린 시각이 존재한다. 민족주의자로, 겨레의 큰 스승으로 칭송하는 사람들이 대부분이다. 혹자는 기회주의자로 시류에 편승하여, 결국 우유부단함으로 민족사에 큰 과제를 하나도 해결하지 못한 실패한 지도자로 본다. 역사에는 객관적 사실이 엄연히 존재하지만, 관점에 따라 해석도 천차만별이니 쉬운 일은 아니다. 이 글에서는 정치지도자로서의 백범보다는 그의 호가 말해주듯이 한 사람의 범부凡夫가 민족지도자로 서기까지, 그의 인생에 영향을 주고받은 만남을 들여다보려고 한다.

김구는 조선 말기 세도정치로 위세를 떨친 안동김씨의 후손이다. 신라 경순왕의 후손임을 후에 밝히기도 했는데, 효종 때 역모에 휘말려 멸문지화를 면하기 위해 선조들이 황해도 백운방 텃골의 팔봉산 양가봉 밑으로 옮겨 숨어 살기 시작했다. 이런 배경이다보니 양반임을 드러내지도 못하고 상놈 행세를 하고 살다 진짜 상놈이 되고 말았다. 상민으로 살다보니 지방의 하찮은 양반들에게도 무시당하는 부모님을 보며 꼭 출세하고자 결심을 하게 된다. 상놈 신분을 벗어나는 유일한 길은 과거에 급제하는 길밖에 없다는 생각에 없는 살림에 부모에게 공부를 하게 해 달라고 조르게 된다.

김구의 어린 시절 이름은 창암昌巖이었다. 창암이 살던 텃골에는 서당이 없었다. 아버지가 동네 아이들까지 모아 쌀과 보리로 수업료를 대신하기로 하고 이웃 마을에서 훈장님 한 분을 모셔왔다. 훈장님을 처음 봤을 때 그는 하늘에서 상제가 내려온 것처럼 감격해 했다고 한다. 그러나 그의 공부 길은 그리 순탄하지 않았다. 서당을 맡은 집에서 자신의 아들의 공부가 미진하자 서당을 없애버린 것이다. 엎친 데 덮친 격으로 아버지 김순영이 중풍으로 쓰러져 반신불수가 되었다. 어머니는 아버지의 치료를 위해 문전걸식하며 좋은 의원들을 찾아다니느라 창암을 친척 집에 맡겨, 어릴 때부터 해본 적 없는 농사일과 나무하러 다니는 일을 하며 공부하지 못하는 고통을 삼키며 지냈다.

아버지가 다행히 몸과 기력이 많이 회복되자 창암은 다시 공부를 시켜달라 졸랐고, 텃골로 돌아와 다시 서당을 다니기 시작했다. 먹과 붓 등은 어머니 곽씨 부인이 길쌈 품을 팔아 비용을 마련했다. 서당은 집에서 10리나 떨어져 있었고, 고개까지 넘어야 하는 먼 길이었지만, 가장 일찍 가는 일이 빈번했다하니 배우는 일에 얼마나 갈증이 깊었는지 알 수 있다. 친척 집안에 좋은 선생을 만나 십대 중반부터는 공부다운 공부를 하며 명필이라 불릴 만한 필체도 가지게 되었고, 생각의 깊이도 더해갔다. 훗날 교육사업에 남다른 관심을 보였던 일도 이런 연유에서 비롯되었으리라.

그렇게 어렵게 공부한 창암은 드디어 과거를 보게 된다. 하지만 과거장에서 그가 목격한 장면은 큰 충격이었다. 다른 사람의 과거를 대신 봐주는 일이 당연시되고 있는 상황이었던 것이다. 돈을 주면 급제도 하고, 진사도 되고, 양반도 된다는 이야기를 듣기까지 했다. 물론 과거에는 낙방했다. 《백범일지》에서 그는 "나도 이제 다른 길을 연구하리라 결심했다"라고 적었다.

공부를 그만두고 돈을 벌겠다는 아들의 말에 그의 아버지가 관상 공부를 권해 《마의상서麻衣相書》를 보기 시작했다. 공부는 이력이

난 사람이니 몇 달간 두문불출 관상 공부에 시간을 쏟았다. 오늘과 같이 외모지상주의에 빠진 시대에 일침을 가할 만한 일화가 이때에 생겨난다. 관상을 공부하면서 자신의 관상을 몇 달간 살펴보니 어느 한 군데도 귀격貴格이나 부격富格 같은 좋은 상은 없고, 얼굴과 온몸에 천격賤格과 빈격貧格과 흉격凶格 밖에 없음을 발견하게 된다. 《백범일지》에 "앞서 과거장에서 얻은 비관에서 벗어나기 위하여 《마의상서》를 공부했는데, 오히려 그보다 더한 비관에 빠지게 되었다. 짐승과 같이 살기 위해서나 살까, 세상에 살고 싶은 마음이 없어졌다"고 적었을 정도로 좌절하게 된다. 그러던 중 《마의상서》에서 다음 구절을 보고 생각을 바꾸게 된다.

> 얼굴 좋은 것이 몸 건강한 것만 못하고 相好不如身好
> 몸 건강한 것이 마음 착한 것만 못하고 身好不如心好
> 마음 착한 것이 덕성 훌륭한 것만 못하다 心好不如德好

백범은 이 구절을 보고 상 좋은 사람보다 마음 좋은 사람이 되어야겠다는 결심을 하게 된다. 내적 수양에 더 집중해야겠다는 생각을 하고보니, 과거 급제하여 천한 신분에서 벗어나보겠다던 생각은 허영이자 망상이고 마음 좋은 사람의 생각이 아니라고 결론짓는다.

창암은 풍수지리와 다양한 병법서 등을 읽고 스스로 아이들을 모아 가르치기도 하며 어느덧 열아홉의 나이가 되었다. 인생에 특별한 계기가 될 만한 일 없이 꿈조차 좌절되고 산골에 틀어박혀 있는 시간이었을 수 있으나, 훗날 지도자로서 김구의 면면은 이때의 공부가 뒷받침이 되었음이 틀림없다.

구한말의 조정은 무책임한 관리들로 득실댔고, 임금조차 우유부단하여 국정의 돌파구를 찾지 못하고 있었다. 매관매직으로 개인의 욕심을 채우려는 탐관오리로 전국 관아는 넘쳐났으며, 조금이라도 권력이 있는 자는 없는 자들을 짓밟고 수탈하는 지경이었다. 예언서의 일종인 《정감록》이 다시 등장하고 온갖 미신과 주술이 사람들을 미혹하는 어지러운 시대였다.

시대가 혼탁하고 불안하면 종교계에는 극단적인 종말론이 등장하여 사회를 혼란에 빠뜨린다. 민심은 새로운 세상을 열어줄 영웅을 기대한다. 현실을 직면하고 극복하려는 노력보다는 종교에 의지하거나 초자연적인 방법으로 문제가 해결되기를 기대한다. 도산은 기독교인이었음에도 불구하고 당시의 과열된 신앙의 행태에 대해 비판적이었다. 한 사람 한 사람이 의식이 각성되고 힘이 있는 백성이 되어야 한다고 생각했다. 각자의 자리에서 맡은 바 책임을 다하기 위해 자신을 희생하는 사람들이 미래를 여는 사람들이라고 믿었다. 역사는 희생으로 이어간다. 한 세대가 희생을 거부할 때 역사와 미래는 단절된다. 많은 종교적 현상이 역사 속에 나타났다. 결국 미래와 단절되지 않고 역사의 강을 건너온 종교는, 현실을 도피하지 않고 현실 참여를 선택한 종교였다. 청년 김구가 만난 시대도 그러한 혼란이 있었다. 그 시기에 김구의 마음을 움직이는 운동이 있었다. 동학東學이었다.

동학운동과의 첫 만남에서부터 김구는 큰 충격을 받았다. 자신이 찾아간 동학 모임에서 양반인 오응선이 자신을 하대하지 않고 존대하는 데서부터 감동을 받은 것이다. 빈부귀천을 따지지 않고 차별 대우를 하지 않는 것만으로도 상놈의 억울함으로 가득 차 있던 김구의 가슴은 뛰기 시작했다. 그는 《백범일지》에서 그때의 감회를 '별천지'에 온 느낌이라고 적었다. 동학에 입도한 그는 이름을 창수昌洙로 개명했다.

무엇을 하든 자신이 뜻을 정한 일이면 열심히 하는 김창수였기에 그를 통해 동학교도로 가입한 사람의 수가 천여 명에 이르렀다. 그는 한 지역의 책임자인 접주接主가 될 만큼 영향력을 가지게 되었다. 그후 외세가 개입하고 지도자들이 잡혀 처형당하거나 투옥되자 동학운동은 막을 내리게 되고, 김창수가 이끌던 동학군은 어이없게도 인근의 다른 동학군 부대의 습격을 받아 저장해둔 군량미를 모두 빼앗기고 흩어지고 만다. 왜 다른 동학군에게 습격받았는지는 의견이 갈리지만, 김창수가 관군이나 일본군에 적극 대항하기보다 토벌군인 안태훈 등과 모호한 관계를 맺고 적극적으로 공격하지 않은 점이 걸렸을 수도 있다. 또는 습격한 이동엽 부대가 동학본부로부터 정식 접주로 인정받지 못한 채 동학군이 토벌군에게 쫓기는 상황이 되자 필요한 군량미 충당을 위해 의도적으로 저지른 일일 수도 있다는 견해도 있다.

자신을 따르던 동지와 군사를 잃은 김창수는 복수를 다짐하지만 결국 모든 부대가 토벌되고 말 것이기에 부질없는 짓이라 말리는 주변의 말을 듣고 인근 마을로 피신하게 된다. 결국 이동엽은 잡혀가서 사형을 받고, 각 군의 동학농민군도 저항 끝에 일본군의 끈질긴 추적으로 거의 패퇴하고 세력이 약화되었다. 일본은 이 일을 빌미로 청일전쟁을 일으켜 조선에 대한 우위를 점하고 친일내각을 출범시켜 갑오개혁을 실시하게 된다.

동학에 대해 그는 《백범일지》에서 이렇게 소회를 밝혔다.

먼저 과거장에서 비관적인 생각을 품었다가 희망을 관상서 공부로 옮겼고, 나 자신의 관상이 너무도 못생긴 것을 슬퍼하다가 마음 좋은 사람이 되리라는 결심을 했다. 그러나 마음 좋은 사람이 되는 방법 또한 묘연하던 차에 동학당의 수양을 받아 신국가 신국민을 꿈꾸었으나, 이제 와서 보면 그도 역시 바람 잡듯 헛된 일이었다.

"바람 잡듯 헛된 일이었다"고 했지만, 봉건질서의 붕괴를 촉진시키고 근대사회로 진입하는 데 영향을 미친 운동으로 평가하고 있으니 헛된 일만은 아니다. 어떤 인물의 삶이나 어떤 운동을 후세대가 비판하는 일은 쉽다. 하지만 우리 시대의 잣대가 아니라 그 시대의 시대적 정황 속에서 정당한 비판을 하는 것도 필요하다.

인생에 무엇이든 나름의 의미와 목적을 두고 하는 것은 결코 덧없이 흘러가는 시간이 아니다. 한 사람의 삶이 역사라는 말은 나의 시간이 켜켜이 쌓여 오늘의 나를 만들었다는 말이다. 결코 헛되지 않다. 그리고 헛되지 않도록 지금을 살아야 한다. 과거와 현재가 모여 미래를 만든다. 미래는 결코 모래 위에 세워지지 않는다. 우리의 과거와 현재라는 튼튼한 기초 위에 세워지는 것이다. 오늘 우리의 삶은 과거 누군가의 희생 위에 서 있는 것이다. 내일 누군가는 오늘 우리의 희생 위에 서 있게 될 것이기에 오늘 나의 존재가 작아 보이고 의미 없어 보이는 삶이라 생각할지라도 미래 역사 속의 누군가는 당신에게 감사하게 될 것이다.

방황 끝에 스승을 만나다
안태훈과 고능선

동학운동이 실패하고 김창수의 삶도 불안에 휩싸이게 되었다. 언제 관군과 일본군의 검속에 걸려 잡혀갈지 알 수 없는 운명이 되었다. 동학 접주 시절 여러 면에 조언과 도움을 준 정덕현이 청계동 안태훈 진사에게 몸을 의탁하는 것이 어떻겠냐고 제안했다. 안태훈은 당시 민란 수습을 위한 지방 토벌대 책임자로서 관군과 협력하여 동학군을 토벌 중이었으나, 김구의 사람됨에 대한 소문을 듣고 밀사를 보내어 서로를 공격하지 않을 뿐만 아니라 한 사람이 곤경에 빠지면 서로 돕기로까지 밀약했던 일이 있었다.

안중근 의사의 아버지이기도 한 안태훈 진사는 그를 친절히 맞아주었다. 그뿐 아니라 부하들을 보내 김창수의 부모님까지 모셔와 살 수 있도록 집을 마련해주었다. 김창수는 청계동 생활이 그리 행복한 시간만은 아니었던 듯하다. 안태훈 진사의 사랑채에서 먹고 마시고 대화하고 몸은 편안한 생활을 했으나 마음의 안정은 찾지 못했다.

> 이제 패전한 장수의 신세가 되어 안 진사의 후의를 입어 생명만은 안전하게 지키게 되었으나, 장래를 생각하면 과연 어떤 곳에 발을 디뎌야 나아갈 길을 찾을 수 있을까 하는 생각에 가슴이 답답하고 스스로 의심을 느꼈다.

그런 답답함을 알았던지 그의 인생에 새로운 사람이 찾아왔다. 안태훈 진사의 사랑에 출입하며 여러 사람을 만나던 중 안태훈 진사가 늘 예의를 차려 모시는 노인 한 사람이 눈에 들어왔다. 고능선高能善이라는 유학자였다. 선비의 풍모가 느껴지는 보통 사람은 아니라는 인상을 받았다. 그런 그가 안태훈 진사의 사랑에서 하루를 보내고 일어서며 창수에게 말하기를 자신의 사랑도 구경하지 않겠는가 물었고, 김창수는 선생님 사랑에도 놀러가겠다고 대답한다. 다음 날 사랑에 놀러온 창수에게 고능선이 말하기를, "안진사의 사랑에서 놀지만 절실히 필요해 보이는 정신수양에는 큰 도움이 되지 않는 것 같으니 자신의 사랑에 와서 세상사도 이야기하고 학문도 토론하는 것이 어떻겠는가" 물었다. 김창수로서는 너무나 기쁜 일이었지만 자신에 대해 한없는 자괴감에 빠져 있던 처지인지라 선뜻 용기를 내지 못했다. 이때의 심정을 《백범일지》에서 다음과 같이 적고 있다.

> 고선생이 저처럼 나를 사랑하지만, 참으로 내게 저토록 고명한 선생의 사랑을 받을 만한 소질이 있는가. 내가 선생의 과분한 사랑을 받는다 해도 종전에 과거니 관상이니 동학이니 하던 것과 같이 아무 효과도 내지 못하지는 않을까. 그렇게 된다면 내 자신이 타락됨은 둘째요, 고선생과 같이 순결한 양반에까지 누를 끼치게 될지 모른다는 두려움이 생겼다.

이제 갓 스무 살을 넘긴 청년에게 지난 삶은 상처만 잔뜩 남겨주었다. 배우려는 열정은 넘쳤으나 배울 스승이 없었고, 어렵게 모신 스승은 주변의 시기로 일찍 떠나보내게 되었으며, 아버지가 지병을 얻어 몇 년을 허송하기도 했다. 공부에 대한 열망은 결국 그를 공부할 수 있는 환경으로 이끌었으나 과거장에서 목격한 허망함은 젊은

이의 불타는 야망에 찬물을 끼얹었다. 세상을 바꾸어보자고 동학운
동에 나섰으나 제대로 싸워보지도 못하고 모든 노력과 수고가 물거
품처럼 사라져버렸다. 이제 갈 곳 없어 일면식도 없던 사람에게 자
신뿐만 아니라 가족의 생계까지 의탁해 있는 처지에 어디에서 과거
의 열정과 자신감을 찾을 수 있을까.

고능선은 백범의 이런 마음을 알고 있던 것처럼 타일렀다. 안태
훈 진사를 통해 백범의 사람됨을 익히 알고 있었기에 그를 제자로
받아 무너져가는 나라를 다시 일으킬 인재로 키우고 싶은 마음을 가
졌던 것이다. 고능선은 백범을 만나 제자로 삼기로 한 자리에서 말
했다.

> "사람이 자기를 알기도 쉽지 않거늘 하물며 남을 어찌 밝히
> 알 수 있겠는가. 그러므로 내가 자네의 장래를 판단할 힘은
> 없으나, 한 가지 확실히 말할 것이 있네. 그것은 성현을 목
> 표로 하고 성현의 발자취를 밟아가도록 하라는 것이네. 예
> 로부터 성현의 지위까지 도달한 사람도 있고, 좀 미치지 못
> 한 사람도 있고, 성현이 되는 길이 너무 높고 멀다 하여 중
> 도에 달아나거나 자포자기하여 금수와 그다지 멀지 않은 자
> 리에 있는 사람도 있다네. 자네가 마음 좋은 사람이 되려는
> 참뜻을 가진 이상 몇 번 길을 잘못 들어서 실패나 곤란을 겪
> 었더라도 그 마음만은 변치 말고 끊임없이 고치고 나아가노
> 라면 목적지에 도달하는 날이 반드시 있을 것이네. 지금은
> 마음에 고통을 가지는 것보다 행하기에 힘써야 할 것이 아
> 닌가. 실패는 성공의 어머니요 고민은 즐거움의 뿌리이니

자네는 상심 말게. 나 같은 늙은이가 자네 앞길에 혹시 보탬이 된다면 이 늙은이도 영광이 아니겠나."

_김구,《백범일지》중에서

스승의 이야기를 듣는 젊은 창수의 눈에 눈물이 흘렀다. 진정한 스승을 만난 기쁨의 눈물이었으리라. 스승의 가르침은 진지했고 상처 나고 구멍 난 젊은이의 가슴을 채우기에 충분했다. 백범은 스승의 가르침이 "떨어진 곳을 기워주고 빈 구석을 채워주는 구전심수(口傳心授, 말로 전하고 마음으로 가르침)의 교법"이었다고 했다. 스승은 김창수를 지켜보며 드러난 연약한 점을 지적해주었다.

가지 잡고 나무를 오르는 것은 대단한 일이 아니지만
得樹攀枝無足奇
벼랑에 매달려 잡은 손을 놓는 것이 가히 대장부라 할 수 있다
懸崖撒手丈夫兒

_야부도천冶父道川,《대장부大丈夫》중에서

이후 창수는 스승 고능선의 권유로 평안도 함경도 일대와 압록강 건너 청나라 여러 지역을 여행하는 등 견문을 넓혀나가며 스승의 가르침을 깊이 따라갔다. 1895년 민비를 시해한 을미사변과 단발령 공포를 계기로 전국적으로 의병봉기가 일어났다. 고능선과 김창수도 의병을 일으켜야 한다는 데 뜻을 같이 하고 안태훈 진사에게 동참하

게 된다. 그러나 그는 이미 천주교에 어느 정도 마음이 기울어 있던 터라, 단발에 찬성하고 의병을 일으키는 일에도 반대한다. 이 일로 고능선과 안태훈은 절교하게 된다. 김창수도 그 당시에는 고능선의 말이 옳다고 믿었다.

스승의 가르침을 따라 나라의 앞날을 생각하며 준비하던 김창수와 스승 고능선의 사이에서 서먹해지는 일이 발생하는데 바로 김창수의 혼사문제였다. 고능선은 김창수의 사람됨을 보고 자신의 손녀딸과 혼인시켜 자신을 의탁할 생각이었다. 김창수의 부모와도 의견을 교환하여 결정을 보았는데, 그 소문이 창수가 동학 접주 시절 부모가 혼인을 추진했다가 창수가 거부하여 돌려보낸 여자의 아버지 김치경에게도 들리게 되었다. 김치경이 고능선을 찾아와 칼을 놓고 "자신의 딸과 결혼하기로 했는데 첩으로 들이는건가" 따지며 협박을 하자 고능선은 없던 일로 하자고 했다. 사실 김치경은 딸을 이미 다른 사람에게 보내기로 약혼까지 해놓고 그때 일을 빌미로 돈 푼이라도 뜯어보려는 심산이었으나, 돈을 얻지도 못하고 창수의 혼사도 깨어놓은 셈이 되었다. 이후 고능선은 비동으로, 창수의 부모 김순영 내외는 다시 텃골로 이사하여 거리가 멀어지는 듯했으나 스승의 가르침은 평생에 그의 삶에 밑거름이 되었다.

인천감옥 탈옥 후 김창수는 몸을 숨기며 다니는 처지인지라 그때 이름을 김구金龜로 바꾸게 된다. 그리고 그 무렵 기독교에 귀의하여 가치관에 여러 변화가 시작된다.

1896년 백범은 황해도 치하포에서 한인으로 가장한 일본인 츠치다 죠스케를 만나게 된다. 국모의 원수를 갚겠다는 생각으로 그를 죽인 '치하포 의거'로 인천감옥에 수감되어 사형을 선고받았다. 형

집행 직전에 고종의 명으로 기적적으로 사형은 모면했으나, 기약 없는 감방생활에 탈옥을 결심하게 된다. 탈옥 후 갈 곳 없이 쫓기는 신분으로 공주 마곡사에서 '원종'이란 법명으로 스님 노릇을 했지만 그도 오래하지 못하여 떠나게 된다. 김창수는 오랜 방랑 끝에 다시 스승을 만났지만 그동안 변화된 생각으로 스승과 논쟁이 벌어진다.

김창수는 감옥에 있는 동안 신서적을 탐독하며 개화사상을 접했다. 그리고 삼남지방과 서울을 순회하며 시대가 바뀌었다는 것을 알게 된다. 그는 스승에게 이제 더 이상 서양 사람이라면 무턱대고 오랑캐라고 배척하는 것이 옳지 않다고 했다. 고능선은 무슨 말을 해도 선왕의 법도와 선왕의 도가 아닌 것은 거론할 필요가 없고 오랑캐가 될 뿐이라는 말만 반복했다. 김창수는 선왕의 법과 도를 좇는다는 우리나라가 백성의 고혈을 빨아 왜놈과 양놈에게 바치고 있으니 우리나라야말로 망하고 말 것이라며, 이제라도 세계 각 나라의 문명과 교육제도를 받아들여 2세들을 양육해야 한다고 피력했다. 그러나 고능선은 박영효, 서광범 같은 역적들과 같은 주장을 한다며 김창수와 충돌하게 된다. 김창수는 그렇게 스승과 하룻밤을 보내고 절을 올리고 물러나온 것이 스승과의 마지막 인사가 될 줄은 몰랐다.

비록 스승과 나라의 미래를 내다보는 생각이 달랐으나, 그 가르침에서 잊지 말아야 할 것들과 스승에 대한 감사함과 은혜는 잊지 않았다. 스승이라고 온전하랴마는 스승의 가르침 가운데 평생에 새겨야 할 것들과 이제는 생각을 다르게 해야 할 것들을 분별할 만큼 청년 김창수가 성장했다는 것이리라. 그리고 그의 성장에는 스승 고능선의 가르침이 밑거름이 되었다는 것은 의심의 여지가 없다. 어떤 가르침도 완전할 수 없고 어떤 스승도 완벽할 수 없지만 그렇다하여 스승도 그 가르침도 모두 버리면 나의 인격도 버리는 것이다. 감사한 것은 감사한 것으로 기억하고, 나의 길을 가야 할 때는 나의 길을 가야 하는 것이다. 하지만 늘 스승의 은혜를 잊지 말아야 한다. 전통은 미래를 향한 비전의 걸림돌이 아니라 디딤돌이 되어야 한다. 역사를 아는 사람은 버림에도 취함에도 신중을 기하게 된다.

역사 속의 좋은 스승을 만날 때마다 그에게 직접 가르침을 받지 못한 아쉬움이 늘 남는다. 한때 박규수의 사랑방, 안태훈의 사랑방, 고능선의 사랑방 같은 공부모임이 곳곳에 있던 때가 있었다. 다석 유영모의 노자 강의, 함석헌의 한국사 강의 등 곳곳에 고전을 배우고 역사를 배우던 사랑방 모임이 많이 있었던 시절도 있었다. 그런 공부방의 맥이 끊어지는 듯했다 최근 다시 곳곳에 일어나는 듯하여 고무적인 일이라 생각된다. 함석헌의 말대로 '생각하는 백성이라야 산다'. 해오던 대로 살아오던 대로가 나쁜 것이 아니다. 그것이 항상 옳지만은 않다는 것이다. 해보지 않았던 방법, 가보지 않았던 길로 가는 도전과 모험이 필요한 시대다. 시대는 우리를 어차피 갈 길이 보이지 않는 것 같은 곳으로 이끌어가고 있다. 이런 때일수록 디딤돌 하나 없는 인생으로 허공에 헛발 내딛지 말고 역사와 전통의 가르침 가운데 분별하여 디딤돌로 삼을 가르침을 갖춰야 한다. 역사의 디딤돌을 디뎌야만 다음 세대가 힘껏 도약할 수 있다.

감옥에서 만난
책과 동지

치하포 의거로 인천감옥에 수감된 김창수의 옥중 생활에 대해

《백범일지》에서 "첫째는 독서讀書, 두 번째는 교육敎育, 세 번째는 대
서代書, 네 번째는 성악聲樂"이라고 했다.

독서는 그에게 새로운 눈을 뜨게 하며 신지식과 사상을 접할 수
있는 특별한 계기를 만들어주었다. 감옥에서의 새로운 책과의 만남
을 통해 김창수에게 새로운 인생의 페이지가 열리고 있는 것이었다.
먼저는 아버지가 넣어준《대학大學》한 질을 매일 읽고 외웠다. 감리
서 직원 중에서 김창수와 대화를 나누어본 사람들이 신서적을 권하
면서, "문을 굳게 닫아걸고 자기 것만 지키려는 구지식 구사상만으
로는 나라를 구할 수가 없소. 세계 각국의 정치, 문화, 경제, 도덕,
교육 산업이 어떠한지를 연구해보고 내 것이 남만 못하면 좋은 것을
수입하여 우리 것으로 만들어 이 나라와 백성의 살림살이를 유익되
게 하는 것이 시대 과제를 아는 영웅의 할 일인 것이오. 한갓 배외사
상만으로는 이 나라가 멸망하는 것을 구하지 못하오. 그러니 창수와
같이 의기 있는 남자는 마땅히 신지식을 구하여 국가에 큰일을 하여
야 하오"라고 말하며, 세계의 다양한 역사책과 지리서 등 중국에서
발간된 책을 가져다주었다. 이를 받아든 김창수는 죽을 날까지 책이
나 실컷 읽자는 마음으로 탐독했다. 그러면서 그의 생각의 틀이 점
차 깨어지기 시작했다. 스승 고능선이 안진사가 양학洋學을 한다고
하여 절교한 일이 그리 잘한 일로 생각되지 않았다. 의리는 유학자
들에게 배우고 문화와 제도는 세계 각국에서 배워 적용하는 것이 국
가에 유익하겠다는 생각을 한 것이다.

또한 스승은 우리나라에만 한 가닥 밝은 맥이 남아 있고, 세계 각
나라들은 모두 오랑캐들임을 가르쳤다. 영국의 로버트 매켄지Robert
MacKenzie가 저술한 서양사 교과서《태서신사泰西新史》한 권만 보아도

오랑캐라고 부르는 서양인들은 모두 나라를 세우고 백성을 다스리는 좋은 법규가 사람답다는 느낌을 받은 것이다. 오히려 높은 갓을 쓰고 넓은 요대를 두른 우리 탐관오리들은 오랑캐의 칭호조차 받을 수 없는 수준인 것을 깨닫게 된 것이다. 또한 김창수는 감옥에서 죄수들을 가르쳤는데, 그 일은 당시 《독립신문》에 기사가 났을 정도였다.

> 인천항 감옥서 죄수 중에 해주 김창수는 나이 이십 세라. 일본 사람과 상관된 일이 있어서 갇힌 지가 지금 삼년인데, 옥속에서 주야로 학문을 독실히 하며 또한 다른 죄인들을 권면하야 공부들을 시키는데, 그중에 양봉구는 공부가 거의 성가(成家, 학문이나 기술이 한 경지를 이룸)가 되고 그 외 여러 죄인들도 김창수와 양봉구를 본받아 학문 공부를 근실히 하니, 감옥 순검의 말이 인천 감옥서는 옥이 아니요 인천감리서 학교라고들 한다니, 인천항 경무관과 총순은 죄수들을 우례로 대지하야 학문을 힘쓰게 하는 그 개명한 마음을 우리는 깊이 치사하노라.

여기서 백범과 결코 따로 떼어놓을 수 없는 인물 한 사람이 겹쳐 지나간다. 우리나라 초대 대통령 우남 이승만이다. 백범과 우남은 몇 가지 공통점이 있다.

첫 번째는 두 사람 모두 몰락한 왕가와 양반 집안에서 태어났다는 점이다. 이승만은 양녕대군의 16대손으로 자신의 선조가 왕위를 양보하지만 않았어도 자신이 고종의 자리에 있었을 것이라 말했을 정도로 그 문제에 민감했다. 백범 역시 자신이 신라 경순왕의 후손이며 안동김씨 집안인 것을 후에는 강조했을 정도로 상놈 신분의 어린 시절이 큰 상처로 남아 있었다.

두 번째는 과거시험에 낙방했다는 것이다. 이미 언급한 바와 같이 당시 과거장의 행태가 기가 찰 노릇이었고 백주대낮에 버젓이 부정이 행해지는 지경이었기에 이승만도 김구도 열심히 공부했으나 급제하기는 어려웠다. 김구는 일찍이 포기하고 다른 길을 택했으나 이승만은 열세 살부터 끊임없이 과거에 해마다 응시했지만 낙방했다. 후에 배재학당으로 진학한 이승만은 그 길로부터 새로운 인생이 펼쳐지게 되었다.

세 번째는 두 사람 다 짧지 않은 감옥 생활을 했다는 것이다. 백범은 인천감옥에서 우남은 한성감옥에서 각각 옥중학교를 열었다. 김구는 감옥 생활을 통해 신사상을 접하고 출옥 후 기독교에 귀의하게 되고, 이승만은 감옥에서 어떤 영적체험을 하고 기독교인이 된다. 백범의 감옥 생활은 위에서 언급한 바와 같고 우남의 감옥 생활의 대략은 배재학당을 다니며 일찍이 선교사들의 통역과 조선어 교사를 하며 형성된 관계성을 통하여 필요한 책들을 공급받으며 감옥 안에 서적실을 만들고 학당을 만들어 죄수들을 가르쳤다. 서적실 인기가 얼마나 좋았는지 개설되고 처음 15일 동안 책을 본 사람들이 268명이었다고 한다. 감옥에 있는 동안 우남은《성경》과《태서신사람요泰西新史攬要》와《중동전기》《공법회통》등의 책과 수십 종의 영자신문과 잡지를 읽은 것으로 전해진다. 또한《독립정신》을 비롯한 많은 저작을 감옥 중에서 남긴다. 당시 서적실에 국문서적 52종 165권, 한문서적 223종 338권, 영문서적 20종 20권이 있었다고 하니, 당시 상황으로는 큰 규모의 도서관이었을 것이다.

네 번째는 감옥에서 두 사람 모두 많은 동지들을 만나게 된다. 우남은 함께 감옥에 수감된 사람 중 배재학당에서 함께 공부했던 신흥우, 독립협회 간부로 활동했던 양기탁, 독립협회 부회장 이상재, 이원긍, 이상재의 아들 이승인, 유길준의 동생 유성준, 상해임시정부를 이끌었던 이동녕, 헤이그밀사 이준 등이 있었다. 이들은 이승만과 함께 감옥 생활을 하며 훗날까지 이어지는 동지들이 되었다. 백범은 안악사건이라 불리는 안명근의 군자금 모금 사건과 신민회 사건으로 17년 징역 선고를 받고 복역하던 중 김홍량, 양기탁, 윤치호, 최명식, 안태국, 이승훈, 임치정, 차이석 등 대다수 민족지도자들과 함께 감옥생활을 하며 동지들이 생겨난다. 후에 청산리전투를 지휘하게 되는 김좌진 장군도 이 서대문감옥에 수감되었는데 서로 친애의 정을 표시했다고 한다.

남강 이승훈이 고백했던 것처럼 감옥이란 곳이 사람을 더욱 굳건해지게 만들거나 겨릅대같이 흐트러지게 만든다고 했다. 김구의 감옥 생활은 민족의식을 굳건하게 하고 동지들을 규합하는 기회가 되었다. 또한 앞으로의 독립운동을 어떻게 해나가야 할 것인지를 구상하는 계기가 되었다고 볼 수 있다.

서대문형무소에서 일제가 독립운동가들에게 어떤 고문들을 가했는지는 서대문형무소 역사관에 가면 볼 수 있다. 당시 고문하는 현장을 복원해놓은 모형이라 해도, 얼굴을 돌리고 애써 외면하며 관람해야 할 정도다. 백범은 여덟 번의 신문 가운데 단 한 차례를 제외하고는 모두 기절했으며, 매번 알몸으로 매를 맞아서 온전한 살가죽이라고는 남아 있지 않았다. 그렇게 고문을 당하고 기절하고 또 깨워 다시 고문하고 또 기절하기를 수차례. 자신이 유치장으로 끌어다 눕

혀졌을 때는 이미 동이 트고 있었다. 그는 그 순간에 문득 느낀 깊은 자괴감을 기록으로 남겼다.

> 처음에 성명부터 신문을 시작하던 놈이 불을 밝히고 밤을 새우는 것과 그 놈들이 온 힘을 다하여 사무에 충실한 것을 생각할 때에 자괴심을 견딜 수 없었다. 나는 평소에 무슨 일이든지 성심껏 보거니하는 자신도 있었다. 그러나 나라를 남에게 먹히지 않게 구원하겠다는 내가, 남의 나라를 한꺼번에 삼키고 되씹는 저 왜구와 같이 밤을 새워 일한 적이 몇 번이었던가 스스로 물어보니, 온몸이 바늘방석에 누운 듯이 고통스러운 와중에도, 내가 과연 망국노亡國奴의 근성이 있지 않은가 하여 부끄러운 눈물이 눈시울에 가득 찼다.
>
> _김구, 《백범일지》 중에서

나쁜 짓을 해도 저렇게 밤을 새며 하는데, 나라를 지키겠다는 나는 어떤 태도로 살아왔던가 생각하니 열심히 살아왔다고 자부하는 자신조차 부끄러워 눈물이 나더라는 말이다. 어느 드라마에 이런 대사가 있다. "악은 성실하다."

우리 사회는 가끔 바른 말 하는 사람들이 바르지 않은 태도로 말하며, 옳은 일 한다는 사람들이 옳지 않은 방법으로 일을 행하는 경우를 많이 보게 된다. 구호단체들에 대한 기부문화에 찬물을 끼얹는 뉴스부터 정의를 구현하겠다는 곳에서부터 정의가 실현되지 않는 아이러니를 발견하게 될 때마다 당혹감을 느낀다.

백범은 감옥에서 '김진사'라는 활빈당 두목을 만났다. 눈빛이 예사롭지 않아 따로 만날 기회를 만들어 대화를 나눈다. 그는 이른바 활빈당이라는 도적 조직이 얼마나 치밀한 규율을 따라 움직이는지를 들으며 많은 생각을 하게 된다. 활빈당은 일종의 입당시험이 있었는데, 설정된 상황에서 붙잡히게 하여 70여 가지 고문을 한 뒤 도적임을 실토하면 그 자리에서 흔적도 없이 죽여버리고, 끝까지 도적임을 밝히지 않으면 포박을 풀어주고 동지로 받아들인다는 것이다. 또 활빈당에는 '4대 사형죄'가 있는데 첫째로, 동지의 처첩을 간통한 자, 둘째로 체포되어 신문 당할 때 동지를 실토한 자, 셋째로 도적질할 때 장물을 몰래 빼돌린 자, 넷째로 동지의 재물을 강탈한 자는 사형에 처한다는 것이었다.

김진사에게 큰 감동을 받은 김구는 역시 고문하는 경찰들의 열심에서 느꼈던 만큼의 자괴감을 다시 느꼈다.

"내가 국사國事를 위하여 원대한 계획을 품고 비밀결사로 일어난 신민회 회원의 한 사람이지만 저 강도단에 비하면 아무것도 아니다. 우리의 조직과 훈련이 아주 유치한 것을 깨닫고 자괴를 금할 수 없었다."

김구가 김진사에게 배운 여러 가지는 후일 임시정부에서 경무국장으로 일할 때나 한인애국단과 같은 비밀투쟁을 추진하는 일이나, 광복군을 조직하고 훈련하는 데도 응용이 되었을 것이라 본다.

인천감옥 탈옥 이후 청년 김창수는 '김구'로 이름만 바꾸었을 뿐 아니라, 감옥이라는 학교에서의 신지식과 사람들과의 만남을 통하여 생각의 전환이 일어났다. 서대문형무소에서 그는 '김구金龜'에서 '김구金九'로 이름도 바꾸었다. '백범'의 '백白'자는 가장 천한 직업인 백정白丁에서, '범凡'자는 범부凡夫에서 따온 것이다. 그는 우리나라 백정 범부들이라도 애국심이 지금의 나 정도는 되어야 완전한 독립국이 될 수 있다는 바람을 담은 것이라고 설명했다.

백범은 오랜 감옥생활을 통해 후일 우리나라가 독립한 후 감옥을 어떻게 운영해야 할 것인가를 생각해보게 되었다. 감옥의 간수부터 대학 교수의 자격으로 사용하고, 죄인을 죄인으로 보기보다 국민의 일원으로 보고 선으로 지도하는 일에 힘써야 하며, 일반 사회에서도 감옥살이한 자라고 멸시하지 말고 대학생의 자격으로 대우해야 감옥 설치한 가치가 있다고 생각했다.

감옥 안에서도 다양한 사람들과의 만남을 통하여 지도자의 면모를 갖추어가고 있었다. 스승에게 지식으로 배웠던 "드센 바람에 억센 풀을 알고 국가가 혼란할 때에 진실한 신하를 안다"는 옛 가르침과 사육신과 삼학사의 어떤 고문과 죽음도 꺾지 못했던 절개가 몸에 새겨지고 있었다. 그래서 온전한 배움은 지식 전달로만 완성되지 않는다. 삶으로 체득해야 진정 나의 것이 된다.

가장 아름다운 운명
어머니!

"나는 네가 경기감사나 한 것보다 더 기쁘게 생각한다. 네 처와 화경이까지 데리고 와서 면회를 청했으나, 한 번에 한 사람밖에 허락하지 않는대서 네 처와 화경이는 저 밖에 있다. 우리 세 식구는 평안히 잘 있다. 너는 옥중에서 몸이나 잘 있느냐? 우리 걱정은 말고 네 몸이나 잘 보중하기 바란다. 만일에 식사가 부족하거든 하루에 사식을 두 번씩 들여주랴?"

안악사건과 105인사건으로 서대문형무소에 수감 중인 아들을 면회한 어머니 곽낙원郭樂園 여사가 아들 백범에게 한 말이다. 모든 위대한 인물의 배후에는 위대한 어머니가 있었다.

서대문형무소에서 면회를 마치고 돌아서 나가는 어머니를 보며 느꼈던 감회를 《백범일지》에서 아래와 같이 기록한다.

> 우리 어머님은 참 놀랍다고 생각된다. 나는 17년 징역선고를 받고 돌아와서 잠은 전과 같이 잤어도 밥은 한때를 먹지 못한 적이 있는데, 어머님은 어찌 저렇게 강인하신가 탄복했다. 나는 실로 말 한마디를 못 했다. 그러다가 면회구가 닫히고 어머님은 머리를 돌리시는 것만 보고 나도 끌려 감방으로 돌아왔다. 어머님이 나를 대하여서는 태연하셨으나, 돌아서 나가실 때에는 반드시 눈물에 발부리가 보이지 않으셨을 것이다. 어머님이 면회 오실 때에 아내와는 물론 많은 상의가 있었을 것이고 나의 친구들도 주의를 해드렸을 듯하나, 일단 만나면 울음을 참기가 지극히 어려울 것인데, 어머님은 참 놀라우신 어른이다.

그랬을 것이다. 뒤돌아 나서는 걸음에 눈물이 발등에 떨어졌을 것이다. 그러나 오랜 감옥 생활을 견뎌야 하는 아들을 위해서 그 앞에서는 눈물을 보이지 않은 것이다.

백범이 일본인 밀정 츠치다를 죽이고 사형 선고를 받고 인천감옥에서 수형생활을 하고 있을 때, 어머니는 인천항의 물상 객주집 침모로 일하면서 그 품삯으로 아들 옥바라지를 했다. 인천대공원 백범 광장에는 인천감옥에 갇혀 있던 백범과 옥바라지한 어머니를 기리는 동상이 세워져 있다.

백범이 서대문형무소를 거쳐 인천감옥으로 이감되어 수형생활을 마치자, 며칠 되지 않아 친구들이 위로 잔치를 해주기 위해 모였다. 기생을 불러 가무를 시키고 권주가를 부르며 백범에게 술을 억지로 권하자, 어쩔 수 없이 한 잔을 받아 마셨는데 그의 어머니가 사람을 보내 백범을 부르더니, "내가 여러 해 동안 고생을 한 것이 오늘 네가 기생을 데리고 술 먹는 것을 보려고 한 것이냐!"라고 책망하자 백범은 어머니에게 무조건 잘못을 빌었다고 한다.

임시정부가 상해 항주 남경에서 장사로 옮겨왔을 때의 일이다. 당시 독립운동을 하던 조선혁명당, 한국독립당, 한국국민당의 통합을 의논하던 자리에서 이운환의 총에 맞아 죽음의 고비를 넘기고 다시 회복한 일이 있었다. 어머니에게 인사드리고 전후사정을 이야기하자, "자네의 생명은 상제께서 보호하시는 줄 아네. 사악한 것이 옳은 것을 범하지 못하지. 하나 유감스러운 것은 이운환 정탐꾼도 한인인즉, 한인의 총을 맞고 산 것은 일인의 총에 죽은 것보다 못하네"라고 하곤 손수 만든 음식을 먹으라고 했다.

어머니, 참 울컥하게 하는 단어이고 고귀한 단어이며 강인한 단어. 세상에서 가장 아름다운 단어 1위가 'Mother'라는 설문조사 결과가 있다. 가치관이 분명한 부모, 분명한 기준을 갖춘 스승, 뜻을 함께 하는 친구 등 주변에 어떤 사람들이 있느냐에 따라 한 사람의 인생은 달라진다.

독립운동가의 어머니는 모두 대단하지만, 첫 번째 두 번째를 다

툴 사람은 안중근 의사의 어머니다. 안중근은 안태훈 진사의 큰아들로 태어났다. 어려서부터 말 타기와 활쏘기 등 사냥에 능했고 명사수로 알려져 있었다. 1905년 을사조약이 체결되자 나라의 미래를 위해 학교를 세워 인재양성을 위해 힘썼으나, 국운이 기울자 연해주 지역으로 가서 의병활동에 참가했다. 1909년 11명의 동지와 죽음으로써 독립투쟁을 벌일 것을 손가락을 끊어 맹세하는 단지동맹을 하고 동의단지회를 결성했다. 그해 10월 이토 히로부미가 만주 하얼빈으로 온다는 소식을 듣고, 안중근은 하얼빈 역 플랫폼에서 이토를 사살하고 다수의 일본 관료들에게 중상을 입히고 체포되었다.

일본경찰에 넘겨져 여순감옥에 수감되고, 이듬해 2월 14일 재판에서 사형이 선고되었으나 항소하지 않았다. 이유는 사형선고를 받은 아들에게 도착한 어머니 조마리아 여사의 편지 때문이었다.

네가 만약 늙은 어미보다 먼저 죽은 것을 불효라 생각한다면 이 어미는 웃음거리가 될 것이다. 너의 죽음은 너 한 사람의 것이 아니라 조선인 전체의 공분을 짊어지고 있는 것이다. 네가 항소를 한다면 그것은 일제에 목숨을 구걸하는 것이다. 네가 나라를 위해 이에 이른즉 딴 맘먹지 말고 죽으라. 옳은 일을 하고 받은 형이니 비겁하게 삶을 구하지 말고 대의에 죽는 것이 어미에 대한 효도다. 아마도 이 편지는 이 어미가 너에게 쓰는 마지막 편지가 될 것이다. 여기에 너의 수의를 지어 보내니 이 옷을 입고 가거라. 어미는 현세에서 너와 재회하기를 기대치 않으니 다음 세상에는 반드시 선량한 천부의 아들이 되어 이 세상에 나오너라.

백범 김구

사대부 집안 출신의 어머니답게 글 속에조차 지조가 묻어난다. 사대부 집안 여인이라 하면 자수나 놓고 난이나 그리는 것으로 착각하기 쉬우나 진정한 사대부 가문은 뼈대와 지조다. 안중근 사후 그의 가족은 조선 땅에 더 이상 살 수가 없어 중국 대륙을 헤매다 임시정부에서 겨우 쉴 터를 얻는다. 그 과정에서도 여러 차례 위기가 올 때마다 조마리아 여사의 기지와 용기로 넘어선 일이 많다고 한다. 어머니는 강하다. 보호해야 할 자식이 있을 때 어머니는 세상에서 가장 용기 있는 사람이 된다.

윤봉길의 어머니는 또 어떠한가. 충신의 표상인 매죽헌 성삼문과 동향이라 윤봉길도 어려서부터 매죽헌 성삼문의 이야기를 자주 들었다고 한다. 윤봉길의 아호가 매헌梅軒인데 서당에서 한학 수학을 하던 시절의 스승 매곡梅谷 성주록과 매죽헌梅竹軒 성삼문의 호를 한 글자씩 따서 만든 것이다. 아들의 의거 후 집에 일본경찰들이 들이닥쳤을 때도 두려워하지 않았다. "봉길은 대한남아로서 할 일 했다 내가 그렇게 키웠으니 차라리 나를 죽여라"고 호통쳤다고 하니 그 기개가 웬만한 사내대장부를 넘어선다 할 수 있겠다.

어머니는 약하다. 하지만 어머니의 사랑만큼은 강하다. 어느 자식도 어머니가 자식 사랑하는 것보다 더 사랑할 수 있는 자식은 없다. 사랑은 부드럽지만 유약하지 않다. 사랑은 유순하지만 강인하다. 어머니의 사랑이 범인을 위인으로 만든다. 일신의 안위를 넘어 조국과 시대의 부름 앞에 기꺼이 자신을 던질 수 있었던 용기는 바로 사랑에서 온 것이리라.

목숨 걸 일을 찾는
청년들을 만나다

무작정 상해임시정부로 찾아온 한 젊은이가 있었다. 자신은 경성 용산 출생으로 이름은 이봉창李奉昌이라고 했다. 한국인인지 아닌지 도 제대로 분간이 되지 않아 문에서부터 임시정부를 지키는 젊은이 들에게 제지당했다. 직원들과 술과 국수를 먹다 그가 던진 한마디가 모두를 깜짝 놀라게 했다.

"당신들은 독립운동을 한다면서 일본 천황을 왜 못 죽입니까?"

"일개 문무관도 죽이기 쉽지 않은데, 천황을 죽이기가 쉽겠소?"

"내가 작년 동경에서 천황이 능행한다고 행인을 엎드리라고 하기 에 엎드려서 생각하기를, 내게 지금 폭탄이 있다면 쉽게 죽일 수 있 지 않을까 싶었습니다."

이 말을 들은 백범이 이봉창을 조용히 만나 서로 속마음을 다 털 어 놓은 후 이봉창이 의기남자義氣男子로 살신성인하려는 큰 뜻을 품 고 일본에서 상해로 건너와 임시정부를 찾아 온 것임을 확신하게 되 었다.

"선생님 제 나이 이제 31세입니다. 앞으로 다시 31년을 더 산다 해도 과거 반생에서 맛 본 방랑에 비한다면 늙은 생활에 무슨 취미 가 있겠습니까? 인생의 목적이 쾌락이라면 31년 동안 인생의 쾌락 은 대강 맛보았습니다. 그런 까닭에 이제는 영원한 쾌락을 얻기 위 하여 우리 독립 사업에 헌신하고자 상해에 왔습니다."

이봉창은 어려서 사업을 크게 했던 아버지 밑에서 부족한 것없이 자랐다. 하지만 아버지가 세 집 살림을 살고 결국 성병에 걸려 사업도 어려워지게 된다. 사기까지 당해 집조차 모두 날리게 되어 온 가족이 일찍 생활전선에 뛰어들게 되었다. 하루아침에 부러움의 대상에서 부끄러움의 대상이 된 것이다. 이곳저곳에 취직하여 여러 일을 했으나 조선인은 조선 땅에서조차 일본인에 비해 고용과 임금 모든 면에서 차별받았다. 이봉창은 민족 감정에 눈을 조금씩 뜨게 된다. 결국 조선에 있으나 일본에 있으나 고생과 차별은 매한가지이니 일본어를 잘하는 이봉창은 기회를 잡아보기 위해 일본으로 떠난다.

일본에서도 여전한 차별 속에서 일도 하며 학업도 다시 시작해보지만, 영양실조의 일종인 각기병에 걸려 학업도 노동도 중단하고 쉬어야 하는 상황이 되었다. 건강을 회복한 후 다시 간장공장, 가스회사, 막노동, 구리제련공장 등을 거치며 일했지만 조선인에 대한 차별은 여전했다. 좌절감과 모욕감에 술과 여자와 노름에 빠져 인생을 탕진했던 시간들도 있었다. 그러던 중 이봉창은 일본 히로히토 천황 즉위식 행차에 구경을 갔다가, 예비검속에 걸려 유치장에 수감된다. 그런데 수십 명의 수감자 중 자신과 또 다른 조선인 한 명, 그리고 도박으로 잡혀온 일본인 한 명만 남기고, 모두를 풀어준 것이다.

"나는 경찰의 지나친 차별 조치에 화가 나기도 하고 또 여러 가지 일들을 생각했습니다. 그 결과 지금까지 조금도 관심을 갖고 있지 않았던 조선 독립 문제에 관심을 갖게 되었고, 앞으로 일본으로부터 조선을 독립시키지 않으면 우리 민족은 행복을 얻을 수 없을 것이라는 것을 생각하게 되어…."

이봉창은 유치장에 갇혀 있으면서 처음으로 조국의 독립에 관심을 가지게 되었다. 아무 죄 없는 자신이 이렇게 갇히게 된 것은 보호해줄 나라가 없기 때문이라는 생각이 든 것이다. 이봉창은 일본에서

하는 일마다 차별 당하고 실패하자 정체성에 대해 고민하기 시작했
다. 나는 누구인가? 조선인으로 태어나지 않았으면 이런 차별을 당
하지 않았을 것인가? 그리고 간절히 원하게 되었다. 조선인으로 떳
떳하게 살아가고 싶다!

그러던 중 친구에게 상해에 가면 임시정부와 교민단이 있어 조선
인들을 돌봐준다는 이야기를 듣고, 영국인이 운영하는 전차회사에
전차 검표원이 되면 안정적인 생활을 할 수 있다는 정보를 얻게 된다.

당시 임시정부의 상황은 경제적으로 가장 어려운 때였다. 임시정
부가 수립되자 구름떼처럼 사방에서 독립운동가들과 뜻 있는 청년
들이 몰려들었지만, 임시정부가 분열되기 시작하자 독립 운동가들
도 하나둘 떠나고 재정지원도 거의 없어 백범은 한 푼의 생활비 없
이 지내는 상황이었다. 옷은 다 해어지고 떨어진 옷을 기워 입는 상
황이었다. 돌파구가 필요했다. 임시정부의 살림꾼으로 백범을 가까
이에서 함께 했던 정정화는 당시 상황을 다음과 같이 회상했다.

> 상하이에서의 생활이라는 것은 그저 하루 먹고 하루 먹고
> 하면서 간신히 꾸려 나가는 게 고작이었다. 식생활이라고
> 해야 가까스로 주먹덩이 밥을 면할 정도였고, 반찬은 그저
> 밥 넘어가게끔 최소한의 종류 한두 가지뿐이었다. (…) 상
> 하이에 있는 동안은 한복을 입지 않고 짱산이라는 중국옷을
> (…) 아주 헐값에 천을 사서 만들어 입었는데 (…) 신발이라
> 고 해서 구두나 운동화 따위의 가죽, 고무 제품은 엄두도 내
> 지 못할 실정이었고, 고작해야 헌 헝겊 조각을 모아 몇 겹씩
> 겹쳐서 발 모양을 내고 송곳으로 구멍을 내서 마라는 단단

한 실로 촘촘하고 단단하게 바닥을 누벼서 신고 다녔다. 그
나마도 집안 살림을 꾸리는 사람이 꽤 바지런하다는 소리를
듣든 집 식구들이나 얻어 신고 다닐 정도이고 그 외에는 짚
새기(짚신)를 끌고 다니는 사람이 대다수였다. 그러니 구두
는 고사하고 운동화만 신고 다녀도 일종의 사치에 속했다.
너나 할 것 없이 임정의 그늘 아래 몸 드리우고 사는 사람은
헝겊신마저도 감지덕지할 지경이었다. 백범 같은 분은 여기
저기 다니기를 잘하니까 그 헝겊신의 바닥이 남아날 날이
없었다. 바닥은 다 닳아 너덜거리니 명색만 신발 바닥이고
신발 목 부분만 성한 채로 매달려 있는 꼴이었다.

_정정화, 《장강일기》 중에서

이봉창이 임시정부를 찾아갔을 무렵엔 김구, 이동녕, 오영선, 김
철 등 국무위원 네 사람이 겨우 임시정부를 유지하고 있는 상황이었
고 그들의 생활도 각자 일해서 겨우 먹고 사는 정도였다.

그러한 상황에 마침 미국과 하와이의 교민 사회에서 큰 금액을 임
시정부에 보내와 그 돈으로 수류탄을 구입하고 이봉창에게 넉넉한
여비까지 챙겨주며 일본으로 떠날 준비를 하게 했다. 백범은 수입이
전무한 어려운 상황에서도 동포들이 성금을 보내주면 그 돈을 받아
옷 소매에 넣고 꿰매버렸다. 자칫 자신의 어려운 상황에 그 돈을 써
버릴까 염려했기 때문이다. 참으로 눈물겨운 희생으로 임시정부의
가장 어려운 시기를 버텨낸 백범이었다.

"그저께 선생께서 해진 옷 속에서 많은 액수의 돈을 꺼내주
시는 것을 받아 가지고 갈 때 눈물이 나더이다. 일전에 제가
민단 사무실에 가보니 직원들이 밥을 굶은 듯하여, 제 돈으
로 국수를 사다 같이 먹은 일이 있었습니다. 그저께 같이 자
면서 하시는 말씀은 일종의 훈화로 들었는데, 작별하시면서
생각지도 못한 돈뭉치까지 주시니 뭐라고 말을 못하겠더이
다. 불란서 조계지에서 한 걸음도 나서지 못하시는 선생께
서는, 제가 이 돈을 가지고 가서 마음대로 써버리더라도 돈
을 찾으러 못 오실 터이지요. 과연 영웅의 도량이로소이다.
제 일생에 이런 신임을 받은 것은 선생께 처음이요, 마지막
입니다."

_김구, 《백범일지》 중에서

　너무나도 큰 계획이었기에 누구에게도 알릴 수 없어 이봉창은 임
시정부와 거리가 있는 일본인 거주지에 일하고 살며 일본 사람 행세
를 하며 거사를 준비해야 했다. 일본인 복장으로 임시정부를 찾아오
기도 하여 쫓겨나기도 했다. 백범도 거사를 비밀에 부쳐 임시정부의
다른 요인들로부터도 신분이 불분명한 사람을 임정에 출입하게 한
다고 책망도 들었다. 그런 상황 속에서도 자신을 끝까지 믿고 신뢰
를 보여준 백범에게 이봉창은 감격한 것이다. 백범은 일의 원칙이
있었는데 일을 맡기면 사람을 의심하지 않고 사람을 의심하면 일을
맡기지 않는다는 것이었다. 쉽게 서로를 믿기 어려운 시대적 상황
속에 있지만 동지임이 확인된 연후에는 전적인 신뢰로 함께 하는 것

을 중요시 여겼다는 것이다.

어느 늦은 밤, 이봉창은 김구가 만나자고 한 장소에 가니 사진관과 같은 곳이었다. 벽에는 태극기가 세로로 걸려 있고, 백범이 준비해 둔 수류탄 두 개와 선서문 한 장이 놓여 있었다. "나는 적성赤誠으로써 조국의 독립과 자유를 회복하기 위하야 한인애국단의 일원이 되어 적국의 수괴를 도륙하기로 맹세하나이다. 대한민국 13년 12월 13일 선서인 이봉창, 한인애국단 앞" 선서문을 읽고 그것을 목에 걸고 수류탄을 양손에 들고 사진을 남겼다. 이봉창이 일본으로 떠나던 날 저녁에도 함께 마지막 식사를 나누고 길을 걷다가 백범이 최후의 이별을 기념하기 위하여 사진을 찍자며 갑자기 중국 사진관으로 들어갔다. 마지막이라 생각해서 그랬는지 백범의 표정이 밝지 않자 이봉창이 오히려 "저는 영원한 쾌락을 향유코자 이 길을 떠나는 터이니, 우리 두 사람이 기쁜 얼굴로 사진을 찍으십시다"라고 했다. 이미 죽음을 뛰어넘은 사람의 평안한 미소였다고 김구는 회고한다.

비록 그의 거사는 실패했지만 세계를 놀라게 했다. 일본은 수도 한복판에서 일왕의 마차에 폭탄을 던졌다는 사실에 간담이 서늘해졌다. 그는 1932년 1월 8일 의거 현장에서 체포되어 9월 30일 재판에서 사형선고를 받았다. 10일 후인 10월 10일 교수형으로 이 땅에서의 생을 마감했다. 31세의 나이였다.

사마천의 《사기》 〈자객열전〉에 "사위지기자사여위열기자용士爲知己者死女爲悅己者容"이라는 말이 있다. "사내대장부(선비)는 자기를 알아주는 사람을 위해 죽고, 여자는 자기를 기쁘게 하는 사람을 위해 용모를 꾸민다"는 뜻이다. 이봉창은 백범을 만나면서 자신을 믿어주는

어른이 있다는 사실에 감동했다. 늦게 깨달은 자신의 정체성이며 조
국의 부름이지만 그는 기꺼이 자기를 알아주는 조국과 지도자를 위
해 자신을 던질 각오가 되어 있었다.

어른들은 젊은이를 바라볼 때 고생을 하지 않은 세대라서 유약하
다거나 이기적이라는 평가를 하기도 한다. 때론 공동체나 사회 문제
에 관심이 없고 자기 앞가림에 급급한 세대로 폄하하기도 한다. 젊
은이들을 부정적으로 바라보는 시선이 많지만, 그들의 삶을 깊이 들
여다보면 그렇지 않다. 자신들이 공감할 수 있는 가치를 발견하면
소신 있는 목소리와 행동하는 용기를 보이기도 한다. 정치에 무관심
한 것이 아니라 잘못된 정치에 신물이 난 것이다. 사회 문제에 무관
심한 것이 아니라 불합리한 구조를 무시하는 것이다. 목소리를 내고
행동해야 할 이유만 정당하면 얼마든지 무모한 도전도 할 수 있는
것이 젊은이다. 어쩌면 목숨 걸 가치를 보여주지 못하는 시대와 어
른들의 잘못은 아닐까.

이봉창의 의거는 국내외에 많은 파장을 일으켰다. 추락하던 임시
정부의 위상이 회복되는 계기가 되었다. 해외 각지에서 격려 편지와
후원금들이 답지하기 시작했고, 뜻 있는 젊은이들이 백범을 찾아와
조국을 위해 자신들이 할 일을 달라고 간청하기 시작했다.

그러던 중 동포들의 일터를 돌아보며 만난 적이 있는 윤봉길尹奉吉
이라는 젊은이가 백범을 찾아왔다.

"제가 채소바구니를 등 뒤에 메고 날마다 홍구(虹口, 홍커우) 방면
으로 다니는 것은 큰 뜻을 품고 천신만고 끝에 상해에 온 목적을 달
성하기 위해서입니다. 그런데 중일전쟁도 중국에서 굴욕적으로 정
전협정이 성립되는 형세인즉, 아무리 생각해보아도 마땅히 죽을 자

리를 구할 수 없습니다. 그렇지만 선생님께는 동경 사건과 같은 경륜이 계실 줄 믿습니다. 저를 믿으시고 지도하여주시면 은혜는 죽어도 잊지 못할 것입니다.”

사람은 잘살고 싶은 만큼 잘 죽고 싶은 법이다. 평생을 잘살았으나 죽음을 허무하게 맞이하는 일만큼 아쉬운 삶이 없을 것이다. 잘살기도 바라야 하지만 잘 죽기를 바라야 한다. 이 젊은이들은 잘살기 위해 잘 죽어야 한다는 진리를 깨달았던 것이다.

윤봉길은 충청남도 예산군 덕산면에서 출생하여 어려서부터 총명함을 인정받으며 자랐다. 학문을 깊이 닦았으나 농촌에서 자라며 보게 된 현실로 인해 농촌계몽운동을 시작하게 된다. 윤봉길이 사설서당이었던 오치서숙烏峙書塾에서 수학하던 시절, 한 청년이 공동묘지의 묘표를 다 뽑아 들고 와서 자기는 글을 읽을 줄 모르니 자기 아버지의 무덤을 찾아 달라고 하여 다른 이들의 무덤조차 구별할 수 없게 되는 일에 충격을 받은 것이다.

19세의 윤봉길이었지만 이미 당시의 유학자 매곡 성주록 선생에게 더 이상 가르칠 것이 없다는 이야기를 들었고, 16세에 여러 권의 시 문집을 남겼을 정도로 뛰어난 면이 있었다. 농촌계몽을 위해 자신의 집 사랑채에 야학을 설립하고 20세에는 《농민독본農民讀本》이라는 야학 교재를 직접 저술했다. 《농민독본》은 세 권으로 구성되었다. (1) 계몽편－예절·격언·인사법, (2) 농민편－사회의식(농민도 조선의 주인으로 살아가야 한다), (3) 한글편－한글 교육으로 나뉘어져 있다. 20세의 청년이 이미 상당히 선각자와 같은 의식의 각성이 있었던 것이다. 투철한 민족의식이 반영되어 있는 폭넓고 균형 잡힌 신학문 교과서라 해도 손색이 없다.

야학뿐만 아니라 농촌부흥을 위한 부흥원復興院이라는 농민운동본부를 설립해서 증산운동을 일으켰고, 구매조합운동과 토산품애용운동 등을 벌이며 부업을 장려하는 등의 운동을 실행해나갔다. 22세 때인 1929년에는 온민운동단체인 월진회月進會를 조직하고 회장에 추대되었다. 농민자활자립운동으로 농민단결에 의한 자작자급自作自給과 상부상조相扶相助가 설립의 목표였다. 하지만 식민현실에서 어떤 운동을 펼친다는 것은 참으로 어려운 일이다. 일본경찰에 의해 늘 감시받으며 자주 덕산주재소에 불려가서 조사를 받곤 했다. 여러 정세의 변화를 살피던 중 결국 망명을 결정한다. 나라를 구하는 일이 우선이라고 생각했기 때문이다.

장부출가생불환

丈夫出家生不換

23세의 윤봉길이 광복된 조국을 찾기 위해 망명길에 들어서며 가족들에게 적어 남겼다.

> 23세, 날이 가고 해가 갈수록 우리 압박과 우리의 고통은 증가할 따름이다. 나는 여기에 한 가지 각오가 있었다. 솔직히 말하자면 뻣뻣이 말라가는 삼천리강산을 바라보고만 있을 수가 없었다. 수화水火에 빠진 사람을 보고 그대로 태연히 앉아볼 수는 없었다. 여기에 각오란 별것 아니다. 나의 철권으로 적을 즉각으로 부수려 한 것이다. 이 철권은 널 속에 들어가면 무소용이다. 늙어지면 무소용無所用이다. 내 귀에 쟁쟁한

것은 상해임시정부였다. 다언불요多言不要. 이 각오로 상해를 목적하고 사랑스러운 부모형제와 애처애자와 따뜻한 고향 산천을 버리고 쓰라린 가슴을 부여잡고 압록강을 건넜다.

_윤봉길, 〈자서 약력〉 중에서

하지만 그는 쉽게 압록강을 넘지 못했다. 신의주로 가는 기차에서 일본경찰의 검문에 걸려 평안북도 선천 경찰서에 끌려가 온갖 협박과 매질을 당했으나, 어떤 혐의도 발견하지 못해 그를 풀어주게 된다. 우여곡절 끝에 정주여관에 머물며 독립운동을 꿈꾸는 사람들과 만나게 된다. 그곳에서 가족들의 형편을 듣고 극구 만류하는 그들로 인해 일정이 많이 지체된다. 결국 만주벌판을 떠돌며 동포들의 현실과 독립운동의 현황을 파악하는 시간들을 가지게 된다. 윤봉길은 청도로 배를 타고 넘어가 그곳에 머물며 어머니의 애절한 편지를 받는다.

"이 못난 어미와 네 아버지는 말할 것도 없이 가련한 네 아내, 불쌍한 종이가 애타게 기다리고 있다. 종이는 이웃 두순이에게 '너는 아버지가 있어서 좋겠다' 하고 부러워하고 있단다. 이 말을 들은 나나 네 아내는 가슴이 찢어지는 것 같구나. 봉길아, 네가 하는 일이 다 옳을 줄 안다만, 제발 한 번만이라도 어미 곁을 다녀갈 수는 없겠느냐?"

막상 큰 뜻을 세우고 뜻을 이루기 전에는 돌아가지 않으리라 결심했으나 몇 달이 가도록 이렇다 할 방향을 못 잡고 있는 무력감이 몰려왔다. 그러나 그는 자신이 살고 있는 시대가 더 이상 개인적인 안녕만을 구할 수 없는 시대인 것을 알고 있었기에 더욱 돌이킬 수 없었을 것이다. 윤봉길이 어머니에게 보낸 서신 중 그는 이렇게 남긴다.

> 사람은 왜 사느냐? 이상을 이루기 위해 산다. 이상은 무엇이냐? 목적의 성공자이다. 보라, 풀은 꽃이 피고 나무는 열매를 맺는다. 만물주萬物主 되는 나도 이상의 꽃이 피고 목적의 열매가 맺기를 자신했다. 그리고 우리 청년시대는 부모의 사랑보다, 형제의 사랑보다, 처자의 사랑보다도 일층 더 강의(剛毅, 의지가 굳세고 강직하여 굽힘이 없음)한 사랑이 있다는 것을 각오했다. 나의 우로雨露와 나의 강산과 나의 부모를 버리고라도 이 길을 떠난다는 결심이었다.

윤봉길이 홍커우공원에서 혁명적 의거를 몸소 실천하고 장열하게 순국한 그날로부터 2년 전에 또 다시 다짐한 결심이었다. 상해로 건너간 윤봉길은 그곳에서도 야학을 가르치며 독립운동가들과 가까워져갔다. 이봉창의 의거가 있고 난 후 한인애국단의 존재를 알게 된 윤봉길은 자신도 그 일원으로 들어가 죽을 자리를 찾고 싶다는 마음이 간절했다. 백범은 윤봉길을 만나 감동하여 말했다. "내가 요사이 연구하는 바가 있으나 마땅한 사람을 구하지 못해 번민하던 참이었소. 전쟁 중에 연구 실행코자 한 일이 있었으나 준비부족으로 실패했소. 그런데 지금 신문을 보니 왜놈이 전쟁에 이긴 위세를 업고, 4월 29일에 홍구공원에서 이른바 천황의 천장절 경축식을 성대하게 거행하며 군사적 위세를 크게 과시할 모양이오. 그러니 군의 일생의 대목적을 이날에 달성해봄이 어떠하오?"

윤봉길은 기다렸다는 듯 흔쾌히 대답했다. 자신이 죽어야 하는 날을 알려주는데 기쁘게 기다렸다는 듯이 대답하는 일이 어느 누구라고 쉬울까. 아무리 사나이 대장부라 해도 쉽지는 않을 것이다. 윤봉길에게는 한 치의 망설임도 없어 보인다. 진정 사랑함일 것이다. 부모보다 형제보다 처자보다 더 사랑하게 된 조국이기 때문일 것이다. 그것이 옳으냐고 누군가는 물을 수 있다. 옳을 수 있다. 오직 그 길만이 진정으로 부모를 사랑하고 처자를 사랑하고 형제를 사랑하는 길일 수밖에 없는 상황에서는 말이다.

"저는 이제부터 가슴에 한 점 번민이 없어지고 마음이 편안해집니다. 준비해주십시오."

오히려 자신이 죽을 날을 확실히 정하고나니 마음이 평안해진다고 했다. 거사일이 다가오자 백범은 윤봉길을 만나 자신의 경험을 나누며 스승의 가르침을 전해준다.

"나는 이번 거사가 확실히 성공할 것을 미리 알고 있소. 군이 일전에 하던 말씀 중 이제는 가슴의 번민이 그치고 편안해진다는 것은 성공의 확실한 증거라 믿소. 돌이켜보면 내가 치하포에서 츠치다를 죽이려 했을 때 가슴이 몹시 울렁거렸지만, 고능선 선생이 가르쳐주신 '득수반지무족기 현애살수장부아(得樹攀枝未足奇 懸崖撒手丈夫兒, 나뭇가지 부여잡는 것은 기특한 일이 아니니, 절벽에서 손을 놓아야만 대장부로세)'란 구절을 떠올리니 마음이 가라앉았소. 군과 내가 거사하는 심정은 서로 같은 것 아니겠소?"

윤봉길도 이봉창 의사와 같은 수순으로 한인애국단 선서문을 써서 가슴에 붙이고 왼손에는 폭탄, 오른손에는 권총을 들고 태극기를 배경으로 사진을 찍었다. 그날 밤 자신의 약력과 유서를 남겼는데 백범과 조국의 청년들에게 남기는 시 각 한 편과 고국에 있는, 자신이 떠나올 때는 태어나지도 않았던 둘째아들과, 첫째아들에게 유서를 남긴다.

　　너희도 만일万— 피가 있고 뼈가 있다면
　　반드시 조선朝鮮을 위해 용감勇敢한 투사鬪士가 되어라.
　　태극太極의 깃旗발을 높이 드날리고
　　나의 빈 무덤 앞에 찾아와
　　한 잔 술을 부어놓아라.

　　그리고 너희들은 아비 없음을 슬퍼하지 말아라.
　　사랑하는 어머니가 있으니
　　어머니의 교양敎養으로 성공자成功者를
　　동서양東西洋 역사상歷史上 보건대
　　동양東洋으로 문학가文學家 맹가孟軻가 있고
　　서양西洋으로 불란서佛蘭西 혁명가革命家 나푸레옹이 있고
　　미국美國에 발명가發明家 에듸손이 있다
　　바라건대 너의 어머니는 그의 어머니가 되고 너희들은 그
　　사람이 되어라.

　　　_윤봉길, 〈강보襁褓에 싸인 두 병정兵丁에게 ─ 모순模淳 담淡〉 전문

거사 당일 아침식사를 하고선 윤봉길은 자기 시계를 꺼내 백범의

시계와 교환하자고 한다.

"제 시계는 어제 선서식 후 선생님의 말씀에 따라 6원을 주고 구입한 것인데, 선생님 시계는 불과 2원짜리입니다. 저는 이제 1시간 밖에 더 소용없습니다."

자신의 남은 인생의 시간을 다 맡기는 듯한 장면이다. 대신 잘살아달라고. 백범은 그의 시계를 받고, 자신의 시계를 그에게 주었다. 그리고 윤봉길은 마지막 길을 떠나기 전, 자동차를 타면서 가지고 있던 돈까지 전부 꺼내 백범의 손에 쥐어주었다.

"약간의 돈을 가지는 것이 무슨 방해가 되겠소?"

"아닙니다. 자동차 요금을 주고도 5~6원은 남겠습니다."

그러는 사이 자동차는 서서히 움직이기 시작했다. 백범은 목이 메이는 소리로 마지막 작별의 말을 건네었다.

"후일 지하에서 만납시다."

윤봉길이 차창으로 머리를 숙여 인사를 하자 자동차는 윤봉길을 싣고 홍커우공원으로 출발했다. 그의 나이는 25세였다.

한 편의 드라마를 보는 듯하다. 백범, 이봉창, 윤봉길 모두의 삶 자체가 한 편의 드라마다. 우리는 많은 사람들이 소셜미디어에 자신의 사진과 동영상을 공유하는 시대에 살고 있다. 역사는 기록으로 남는다. 우리가 남긴 기록들을 모아놓으면 어떤 드라마가 남을까?

윤봉길의 의거는 이봉창의 의거와 함께 상해임시정부와 한국독립을 위한 국제사회의 엄청난 관심과 지지를 이끌어냈다. 젊음을 산화해 조국에 큰 선물을 안기고 간 그들의 인생이 오늘 쉽지 않은 시대를 마주하며 살아가는 조국의 젊은이들에게 어떤 말을 들려주고 싶을까? 25년 인생, 31년 인생, 그들이 삶으로 남긴 메시지는 무엇일까? 길게 살아야 잘사는 것 아니고, 짧게 산다고 잘사는 것도 아니다. 어떤 가치를 위해 살았느냐가 결국 기준이 될 것이다. 내가 품었던 가치가 내 생의 가치다. 서로의 가슴팍을 열어 그 속에 품은 가치를 터놓고 대화해보고 싶은 날이다.

만남의 사람
백범

시대의 인물들은 후회를 남기지 않으려 했다. 역사를 돌아보라. 누가 어떤 사람들을 어떻게 기억하는지. 한 사람의 삶은 지나면 누군가에겐 추억이 된다. 떠올리고 싶은 추억일까 이제는 잊고 싶은 기억일까.

사실 백범은 뜻한 바는 많았으나 이루지 못한 삶을 살았다고 할 수 있다. 당연히 그 삶의 걸어온 궤적만으로도 존경할 만하다. 뜻을 세우면 어떤 난관에도 불구하고 그 길을 뚝심으로 지켜나갔다. 오히려 백범의 삶은 뜻한 바를 온전히 이루지 못했으나 그보다 더 많은 좋은 것을 남겼다.

과거 시험으로 출세를 꿈꾸었으나 이루지 못했고, 동학운동으로 세상의 변화를 꿈꾸었으나 이루지 못했고, 교육 사업을 통해 미래를 준비하려 했으나 이루지 못하고 망명하게 되었다. 온 힘을 다해 광복군을 기르고 준비하여 국내 침공작전을 실행하고자 할 때, 일본이 연합국에 먼저 항복하게 되어 그 뜻을 이루지 못했다. 해방 후에는 남북합작을 통하여 조국의 분단을 막으려 노력했으나 이루지 못했다. 해방 후 백범이 지도력을 발휘하기에는 이미 편성된 구도가 운신의 폭을 좁게 만들어놓은 상태이기도 했다.

그럼에도 불구하고, 그들이 목적했던 바가 있었고 시대의 산물로 나타난 결과가 있다. 뜻을 존중하는 사람은 결과를 탓하지만 않는다. 시대를 살지만 시대를 잘못 읽을 수도 있고 뜻을 세웠으나 뜻을 이루기에 충분한 준비가 되지 않았을 수도 있다. 오히려 그런 면에서는 지금 시대를 살아가는 우리가 더 냉엄한 역사적 비판의 저울 위에 서야 한다. 우리는 역사를 보았기 때문이다. 그들의 실수를 보았고 역사의 결과를 보았다. 오늘 나의 걸음을 돌아볼 일이다. 다시는 되풀이하지 말아야 할 역사를 바로 세워나가기 위해서 말이다.

백범이 걸어간 길마다 만남의 흔적이 남아 있다. 동지를 얻었고 동지를 귀하게 여겼다. 나라를 위해 희생한 순국선열들의 가족들을 끝까지 챙겼다. 임시정부조차 살림이 어렵고 계속하여 옮겨다니는 상황에서도 어떻게 하든지 대식구인 유가족 모두를 함께 충칭重慶까지 이끌고 갔다.

백범은 해방 후 환국하여 지방 순회를 돌며 인천감옥, 공주 마곡사 등지를 돌았다. 그 후 충남 예산의 윤봉길 의사 본가를 방문해 윤 의사 부인과 자녀들 친지가 모인 가운데 14주년 추도식을 진행했다. 그날 백범은 윤 의사의 제단 앞에 엎드려 통곡했다.

그는 해외에서 조국을 위해 순국한 의사들의 유해를 봉환하는 일을 늦추지 않았다. 일본 천황 부자를 폭탄으로 살해하려다 체포되어 복역 중 해방을 맞아 석방된 박열 열사와 일본의 동지들에게 이봉창, 윤봉길, 백정기의 유해를 봉환하도록 부탁했다.

인간적인, 너무나 인간적인 백범이었다. 동지를 만나면 뜨거운 가슴 터놓고 밤을 지새웠으며, 동지를 보내며 가슴으로 피눈물을 흘리며 울었고, 남긴 가족들을 돌보는 데 최선을 다했다. 환국 후에는 머나먼 이국땅에 묻혀 있는 의사들의 유골이 환국할 수 있도록 서둘렀으며 묵묵히 자신에게 주어진 길을 걸어갔던 사람이었다. 열매를 보면 나무를 안다고 했다지만 정치적 열매만이 아니라 그의 개인적 삶의 열매에 더 많은 점수를 주고 싶다. 백범이 인생 만년晩年에 즐겨 휘호하던 조선후기 시인 임연당臨淵堂 이양연李亮淵의 〈야설野雪〉이란 시다.

눈 내리는 벌판 한 가운데를 걷더라도

踏雪野中去

어지럽게 걷지 말라

不須胡亂行

오늘 걸어간 이 발자국들이

今日我行跡

뒤따라오는 사람의 이정표가 되리니

遂作後人程

그가 해방 후 몇 년 어떤 심정으로 하루하루를 살았는지 느낄 수 있는 시다. 다산이 마재 본가로 물러가 걸음걸이 하나, 사람 한 사람을 조심하며 '여유당'이라는 당호를 지었던 마음과 비슷한 마음이었을 것이다.

만남을 소중히 여겼던 백범. 진심을 보여주면 진심으로 대해주었던 백범. 그 사람 사후라도 그 진심을 계속해서 지켜가려는 백범의 모습이 더 크게 다가오는 날들이다. 젊은이들이 목숨 걸 일을 의논하기 위한 만남이 오늘 우리 시대에까지 어떤 영향을 미쳤는지 지금 우리는 안다.

갑신정변은 비록 실패한 개혁이었으나, 후일 독립협회를 설립하는 서재필이 역사에 등장하게 되었다. 그렇게 시작된 독립협회와 만민공동회를 통해 청년 안창호가 역사 속으로 들어온다. 흥사단과 YMCA를 통해 청년들과 동고동락했던 안창호와 이상재가 신민회를 통해 김구와 만나게 되어, 역사의 물줄기는 계속 이어져갔다. 망명하여 독립운동을 하게 된 도산과 백범의 삶과 함께, 이제 어려운 시대에 조국을 지키며 청년의 등불이 되어준 월남 이상재의 이야기로 들어가보자.

이제
만나러 갑니다!

백범 김구

서대문형무소 경교장 매헌기념관

백범김구기념관 효창원

충의사

윤봉길의사 생가 마곡사

중국

총칭 대한민국
임시정부

가흥 김구 피난처

상해 대한민국
임시정부

항주 대한민국
임시정부

상해 홍커우공원

백범김구기념관 및 효창원

효창원은 정조의 장자였던 문효세자의 묘소다. 문효세자의 생모 의빈성씨 등 조선 왕실의 묘원이었는데 일제가 묘소를 경기도 원당으로 천장하고 효창공원을 만들어 그 의미를 훼손했다. 백범의 묘소와 순국선열들의 묘소가 있던 이곳을 몇몇 정권하에 몇차례 교외로 옮기려 했으나, 독립투사출신 심산, 김창숙 등이 보존회를 결성하여 지켜냈다. 그럼에도 효창운동장을 만들며 십수만 그루의 나무와 연못과 섬들을 훼손하는 일은 벌어지고 말았다. 백범의 일생을 자세히 전시한 전시관과 백범 내외의 무덤이 기념관 쪽에 있다. 이동녕, 차리석, 이봉창, 윤봉길, 백정기 의사들의 묘와 안중근 의사 가묘가 효창원 서북쪽 언덕에 모셔져 있다.

📍 서울시 용산구 임정로 26 백범김구기념관

매헌기념관

서울에서 윤봉길 의사를 가깝게 만날 수 있는 공간이다. 양재동 시민의 숲 안에 있어 숲 산책도 하며 독립운동가들의 삶을 생각해보기에 좋은 곳이다. 물론 가족 소풍이나 연인들의 데이트에도 좋은 장소이며 주변 양재천도 함께 걷기에 좋다.

📍 서울시 서초구 양재동 시민의 숲 내

공주 마곡사와 윤봉길 의사 생가 기념관 충의사

백범이 인천감옥에서 탈옥한 후 은신했던 곳으로 해방 후 방문하여 심은 기념식수가 있다. 마곡사는 백범의 흔적뿐만 아니라 우리나라 보물로 지정된 문화재가 많은 고찰로 둘러볼 가치가 있다. 또한 백범과 떼놓을 수 없는 매헌 윤봉길의 생가와 기념관, 그를 기리는 충의사 등이 근거리에 있다. 20분 정도 가까운 거리에 김좌진 장군 생가도 함께 방문하면 좋다. 내려가는 길에는 추사 고택도 들러 충남의 역사유적과 향취에 깊이 빠져보면 좋겠다.

📍 충청남도 예산군 덕산면 덕산온천로 183-5 윤봉길 생가 충의사
　 충청남도 공주시 사곡면 마곡사로 966 공주 마곡사
　 충청남도 홍성군 갈산면 백야로 546번길 12 김좌진장군생가지

서대문형무소

독립운동 역사뿐만 아니라 한국 근현대사에 빼놓을 수 없는 유적지다. 백범, 김좌진, 도산 등 이 책에서 다루는 역사 인물들이 대부분 거쳐간 곳이다.

📍 서울시 서대문구 통일로 251 서대문형무소역사관

경교장

백범이 임시정부 생활을 마치고 환국 후에 머물다 암살당한 곳이다. 임시정부 요인들과 함께 지내던 방, 백범이 손님을 접대했던 응접실과 생활했던 곳이 잘 보존되어 있다. 백범이 암살 당시 안두희가 쏜 총 자국도 창문에 그대로 남아 있다.

📍 서울시 종로구 새문안로 29 강북삼성병원 내

중국 임시정부유적지

상하이는 동방명주나 와이탄만 있는 것이 아니라 나라 잃은 설움의 가슴을 안고 국내외에서 모였던 독립운동의 성지라 할 수 있다. 상해임시정부 유적지, 백범 집터, 루신(홍커우)공원, 윤봉길의사기념관 등 다양한 유적지들이 있다. 상하이에서 가까운 거리에 가흥 항주 등의 유적지들도 방문해보자.

📍 **상하이 대한민국 임시정부** No.302 Madang Road, Huangpu District, Shanghai 200021, China
상하이 홍커우공원 2288 Sichuan N Rd, Hongkou, Shanghai, China
가흥 김구 피난처 Zhejiang Sheng, Jiaxing Shi, Nanhu Qu, 76 Mei Wan Jie 314000
가흥 요인 피난처 절강성 가흥시 일휘교 17호
항주 대한민국 임시정부 HuBin ShangQuan, Shangcheng Qu, Hangzhou Shi, Zhejiang Sheng
충칭 대한민국 임시정부 Chongqing Shi, Yuzhong Qu, JieFangBei ShangQuan, Xinmin St. 400010

column

백범은 자신의 시대를 보며 뜻을 세웠으나, 시대적 상황이 쉽게 허락하지 않았다. 과거 시험, 교육 활동, 독립 운동, 통일 운동 등 무엇 하나 뜻대로 되지 않았다. 그러나 자기가 사는 시대를 읽고 뜻을 세웠다는 것만으로도 지도자의 안목은 갖춘 사람이다. 시대적 상황에 자신을 내맡겨버리지 않고, 뜻을 따라 흔들림 없이 걷는 것은 대단한 용기가 필요하다. 한 사람의 일생을 그가 이룬 업적으로 평가하기도 한다. 역사 교과서도 어떤 건축물을 지었고, 어떤 책을 남겼으며, 무엇을 발명했다는 업적 중심이다. 그러나 삶을 배우지 않는 한 인생에 큰 유익은 없다. 그래서 어쩌란 말인가라는 의문이 남을 수 있다. 그는 무슨 생각을 했으며, 그래서 무엇을 꿈꾸었으며, 그래서 어떻게 살며 무엇을 이루었는가를 함께 봐야 한다.

백범은 임시정부가 가장 어려울 때 끝까지 자리를 지킨 사람이다. 많은 사람들이 기대를 가지고 모여 들었다 실망하고 흩어질 때도, 누군가는 그 자리를 지켜야 했다. 백범이 그 자리를 지켰다. 도산은 해외를 순방하며 교민을 격려하며 지원했다. 북간도에는 김약연이 있었고, 연해주에는 최재형과 이상설이 있었다. 모두가 쉽지 않은 자신의 삶의 자리를 지키며 뜻에 따라 시대를 산 사람들이다. 비록 뜻한 바를 온전히 이루지 못했지만, 동지들과 그의 유족은 끝까지 책임지려 최선을 다했다. 이루지 못했어도 시대에 꼭 필요한 일이라면 자신의 인생을 던졌다.

우리 시대는 성취가 성공으로 간주되는 사회다. 시간과 돈을 투자했으면 당장 결과를 보이라고 강요하는 사회다. 결과를 보이지 못하면 인정받지 못하는 시대다. 당장 결과가 나오는 일이 있고, 세대와 세월을 건너가야 결과가 나타나는 일이 있다. 안목이 있는 사람은 그것을 분별하는 지혜가 있다. 멀리 봐야 하는 일에도 당장의 결과를 강요하는 풍토가 만연해 있다. 우리 민족은 작은 국토에서 3면이 바다로, 한 면은 철조망으로 막힌 시대를 살아왔다. 사대주의와 식민지배와 분단이 만들어낸 쓴 뿌리는 우리 사회 깊숙이 뿌리박혀 있다. 뿌리들이 서로 얽혀 어느 한 나무의 뿌리를 걷어내는 일만으로도 버겁고 그것으로 끝나지도 않는다. 통합된 시각이 필요하고 종합적인 대책이 필요하다. 근원부터 치료하는 방식으로 접근하지 않으면 해결하기 어렵다.

백범이 해방 후 정국에서 조금은 우유부단해 보였던 행보를 문제 삼는 사람들이 있다. 그러나 그가 말년에 즐겨 썼던 휘호가 "눈 덮인 들판을 어지럽게 걷지 말라. 오늘의 발걸음이 후세대의 길이 될 것"이라는 내용이었다. 고민 없이 행동했던 사람은 분명히 아니었다. 공과는 모든 사람에게 있기 마련이다. 역사인물에 대한 지나친 우상화도 경계해야 하지만 침소봉대의 평가도 경계해야 한다. 그러하기에 그의 업적보다는 그의 행적을 눈여겨봐야 한다. 그가 어떤 가치를 따라 걸었는가를 보는 것이다. 내 걸음부터 자세히 살펴볼 일이다.

여섯 번째 만남

풍자와 해학으로 어두운 시대를 만난 　월남 이상재

역사도 만남
인생도 만남

역사도 만남이고, 인생도 만남이다. 다산이 만난 제자 황상과 초의 선사는 추사 김정희와의 만남으로 연결되었다. 추사와 제자 이상적이 만난 오경석은, 개화파 모임의 박규수와 김옥균과의 만남으로 이어졌다. 개화파의 정신적 뿌리인 박제가 역시 다산과 한 시대에 정조를 섬겼으며 추사의 스승이기도 했다. 박규수의 사랑방에서 이루어진 만남으로 개화사상에 눈을 뜬 김옥균, 홍영식, 유길준, 박영효, 서광범, 서재필 등은 갑신정변, 갑오개혁 등의 개화기를 이끌었다. 조정 내에서 개화운동의 위험성과 덧없음을 안 서재필은 조정 바깥에서 독립협회를 통하여 《독립신문》, 만민공동회 등의 민중 계몽운동을 펼쳐 나가며 이승만, 안창호 등과 만남이 이루어지게 된다. 이 시기의 이승만 특히 안창호의 등장은 독립운동가들의 활동영역을 국내에서 해외 전 지역으로 확대되는 계기가 된다. 상해임시정부에서 안창호는 김구가 임시정부의 주요한 역할을 할 수 있도록 징검다리 역할을 하고, 본인은 해외 동포들을 통하여 임시정부의 독립운동을 돕는 역할을 한다. 박정양은 다양한 정부 요직을 거치며, 독립협회와 만민공동회를 정부 측에서 주도하던 인사였다. 박정양의 사랑방에서 10여 년 이상 식객 노릇을 하는 청년이 있었다. 이상재였다.

월남月南 이상재李商在는 목은 이색의 16대손으로 가난하게 살아가던 선비 집안에서 태어났다. 선비의 후손답게 아버지는 어려운 가운데서도 필요한 책들을 꼭 사다가 아들을 공부시키는 일을 게을리 하지 않았다. 14세 되던 해부터 집에서 조금 떨어진 암자에서 친구들과 함께 유숙하며 공부를 했는데, 15세 되던 해부터 목은 선생이 재현했다고 할 정도로 그에 대한 좋은 소문이 자자했다고 한다. 곳곳에서 청혼도 많았는데 1864년 강릉 유씨劉氏 댁 규수와 결혼했다.

어릴 때 유명한 일화가 있다. 어떤 풍수쟁이가 이상재의 조부가 묻힌 한산읍 선영이 명당이라고 떠들고 다녀, 그 고을의 돈 많은 토호 한 사람이 묫자리를 탐내 관리들을 매수해서 묫자리를 뺏은 것이다. 가난한 선비인 그의 부친이 항거했지만 오히려 누명을 쓰고 감옥살이를 하게 되자, 신혼이었던 이상재는 자진하여 부친 대신 옥살이를 했다고 한다. 군수가 감동을 받아 사흘만에 그를 석방하자 군수를 찾아가 억울한 사정을 고발하여 부당한 판결을 뒤집어놓았다고 한다. 충효가 살아 있는 선비 집안의 후손인 영향인지 어려서부터 효성이 지극했으며, 불의에 굴하지 않고 당당히 맞서 싸웠다.

18세 되던 해인 1876년에 과거에 응시했으나 낙방하고 만다. 평소에 과거시험이 이미 돈과 집안 배경으로 움직이는 것을 알고 있었지만, 막상 직면하고 보니 세상이 썩어도 너무 썩었다는 것을 알게 된 것이다. 그리고 다시는 과거를 보지 않겠노라 결심하게 되었다.

당시 과거시험의 현실은 시험을 대리로 봐주는 일도 많았다. 공부를 많이 한 선비가 자신이 쓴 답안지에 부탁 받은 사람의 이름을 써내는 일이 비일비재했다.

과거를 포기하고 낙향하려는 이상재를 친척이었던 이장직이 만류하여 품은 뜻과 기개를 보고 당시 정계에서 영향력 있던 박정양朴定陽에게 소개하여 맡긴다. 18세였던 이상재는 31세가 되기까지 박정양의 사랑채에 머물며 개인 비서와 같은 생활을 하게 된다. 과거 시험을 계속 준비한 것도 아니고 남의 사랑방 식객이 되어 젊음을 허비하는 것 같은 세월을 보낸다. 백범이나 이승만, 안창호 등과 비교했을 때, 이미 10대 후반과 20대에 지도자로서의 면모를 나타내며 영향력을 끼치던 그들과는 비교되는 면이 있다. 하지만 이 시간이 결코 덧없이 흘러가는 세월만은 아니었다.

앞서 밝혔다시피 사랑방은 만남의 장이요 정보교류와 배움의 장이다. 더구나 당시 실세였던 박정양의 사랑방이니 얼마나 많은 사람들이 드나들었겠는가. 월남은 사랑방 13년 세월 동안 수없는 만남을 통해 만남과 관계성의 대가가 되어가고 있었다. 그러나 특유의 해학적 화법으로 대상을 막론하고 해야 할 말은 하는 사람이었다. 월남의 전기를 집필했던 오리 전택부는 월남이 이때부터 이미 "호연지기와 불세출의 야인상野人像, 해학의 초탈성超脫性"을 여실히 보여준 것이라 했다. 월남 이상재는 자신이 13년 얹혀살며 식객 노릇하는 죽천대감 박정양에게도 투덜대고, 비꼬고, 때론 훈계를 했다고 하니 그 기질을 알만 하다.

월남이 31세 되던 1881년 박정양이 조사일본시찰단, 일명 신사유람단紳士遊覽團의 수반으로 일본으로 떠날 때 월남은 수행원으로 따라간다. 일행에는 홍영식, 김옥균, 어윤중, 유길준, 윤치호 등 개화파 인사들이 대거 동행하게 된다. 조사단 일행은 도쿄에 도착하여 70일 간 머물며 조사를 마치고 귀국했다. 일본의 내무성 12개국과 농상무성 9개국의 예산과 조례 등 행정에 대한 전반적인 것을 조사하여 보고서를 작성하고, 별도로 견문기식의 보고서를 남겼다. 일본의 지리, 역사, 인구, 항만시설, 교육, 종교, 법률, 군사, 외교 등 다양한 영역들을 조사 관찰하여 상세하게 기술했다. 특별히 일본 군대의 규모와 육군, 해군사관학교 등 군사학교에 대해서도 자세한 자료를 덧붙였고, 외교 면에서도 18개국이 넘는 나라들과 이미 수교를 하고 있음을 밝히고 있다. 이 보고서는 조선 조정에 큰 충격이 되었다.

만남과 독서, 여행은 한 사람의 인물이 태어나고 자라며 자기 역할을 감당하는 책임 있는 시민이 되는 일에 중요한 역할을 한다. 지식이 체화되는 것이 현장탐방이며 자라는 다음 세대는 보는 만큼 꿈꾼다고 할 수 있다. 독서와 여행이 함께 중요한 이유는 아는 만큼 보이기 때문이다. 1881년 파견되었던 신사유람단이 좋은 예다.

신사유람단의 보고서가 작성된 지 1년 후 조미수호조약을 체결했다는 것은 일본이 개항을 통해 발전한 것을 보고 듣게 되어 가능한 일이었다. 이어서 일어난 임오군란도 일본의 군대 규모와 군비를 보고 자극을 받아 군대 개혁을 실시하는 과정에 일어난 일이었다. 1884년 일어난 갑신정변에는 신사유람단의 반장 중 한 사람인 홍영식이 주역으로 참여했다. 김옥균 등이 그 후 몇 차례 더 일본을 방문하며 여러 상황을 살펴 시도된 개혁이었다. 그런 관점에서 보면 젊은이들에게 새로운 문화와 문물을 접할 수 있는 기회를 주는 것이 얼마나 큰 교육 효과가 있는지 알 수 있다. 이미 박규수의 사랑방에서 인물과의 만남과 책과의 만남을 통해 의식이 각성된 젊은이들이 직접 나가 그 현실을 눈으로 보았을 때의 감동과 충격은 그들로 하여금 위험한 모험을 감행할 만큼의 큰 자극이 되었음을 알 수 있다.

월남은 당시 갑신정변의 핵심인물이었고 우정국 총판이던 홍영식의 추천으로 인천 우정국 주사가 되었으나, 갑신정변으로 홍영식이 죽임을 당하자 스스로 조정에 나가 관직을 내어놓고 고향으로 내려갔다.

> 나는 홍영식 아래에서 일하던 사람이니, 죄에 관련이 있을지도 모른다. 관직을 내놓고 고향으로 내려가는 것이니 일후에 무슨 죄상이 드러나서 잡으라는 명령이 내려도 결코 도망칠 모의는 도모하지 않겠다.
>
> _전택부,《월남 이상재 선생의 생애와 사상》중에서

역사 속에 존경받는 인물들을 보면 한결같이 정직하고 올곧다. 누군가의 불행한 일을 계기로 자신이 출세나 성공하는 것을 원하지 않았다. 본인이 직접 연관되지 않았거나 잘못이 없어도 함께 물러나야 할 자리라 생각하면 스스로 상소를 올려 물러났다. 도산은 "진리는 반드시 따르는 자가 있고 정의는 반드시 이루는 날이 있다. 죽더

라도 거짓이 없으라. 농담으로라도 거짓을 말하지 말아라. 꿈에라도
성실을 잃었거든 통회하라"고 외쳤다. 거짓이 우리를 망하게 하는
원수라고 규정했다.

월남은 덕분에 3년여 세월을 고향에서 보내며 오래 제대로 모시
지 못한 부모와 가족들과 시간을 보냈다. 박정양은 임오군란과 갑신
정변 등 혼란한 시기에 맡은 바 자신의 직무를 잘 수행하여 오히려
주요 요직을 두루 거치게 된다. 그러던 중 1887년 박정양은 이상재
를 오늘날로 비교하자면 군기관의 총무과장 자리에 추천하여 다시
관직에 나가게 된다. 그후 같은 해 주미공사로 도미할 때 이상재를
서기관으로 동행하게 한다. 통역 겸 참사관 자격으로는 미국인 알렌
이 동행했다. 그는 미 공사관 공의로 가장 먼저 입국한 인물로 갑신
정변 때 중상 당한 민영익을 치료한 공으로 벼슬을 받고 임금의 주
치의가 된 사람이었다. 그 사건을 계기로 우리나라 최초의 근대식
병원인 광혜원이 설립되고, 제중원으로 개명한 뒤 여러 선교사들의
협력으로 세브란스 병원으로 발전했다.

월남 이상재의 좌충우돌 미국 생활기도 재미있다. 연회석상에 초
청을 받았을 때, 그는 식사로 나온 스테이크를 썰어다 달라고 한 뒤
포크와 나이프 대신 숟가락과 젓가락을 꺼내 식사했다. 평생 양복을
입은 적이 없는 월남은 일본에 가서도 한복차림으로만 다녔다. 외국
에 갈 때 반드시 세 가지 물건을 지참하고 갔는데 그것은 젓가락과
숟가락, 조그만 요강과 지필묵이었다. 남들에게 특별히 피해를 주지
않는 한, 자기 고유의 좋은 풍속을 버리고 남의 흉내만 내면서 살 필
요는 없다는 것이 월남의 철학과 소신이었다.

이때 우리나라 공사관을 가장 괴롭게 한 사람들은 청나라 정부였

다. 조선을 식민지로 여기는 청국정부는 조선정부가 청나라와 사전 조율 없이 미국에 공사를 파견하는 것은 불법이며 전권공사全權公使라는 호칭도 적합하지 않다는 것이었다. 미국이 나서서 항의하자 청나라는 조건을 걸었다. 영약삼단另約三端이었다. 첫째로 조선공사가 미국에 가면 먼저 청국공사를 찾아보고 그의 지도로 미국국무성에 같이 가야 하며, 둘째로 조회나 공사연석에서 조선공사는 마땅히 청국공사 다음에 앉아야 하며, 셋째로 중대 사건이 있을 때는 반드시 먼저 청국공사와 의논해야 한다는 것이었다. 조선정부는 물론 받아들이지 않았으나, 청국정부는 미국에 있는 박정양을 지속적으로 괴롭혀 결국 병이 날 정도까지 되었다. 박정양은 자신의 처신으로 인해 본국 정부까지 어려움을 당할 것을 우려했다. 그는 서기관 이하영에게 공사업무를 맡기고 이상재만을 데리고 워싱턴을 떠나 일본에 도착하여 본국 정부의 지시를 기다리고 있었다.

이상재는 먼저 귀국하여 백방으로 박정양의 귀국을 위해 노력했으나, 귀국 후 남대문 밖에서 70여 일을 대기했다 고종을 만날 수 있었다. 박정양은 영약삼단 문제로 황제에게 누를 끼쳤다는 이유로 모든 관직에서 쫓겨나게 되었다. 고종이 이상재를 지방의 주목州牧으로 파견하려고 하자 그는 사양하며 말했다.

"성은이 망극하오나 함께 외국에 사신으로 갔던 상관이 죄를 받았는데 소인이 영전하는 것은 부하로서 도리가 아니오니 그 성지를 거두어주옵소서."

심지어 아들이 몇인지 아들 중에 과거를 볼 아이들은 없는지 물어도 자식들은 농사나 짓는 촌부라 과거 볼 자격이 없다며 극구 사양했다. 월남의 이러한 모습은 그를 대하는 여러 대신들의 태도에도 변화를 가져오게 했다. 심지어 그 자리에서 미국이 우리나라를 후대했는지 묻는 고종의 질문에, "예, 그렇습니다. 그러하오나 금후라도 전하께서 정사를 잘 다스리면 더욱 더 호의를 가질 것이옵고, 잘못하시오면 가졌던 호의도 사라질 것이옵니다"라고 했다. 고종이 기꺼이 그러한 말을 들어주었던 것은 월남의 충성심과 의리를 알기 때문일 것이다.

만남이란 것이 그렇다. 만남은 생명력이 있다. 누군가와의 만남은 거기서 그치지 않고 또 다른 만남을 낳는다. 만남이 좋은 이유는 만남의 미학을 아는 사람들 때문이다. 때론 만남을 이용하는 사람들도 있다. 누군가를 만나기 위한 징검다리나 디딤돌로 생각하는 것이다. 그럴 때 만남은 상처가 된다.

만남의 철학자라고 할 수 있는 마틴 부버는 모든 참된 삶은 만남이라고 했다. 우리는 만남 안에서 서로를 확인한다. 나의 존재는 너를 통해 확인되고 너의 존재는 나를 통해 확인된다. 사람은 '나I'와 '너You'로 만나야 한다. '나I'와 '그것It'으로 만나면서 모든 비극이 시작된다. 상대를 존재로 만나지 않고 도구와 수단으로 만나는 것이다. 인맥이 중요하다는 이유로 숨은 동기를 가진 의도적 접근이나 자신이 필요한 사람에게 접근하기 위한 통로로 다가오는 것이 그렇다. 누군가의 소개로 만나 어떤 일들을 진행하며 소개하는 역할을 해준 누군가를 잊지 않는 것도 지켜야 할 만남의 선이다. 좋은 일이 있을 때는 함께 나누며 늘 감사한 마음으로 서로를 최소한 존중하는 관계여야 만남이 변질되지 않는다.

월남 이상재는 어쩌면 인생의 가장 어려운 시기를 박정양의 집에서 보냈다. 과거 시험에 낙방한다는 것은 앞날이 막힌 것과 같은 당시 현실이었다. 자신의 노력이 수포로 돌아간 상황이며 가족들 볼 면목도 없는 상황이다. 이상재는 실제 박정양의 사랑방 식객 노릇 13년 동안 집에 거의 가보지 않았다. 성숙을 향한 방황이기도 했을 것이다. 후일 어머니의 소천에 제대로 효를 하지 못했다며 통곡하며 후회를 남긴 것을 보아도 그렇다.

월남이 독립협회 해산 후 감옥에 들어갔다 나와 YMCA운동에 헌신하던 1905년, 박정양의 부고를 듣게 된다. 13년이라는 시간을 사랑방에서 먹여주고 재워주며 기다려준 사람이 박정양이었다. 좋은 기회에는 반드시 이상재를 동행하게 하여 신사유람단으로 일본을 갔다 오고 주미공사의 서기관으로 미국을 갔다 오는 특혜를 누렸다. 독립협회와 만민공동회 운동의 든든한 후원자요 동지였다. 월남은 자신이 누리는 것들이 박정양의 후의를 힘입었다는 것을 늘 기억했다. 박정양이 관직을 파직 당하는데 혼자 출세의 길을 선택하지 않았다. 월남은 자신을 진심으로 대해주며 기다려준 사람의 진심을 저버리지 않았고 결정에 사심이 없었다. 만남의 선을 지키는 사람, 만남의 진정성을 귀하게 여기는 사람, 아름다운 이야기는 아름답게 간직할 줄 아는 사람이 월남 이상재였다.

감옥에서 만난
청년운동의 동지들

조선이 이른바 준비되지 않은 개항을 한 계기는 조일수호조규(朝日修好條規, 강화도조약)을 맺은 1876년부터라 볼 수 있다. 그 이후 청나라, 미국, 일본, 러시아, 프랑스, 독일 등 다양한 국가들과 수호

조약을 맺게 된다. 그로 인해 국내의 상황도 함께 영향을 받아 수없
는 민란과 전쟁이 그치지 않았다. 임오군란, 갑신정변, 동학농민운
동, 청일전쟁, 갑오경장, 을미사변, 아관파천 등 쉬지 않고 국난이
일어났다. 고종의 우유부단함도 있었겠지만 이러한 국제정세의 요
동치는 변화 속에서 임금으로서의 자리도 쉽지는 않았으리라. 그때
그때 힘으로 우위를 점하는 나라를 의지할 수밖에 없는 현실이었다.

한 가지 짚고 넘어가야 할 것은 갑신정변으로 급진개화파들이 숙
청되고, 갑오개혁 이후 아관파천으로 온건개화파조차 숙청된 후에,
고종 주변에 남은 조정 대신들은 시류에 따라 편을 정하는 철새 정
치인들뿐이었다. 대표적인 인물이 이완용이다. 갑신정변 후 그 잔당
을 뿌리 뽑는 일에 앞장섰고, 미국의 입김이 커지자 육영공원에 입
학하여 영어 및 근대식 교육을 받았다. 이를 계기로 최초의 주미공
사단의 일원으로 발탁되었다. 이후로는 친미파로 알려지게 되었다.
을미사변 이후에는 친러노선에 서서 아관파천을 성공시키며 친일계
열의 세력들을 모두 몰아냈다. 심지어 독립협회에도 관여했으나 각
종 이권을 열강에 넘겨준 책임을 물어 제명당했다. 러일전쟁에서 일
본이 승리하자 철저한 친일파가 되어 '을사오적'으로 불리는 무리들
과 함께 을사늑약을 체결하여 나라의 주권을 팔아먹었다. 심지어 이
토 히로부미를 자신의 영원한 스승으로 받들었다 한다.

당시의 상황이야 임금조차도 힘없는 나라의 군주로 이리저리 휩
쓸렸는데 신하들이야 두말할 것도 없는 상황이었다. 개화를 주장했
던 신하들조차 외세에 의존하지 않고는 내부의 적폐를 청산하는 것
이 어려운 일이라 생각했다. 친일이나 친청의 입장이 아닌 자주적
인 개화를 꿈꾸었지만, 당시는 그럴 수 없는 환경이었다. 기회도 실

력이 있는 사람에게나 기회인 것처럼, 자신의 힘이 전혀 없는 상황
에서의 외세의 도움이란 곧 외세의 영향 아래 들어간다는 말과 같은
의미다. 독립운동을 했던 많은 인사들이 자주독립을 그렇게도 갈망
했던 이유는 이러한 과정을 지켜보며 배운 교훈이었을 것이다. 그나
마 자주의식이 있는 충성스러운 신하들이 하나둘 스러지자 국운은
더욱 기울 수밖에 없었다.

전택부는 《월남 이상재의 생애와 사상》에서, 갑신정변은 일본의
명치유신을 본받아 일본의 힘을 빌어 대청관계를 청산하려는 위로부
터의 정치쿠데타였다면, 동학농민봉기는 정치의 부패, 탐관오리의
행패, 세금의 과중 등으로 고통 받던 농민들이 일으킨 반정부 무력항
쟁이었다고 말한다. 갑오경장은 정부 주도의 개혁운동으로 조선의
실학사상과 서양의 근대사상에 입각하여 개혁을 실시했다. 이에 비
하여 독립협회 운동은 구미형의 근대화 운동이었다. 그 목적은 민족
의 자주, 민권, 자강을 이루는 것이었으며, 그 방법은 무력이나 폭력
을 지양하고 평화적으로 언론을 창달하여 민중세력을 형성하는 것으
로 소수 지도자나 농민이 아닌 학생과 지식인과 일반 시민들이었다.
갑신정변, 갑오경장 등의 근대화 운동은 예외 없이 밖으로부터의 운
동이거나 위로부터의 운동이었으나, 독립협회운동은 안으로부터의
운동이었다.

독립협회가 제일 먼저 한 일은 한국 역사상 처음으로 순 한글 신
문인 《독립신문》을 1896년 4월 7일에 창간한 것이다. 또한 독립협회
는 다수 국민들의 뜻을 모아 정치개혁을 이끌어내려는 시도로 만민
공동회와 관민공동회로 성격이 바뀌어가며 실내에서 거리로 나가는
방향으로 전개되었다.

월남 이상재는 독립협회 활동을 하면서 여러 차례 민주 민권사상에 입각한 상소문을 올렸다. 사실 월남의 상소는 맹자의 왕도주의와도 일맥상통했다. 하늘의 뜻을 잘 살피고, 국민을 자유케하여 국민의 환심을 얻으며, 이를 통해 근본부터 굳건하게 하여 국가를 든든하게 세우자는 이야기였다. 그리고 정부 고관들의 부패와 무능을 지적했다. 결코 황제를 비판하거나 황권에 도전하는 내용은 담지 않았다. 그의 성정으로 가능하지도 않은 일이다. 그럼에도 불구하고 수구파 대신들이 독립협회가 군주제를 폐지하고 공화제를 실시하려 하며, 대통령에 박정양, 부통령에 윤치호, 내부대신에 이상재 등 독립협회 간부들을 그 밖의 자리에 임명하려 한다는 모함을 한다. 이에 고종은 이상재를 비롯한 독립협회 간부 17명을 구속하고 독립협회를 해산하라는 조칙을 내렸다. 수천 명의 독립협회 회원들이 종로와 대한문 앞에서 연일 만민공동회를 개최하고 그들의 석방을 요구하고 학생, 청년, 부녀자들까지 가세하자, 당황한 정부는 10일 만에 그들을 석방시키고 정치적 타협안을 제시하는 동시에 황국협회를 동원하여 독립협회에 대한 테러를 감행했다. 이때 두각을 나타낸 젊은이가 있었다. 23세의 청년 이승만李承晚이었다.

이승만은 독립협회의 모든 간부들이 잡혀 들어간 상황에서 민중집회인 만민공동회를 지속적으로 개최하여 그들의 석방을 요구하는 일에 앞장섰다. 보부상들로 구성된 황국협회의 테러에 대항하는 행동대장 역할을 자처하여 급진적인 개화인사로 부각되게 되었다. 이 사건으로 투옥되었다 탈옥까지 감행했으나 다시 붙잡혀 종신형을 선고받고 복역하게 된다.

1898년 12월 23일 서울 장안에 계엄령이 선포되고 만민공동회 간부 340명이 체포되었다. 12월 25일에는 독립협회의 영구해산을 명령했다. 서재필은 6개월 전에 추방명령을 받아 미국으로 다시 가야만 했고, 윤치호는 외지로 피신했으나 이때도 월남은 망명도 피신도 않고 끝까지 현장을 지키며 한층 더 민중 속으로 들어가 독립운동을 계속했다. 1902년까지 친러파 이완용, 이근택 등은 독립협회 잔당과 해외 망명자들이 서로 연락하여 정부를 개혁하려는 혐의가 있다고 고발하기에 이른다. 그로 인해 월남과 둘째아들 승인이 함께 체포되어 60여 일을 고문에 시달리다 한성감옥에서 2년간 옥살이를 했다. 월남은 그곳에서 이승만을 만나게 된다. 감옥에는 이승만 외에 배재학당 동문 신흥우, 후에 이승만의 정적이 되어버린 박용만, 그외 양의종, 성낙준, 독립협회 간부였던 양기탁 등을 만난다.

　월남은 감옥 안에서 젊은 동지들을 만나 기뻤다. 젊은 동지들은 감옥 안에 도서실을 만들어놓고 선교사들이 차입해준 《성경》, 찬송가, 영어잡지, 역사서적, 《천로역정》이나 《구운몽》 같은 소설 등 수백여 권의 책들을 보고 있었다. 그들은 옥중에 학교도 개설하여 이승만, 신흥우, 양기탁 등의 학식 있는 죄수들이 어린이와 어른들에게 한글 및 영어, 성경, 국사 등을 가르쳤다고 한다. 이승만도 이미 오랫동안 선교사들과 교제하고 있었으나, 기독교 신앙을 가지지는 않았던 상태에서 감옥에 들어와 스스로 기도를 통한 영적 체험으로 신앙을 가지게 되었음을 밝혔다. 월남 이상재나 다른 죄수들도 기독교 신앙을 가지게 된 계기도 한성감옥학교를 통하여 이루어진 일이었다. 월남은 자신이 감옥에 오지 않았더라면 어땠을까 생각할 정도로 감옥에서의 젊은 운동가들과의 만남으로 인생이 바뀌었다. 신앙을 가지게 된 일과 선교사들의 말과 출판물들을 통해 시대의 변화를 읽을 수 있게 되었기 때문이다. 감옥에서 만난 옥중 동지들은 후일 출옥하여 모두가 사회 각 영역에서 서로 동지가 되어 돕는 관계가 되었다. 월남은 평소 좋은 관계에 있던 민영환, 윤치호, 심상훈 등이 정부 요직에 재등용되면서 수감된 지 거의 3년만인 1904년 4월 27일에 석방되었다.

출옥한 이상재는 선교사 가운데 두 사람을 꼭 만나고 싶어했다. 한 사람은 게일 J. S. Gale 선교사였고, 다른 한 사람은 헐버트 H. B. Hulburt 선교사였다. 게일은 캐나다 토론토대학 학생YMCA 파송으로 한국에 왔다. 그는 언어에 재능이 많아 《한국사》《춘양전》《구운몽》 등을 영어로 번역 출간했고 한국 최초로 《한영사전 A Korean-English Dictionary》을 저술했다. 헐버트는 우리 정부의 초청으로 육영공원의 교사로 내한했었고, 《사민필지士民必知》라는 순한글 세계 인문지리 교과서를 만들어 가르쳤다. 또한 그는 한국YMCA의 초대 회장을 맡았다. 월남은 그때 처음으로 '청년'이라는 말을 들었다고 한다. 당시 한국 사회에는 소년이나 장년이란 말은 있었으나 청년이란 말은 없었다. 한국 사람들은 소년으로 있다가 결혼을 하면 바로 장년이 되었기 때문이다. 청년기가 없이 일찍이 어른행세를 하게 되었다는 것이다.

YMCA를 만나고서 월남 이상재는 바로 이곳이 자신이 평생 몸담아야 할 곳이라고 생각했다. '청년'이라는 단어가 월남의 가슴에 들어온 순간이었다. 특히 평생의 스승 같았고 큰 후원자였던 박정양의 죽음은 그를 더욱 청년운동에 불타오르게 했다. 이때 월남도 같이 죽으려는 결심을 했다고 한다. 이곳저곳에서 스승과 동지들과 애국지사들의 자결 소식이 들리는 때에 자신 혼자 살 수가 없는 월남이었지만, YMCA 동료들이 극구 만류하여 마음을 돌리게 되었다. 전택부의 표현을 빌리자면 "애국자에서 순교자의 모습으로 변했고, 혁명가의 모습에서 예언자의 모습으로 변했다"고 한다. 1년 동안 자기가 가르치는 성경반에 754명의 새 신자를 얻었고, 1,000명의 신회원을 증가시킬 목적으로 1911년 5월에 성경반을 새로 만들었는데 5월 한 달에 가입한 학생들의 수가 4,208명이나 되었다. 기독교 신앙이 기초가 되었으나 월남은 YMCA의 기본 정신인 덕, 지, 체를 균형 있게 함양하는 삼육사상에 충실했다. 신앙에 기초한 인애와 공의를 갖춘 심성을 함양하는 것을 덕육德育, 역사와 신지식과 학문을 통하여 이용후생 하는 도리를 깨닫는 것을 지육智育, 거처와 음식, 운동을 통한 질병을 이기며 힘을 기르는 것을 체육體育이라고 했다. 이것을 균형 있게 청년들에게 가르치는 청년지도자로 탈바꿈했다.

　월남 이상재가 YMCA운동에 뛰어들게 된 배경은 단지 기독교가 바탕이 된 단체이기 때문만은 아니었다. 자신이 감옥에 있는 동안 많은 도움을 받고 감화를 받은 외국인 선교사들이 그 일을 하고 있었다는 것도 이유였다. 또한 '청년'이라는 단어가 당시의 월남에게는 엄청난 정신적 각성으로 다가왔기 때문에 청년운동에 투신하고자 하는 마음도 컸다. 다른 이유는 당시 이사진이 여러 나라 사람들로 구성되어 있었고 학생 구성원도 역시 그러했다는 것이다. 시대가 이제 국제화된 시대를 맞이했다는 시대인식이 이미 있었기 때문이다.

　전형적인 유학자요 전제군주에게 충성을 다하는 신하로서의 본분에 충실했던 월남이 이런 생각을 품게 되기까지는 박정양과 함께했던 일본과 미국을 돌아본 경험이 기초가 되었다. 한성감옥에서 이승만, 신흥우, 양기탁, 이준 등 젊은 독립 운동가들과 만나고, 수많은 서적들을 읽고 공부했던 일이 그를 눈 뜨게 한 것이다. 선교사들을 통해 보게 된 국제화 시대를 내다보는 안목이 마침내 그에게 남은 인생을 어떻게 살 것인가를 결정하게 했던 것이다. 감옥이라면 누구나 가고 싶지 않은 곳이고, 고문이라면 누구도 당해보고 싶은 생각은 없으리라. 그러나 그 시간을 통과하면서 눈을 뜨고, 성정이 견고해지고, 뜻이 더욱 확고해지는 것을 경험한 사람들이 대다수 큰일을 감당한 사람들임은 틀림없다. 무슨 일을 당하느냐보다 어떤 태도로 마주하느냐가 더 중요하고 무슨 일을 하느냐보다 누구를 만나느냐가 더 중요한 일이라는 사실을 더 깊이 생각하게 되는 것이다.

새롭게 발견한
'청년'세대와의 만남

우리나라 최초의 야구경기 시구는 누가 했을까? 월남 이상재다.

1920년 11월에 열린 전술조선야구대회 개회식에서 이상재는 칠십의 노구로 시구를 했다. 흰 두루마리를 입고 백발 위에 야구 모자를 눌러 쓰고 공을 던지는 모습의 사진이 충남 서천에 있는 월남 이상재 생가 전시관에 걸려 있다. 거의 98년 전에 이루어진 시구다.

야구단이 우리나라에서 처음 창단된 것은 한국에 YMCA 개척 간사로 파송된 미국 선교사 필립 질레트에 의해서였다. 1903년 황성기독교청년회YMCA를 설립하고 1905년에 야구를 가르치기 시작했다. 야구의 역사도 110년이 넘었다.

평생에 처음 들어본 '청년'이라는 단어에 꽂혀서 50대 중반의 나이에 청년운동에 뛰어들어 평생 청년들을 위해 몸을 바친 것이다. 그는 60대에 가장 활발하게 청년들과 함께 했다. 월남 친구 중 하나가 청년들과 장기도 두고 농담도 주고받고 하는 것이 눈에 거슬렸는지, "여보게 월남, 젊은 놈들하고 너무 상없이 굴면 버릇이 나빠지지 않겠는가"라며 나무라자, 월남은 오히려 정색하며, "여보게, 그럼 내가 청년이 되어야지 청년들더러 노인이 되라고 해서야 되겠는가"라고 했다고 한다.

YMCA는 현대 스포츠를 도입했는데 농구, 체조, 권투, 유도, 검도, 축구 등 각종 스포츠를 도입해서 지도했다. 신교육으로 국어, 영어, 음악, 상업, 역사, 지리 등 일반 문과 교육만이 아니라 목공, 철공, 사진, 제화, 염색 등의 기술교육도 함께 했다. 주간과 야간반으로 나누어 가르치니 YMCA회관은 밤낮 학생들로 붐볐다.

그럼에도 불구하고 YMCA에도 어려운 시간들은 찾아왔다. 정부로부터 해마다 받아오던 1만 원의 보조금이 끊어져, 당장 재정적으로 심각한 위기가 찾아왔다. 총무였던 질레트는 국외로 추방당했고 회장이던 저다인 J. L. Gerdine 은 사임하고 본국으로 가고 말았다. 그럼에도 불구하고 YMCA는 1913년 정기총회를 통하여 월남 이상재를 총무로 추대했는데 이때 그의 나이 64세였다. YMCA를 통해서라도 나라를 지켜보자는 생각에 가장 어려운 시기였지만 기꺼이 그 역할을 맡았다.

일제의 무단통치가 더욱 심해져 정탐꾼들을 YMCA 안팎에 심어 정보를 수집했고, 조그만 단서라도 발견되면 모든 회원들을 잡아 가두고 했다. 월남은 불필요한 마찰을 피하기 위하여 한 발 물러서 의식교육을 절제하고 생활교육에 주력했는데 결과적으로는 긍정적인 효과가 있었다. 당시 사람들의 인식은 육체노동을 천시하는 경향이 강하여 일하지 않으려는 사람들이 많았는데, 다양한 사업들을 시도

하여 수익이 증가함으로써 오히려 젊은이들의 의식을 바꾸는 계기가 되었다. 정부의 후원금도 끊어지고, 돕던 외국인 임원들까지 추방당하거나 여러 상황으로 떠난 상태였다. 60대 중반의 노구를 이끌고 청년운동에 뛰어들었지만 일본의 견제와 감시까지 심해져 진퇴양난에 있던 YMCA를 오히려 재정적으로도 자립 운영할 만큼 성장시켰다. 대부분 외국인이었던 이사회도 한국인 중심으로 재구성되었으며, 사무실 직원이나 공업부 직원도 훨씬 더 많이 채용하게 되는 상황으로 이끌었다. 외국 선교부에서 운영하는 배재학당보다 재정 규모가 더 컸다.

월남의 리더십이 돋보이는 장면이다. 당시 청년이라는 개념 자체가 생소했고, 소년에서 장년으로 바로 넘어가는 문화라면 월남의 나이면 영감님도 한참 영감님 소리를 들어야 하는 나이였다. 그럼에도 불구하고 그는 청년들과 함께 호흡하고 청년들과 함께 생활하며 청년들을 시대에 책임 있는 인물들로 길러내는 역할을 해내고 있었다.

좋은 예로, 하와이 교민의 자녀들로 구성된 하와이 학생단 모국 방문 행사를 진행하게 되었는데 그들은 전국 각지를 돌며 야구대회와 음악대회를 가졌다. 하지만 주 행사는 운동경기나 음악이 아니라, 교민 사회의 현실을 알리는 일이었다. "6,000명의 동포가 몸 붙인 하와이의 사정을 돌아보시오." "한 많고 눈물 많은 하와이 교포 사정은 처참하오." 그들은 이런 제목의 연설을 통해 도움을 요청하는 일이었다. '하와이 조선인 학교' 건축비를 모금하는 목적을 위해 다양한 행사를 했는데 많은 독지가들이 기부에 동참했으며, 월남도 동포 학생들과 모든 활동을 적극적으로 함께 했다. 야구도 같이 했으며, 노래도 같이 부르고, 뛰기도 같이 뛰고, 침식도 함께 했다. 그

때 이미 월남의 나이가 74세였다.

상상해보라. 74세의 머리가 허옇고 수염을 기르고 한복을 입은 노인이 청소년, 청년들과 함께 노래하고, 뛰고, 야구도 하고, 먹고 자고 함께 전국을 순회하는 모습을. 나이가 청춘이 아니라 마음이 청춘이어야 하는데 월남은 영원한 청년이었다.

월남은 한일합방 직후 종교지도자들을 회유하기 위한 일본시찰 단의 일원으로 마지못해 일본에 방문한 적이 있다. 일본 유학생들이 전 한국공사관이 있던 도쿄 고지마치구의 유학생 감독부에 그를 초 대하여 강연회를 열었다. 월남은 강연회장에 들어서면서 큰 소리로 헛웃음을 짓더니 그만 목을 놓아 울었다. 장내는 숙연해졌다. 원수 의 땅에 유학 와 있는 조선 유학생들의 마음은 울분으로 가득찼다. 강연을 제대로 진행할 수 없는 상황이었다. 그는 눈물을 닦으며, "내 가 평생 울지 않으려 했는데 오늘 처음 운다"고 하고는, 겨우 입을 열어 말을 이어갔다. "내가 이 집을 한국공사 때 와보고 유학생 감독 부가 된 오늘에 와 보니 옛 일이 새롭다"고 했다. 눈물이 채 가시지 않은 얼굴로 유학생들에게 말하기를, "오늘 청년 제군을 만나니 부 모 잃은 동생들을 만난 것 같다"며 학생들로 하여금 더욱 조국애가 사무치게 했다. 당시 일본 신문은 '이상재 울다'라는 제목의 기사가 실렸다.

청년들을 보면 늘 웃고, 또 늘 우는 어른이 월남이었다. 그들의 젊음을 보면 조국의 미래가 보여 희망의 웃음 지었고, 조국의 현실 을 보면 청년들의 미래가 보여 울었다. 그럼에도 불구하고 실력 있 는 청년 인재들을 길러내 조국의 미래를 준비하는 일은 조금도 지체 할 수 없었기에 나이와 세월을 뛰어넘어 온 힘을 다했다. 74세가 되던 해에 조선소년군과 소년척후단으로 따로 활동하던 두 조직을 통합하여 조선소년척후단(지금의 보이스카우트)의 초대 총재로 추대되었다. 74세 노인에게 청소년단체의 대표를 부탁했으니, 당시 얼마나 청소년과 청년세대들에게 영향력 있는 인물이었는지 충분히 짐작할 수 있다.

함석헌은 생명生命을 "살아 있는 모든 것에는 사명이 있다"라는 뜻으로 풀이했다. 월남은 생명이 붙어 있는 동안 청년운동과 독립운동을 쉬지 않았다. 1927년 2월에는 이미 병으로 누워 있으면서도 신간회의 회장으로 추대되었다. 신간회는 일제강점기 가장 큰 규모의 반일사회운동단체로 최초로 민족주의 진영과 사회주의 진영이 연합하여 설립한 단체였다. 언제 숨이 끊어질지 알 수 없는 상황에서도 나라를 위한 일이라면 마다하지 않은, 진정 지치지 않는 독립투사이며 영원한 청년이었다.

월남의 〈조선 청년에게〉라는 연설문이 1927년 7월 일동축음기 주식회사에서 발매되었다. 《조선일보》 1926년 11월 21일자에 "본사 사장 이상재 씨는 전 조선 청년의 앞길에 대하여 끊임없는 성력을 다하여 오는 것은 조선 누구나 짐작할 바 인바 각 지방에 흩어져 있는 청년을 일일이 순방하여 훈사를 할 수 없어서 청년 교양상 필요한 훈사를 레코드에 넣어, 각 지방 인사로 하여금 직접 얼굴을 대하지 않고도 훈사를 친히 귀에 듣게 했다"라고 되어 있다.

> 내가 조선 청년에 대해서 세 가지로 관념을 보는 중인데, 첫째는 조선 청년에게 아주 극단으로 희망을 허는 게 있고, 둘째로는 조선 청년에게 시방 현상을 보고서 극단으로 비관하

는 일이 있고, 필경 셋째로는 결국의 낙관하는 하나가 있다 말이여.

어째 조선 청년에 대해서 희망이 크다고 하는고 허니 조선 청년은 도덕상 지식이 있는 청년이여, (…) 시방 세계는 점점 악화해 가서 도덕이란 건 없어지고 모두 물질만 되는 까닭에 물질이라는 것은 일상 남은 사랑하질 않고 제 이기적만 하는 까닭에 시방 물질에 욕심해 가지고 세계는 점점 악화되어 가고 해서, (…) 글로 보게 되면 조선 청년은 본래 어려서부터 제 가정에서 훈계받을 때부터 네 밖에 나가거던 남하고 싸우지 말아라, 남을 해롭게 말아라, 남을 해치지 말아라, 아무쪼록 남을 도와주고 놀라, 네가 어려운 일이 있더래도 참고, 남에게 해룬 노릇은 말라고 항상 가정에서부터 가르쳐 논 까닭에, 차차 자라나고 자라날수록 그 마음이 자라나 가주구서 필경에는 장성해 살지라도 그 맘이 변하지 않는 그런 도덕심이 있어. (…)

그러하나 둘째, 비관이라고 하는 거 하나가 있는 것은 무어냐 하면, 근래에 와서 외국에서 들어오는 풍조라던지 사방에서 들어오는 그 아주 악한 습관이 들어와서, 조선 그 도덕심이, 청년의 도덕심이 조금씩 조금씩 변해가는 길에 있단 말이여. (…) 사람 많이 죽이고서 사람 죽이는 사람이 어떻게 능히 이길 수가 있느냐. 헌즉, 악으로 악은 이기느냐. 아니요. 필경은 세상은 선으로 악을 이기는 것인 즉, (…)

하지마는 특별히 낙관하는 건 뭐냐 하면, (…) 조선을, 제일 약한 조선을 택하고, 제일 적은 조선을 택하고 제일 도덕심

이 있는 조선 청년을 택해서, 이와 같은 것으로 벌써 품부해
주셔서 작정해논 노릇이니까 허니까 아무리 사람의 힘으로
정허고 허자고 헌대도, 필경 끝에 가서는 하나님의 뜻대로
될 줄 알고 그럴 줄 알고서 그걸로 낙관해. (…) 만고에 내려
옴서 동서양 역사를 놓고 보더라도 필경에 악한 사람이 세
상에 성공한 법은 없고 필경에 가서는 선한 사람이 성공하
는 것이 있으니까, 그런 까닭 처음 희망이 있다가, 중간에
비관이 있다가, 끝에 가서 내 크게 낙관하는 것이, 거 같애.

_이상재, 《조선 청년에게》 중에서

희망과 비관과 큰 낙관은 바로 청년들이 존재하기 때문이었다.
도산 안창호도 "낙망은 청년의 죽음이요 청년이 죽으면 민족이 죽는
다"고 했다. 그래서인지 월남은 늘 청년들의 기를 살려주기 위해 힘
을 다했다. 희망이 청년들에게 있기에 모든 것을 불살라 청년들을
살리기 원했고, 청년들이 이기적으로 변해가는 모습과 폭력으로 폭
력을 이기려는 마음을 보며 비관이 일어났고, 그럼에도 불구하고 이
작은 나라 조선의 젊은이들의 바른 성품과 역사의 결말을 보더라도
선이 악을 이기는 것이기에 큰 낙관을 청년들이 품고 살아가기를 권
면했던 것이다.

영원한 청년 이상재. 청년을 만나 식지 않는 뜨거운 가슴으로 일
생을 불태울 수 있었던 이상재. 지금 우리 시대에 헛헛한 청년들의
가슴을 꽉 채워줄 응원가를 불러줄 어른들은 어디에 있는가? 청년
의 현실이 암담한 것이 문제가 아니라 청년이 낙망하는 것이 더 암

담하기에 그들을 낙망이 아니라 소망을 품게 할 다음 세대의 디딤돌 같은 어른은 어디에 계시는가 찾고 또 찾게 되는 오늘이다.

자신의 시대를
해학적 웃음으로 맞이한 월남

월남 이상재가 과거에 떨어지고 썩은 시대를 한탄할 때 소개받은 박정양의 사랑채에 머물 때 일이다. 남의 집에 얹혀사는 객 주제에 주인이자 대감을 놀려먹는 해학이 그에게는 넘쳤다.

호조판서가 된 박정양이 장기간 출장을 가며 자기 방 안에 있는 벽장의 열쇠를 월남에게 맡겼다. 아무리 주인이 열쇠를 맡겼다해지만, 월남은 주인의 허락 없이 벽장을 열어보는 간이 큰 손님이었다. 그 안을 보니 대부분 선물로 들어온 갖가지 옷감과 과일, 약과 등 먹을 것이 수북이 쌓여 있었다. 그는 그 물건들을 다 끄집어내어 다른 방으로 옮기고 마루방에 제멋대로 쌓여 있는 책들을 차곡차곡 그 벽장 안에 쌓아 넣었다. 박정양이 출장에서 돌아와 벽장 문을 열어보고선 깜짝 놀랐다. 집 안에서 이런 일을 벌일 만한 사람은 월남뿐이란 걸 누구보다도 잘 알고 있었지만 박정양은 그를 꾸짖지 않고 조용히 넘어간다. 벼슬이 높아지거나 재물이 모여든다 해서 선비 된 도리로서 책을 멀리하거나 교만해서는 안 된다는 무언의 훈계를 알아챈 것이다. 일개 식객의 신분으로 주인 대감에게 당돌하고 짓궂은 장난을 할 수 있었던 월남이나, 그것을 알면서도 꾸짖지 않고 오히려 의미 있는 훈계로 받아들인 박정양이나 모두 평범한 인물들은 아니었다.

"문자향文字香 서권기書卷氣" 추사는 늘 글씨 쓰는 사람들에게 이 가르침을 주었다. "책을 많이 읽고 교양을 쌓으면 책의 기운이 풍기고 문자의 향기가 난다"는 뜻이다. "가슴속에 만 권의 책이 들어 있어야 그것이 흘러 넘쳐서 그림과 글씨가 된다"고 보았던 추사의 가르침대로 실천한 것이라 볼 수 있다.

조선 통감부 시대에 조선미술협회라는 것이 창립이 되었는데 그 기념식에 월남도 초청을 받아 가게 되었다. 그곳에는 통감 이토를 비롯하여 일본인 고관들이 참석했고, 이완용 송병준 등 매국노들도 많이 참석했다. 마침 선생의 맞은편에 이완용과 송병준 등의 매국노들이 앉아 있는 것을 보고 월남이 비위가 상해 말을 건넸다.

"대감네들은 동경으로 이사가시지요"라고 하자 이완용과 송병준이 "영감 별안간 그게 무슨 말씀이오"라고 대꾸했다. "대감네들이 나라 망하게 하는 데는 천재가 아니오? 동경으로 이사 가면 일본도 망할 것 아니오"라고 하자 이완용과 송병준은 물론 일본에 아첨하던 자들이 한마디도 하지 못했다고 한다.

해학은 '익살스러우면서도 품위가 있는 말'이라는 뜻이다. 우리 고전문학에서 쉽게 찾아 볼 수 있는 것으로 희극적인 상황 유발을 통해 현실적인 부조리를 고발하거나 부정하는 표현이다. 월남의 해학에는 항상 민족의 애환이 서려 있었다.

한일합방 후 우리나라 종교계 중진들로 일본시찰단을 구성해 일본을 방문했을 때, 정부 당국자들이 도쿄의 큰 규모의 군수병기창을 구경시켜준 뒤 만찬석상에서 소감을 나누는 시간이었다. 월남은 한동안 침묵을 지키다 마지막 순서에 발표를 하게 되었다. "내가 오늘 병기창을 구경했더니 대포와 총이 산더미처럼 쌓인 것이 과연 일본은 강국의 면모에 손색이 없습디다. 그러나 나는 퍽 유감이었소. 성경에 '칼로 일어선 자는 칼로 망한다'고 했으니 나는 일본이 혹 그리될까 그것이 큰 걱정이오"라고 말했다. 예언과 같았다. 많은 독립투사들이 일본이 힘에 지나는 군사력을 일으켰기에 오히려 망할 것이라 했는데 결국은 연합국에 무조건 항복하고 말았다.

1926년 서울기독교청년회(서울YMCA)에서 월남을 초청해 시국토론회를 열었다. 일본 미와三輪 형사와 경찰들이 와서 그를 감시하고 있는 상황이었다. 월남은 연단에 올라가더니 이야기를 시작했다. 〈별떡 달떡〉의 이야기로 전해오고 있다.

"여러분, 내가 본론에 들어가기 전에 이곳까지 오면서 길에서 본 일부터 먼저 이야기를 하겠습니다. 내가 여기에 오는 중인데 호떡 한 개를 가지고 두 아이가 서로 싸우고 있더군요. 한 아이는 중학생이고 한 아이는 소학생인 듯한데, 소학생이 가진 호떡을 중학생이 빼앗아서 처음에는 별떡을 만들어준다고 하면서 조금씩 먹다가, 소학생이 울면서 앙탈을 하니까 이번에는 달떡을 만들어준다고 살살 꾀어서 결국은 그 호떡을 다 먹어버리고 말았습니다. 소학생은 하도 어처구니가 없어 자꾸 울고만 있습디다."

이야기가 마치자 청중들이 장내가 떠나갈듯 손뼉을 치며 환호했다. 일본이 우리나라를 조금씩 잠식해 들어오는 과정의 야비함을 풍자한 것이었다. 미와 형사는 강연을 중지시키고 경찰들을 동원해 강연회를 강제로 해산시켜버렸다.

바로 그 미와 형사가 병중에 있는 월남을 문병 왔을 때는, "자네는 내가 지옥에 가도 나를 따라 올건가?"라고 물었다고 한다.

시인 변영로는 월남의 비문에 "선생께서는 웃음 가운데 눈물을 감추시었고 봄바람 같이 부드러우시면서도 산악 같은 위엄을 지니시었다"고 썼다.

1922년 북경을 방문 중인 월남을 상해임시정부 의정원장 손정도와 여운형이 상해에서 찾아와서 귀국하지 말고 상해로 함께 가서 혼란한 임시정부를 수습해줄 것을 요청하자 그는 완곡히 거절한다. "나까지 조국을 떠나가면 조선 안의 동포들이 불쌍하지 않소? 해외에 있는 동포들은 서로 잘 의논해서 하고 조선 안에서는 조선 안의 동포들이 잘 의논해서 해야 할 것이 아니오." 월남은 어려운 시대에 국내에 남아서 민족 지도자로서 독립운동과 청년운동에 헌신했다. 3·1운동의 배후로 옥고를 치르기도 했고, 늘 형사의 감시를 받는 처지였으나 오점을 남기지 않고 자신의 양심을 따라 살아왔다는 사실은 월남의 인격에 대해 말해주는 바가 크다.

당시 일본 형사는 '개'라 낮춰 부르고 순경들은 '나리'라고 불렀기에 강연회에 일본 형사들이 많이 섞여 있는 것을 보고, "때 아닌 개나리꽃이 이리도 많이 피었을까?"라고 하던 월남이 그리운 날들이다. 시대를 탓하기는 쉽다. 나라를 원망하는 일도 쉬운 일이다. 인간은 누군가 희생양을 찾는 존재다. 되지 않는 일 풀리지 않는 상황 누군가를 탓해야만 속이 풀리기에 마녀사냥도 서슴지 않는다. 월남은 그런 시대 속에서 청년들에게 악을 악으로 갚지 말고 악을 선으로 이기라고 권하고 자신이 또 그렇게 살았다. 3·1운동이 비폭력 저항운동으로 방향을 정하는 데는 그의 역할이 절대적이었다. 민족의 마지막 희망을 청년세대에 두고 살았던 어른의 수고가 오늘날까지 이어진다.

그는 갑신정변, 신사유람단, 주미외교관, 독립협회, 만민공동회,

개혁당 사건, 헤이그 특사 파견, 황성기독교청년회, 농촌운동, 물산
장려운동, 3·1독립만세운동, 조선교육협회, 보이스카우트, 《조선
일보》, 신간회 등을 거치며 민족의 아픔과 함께 했다. 장례가 사회장
으로 치러질 때 당시 서울인구 35만 가운데 10만 이상의 군중이 운
집하여 선생의 마지막 가는 길을 함께 슬퍼했다. 하지만 월남은 하
늘에서 바라보며 울지 말고 웃으라고 했을 것이다.

선교사 애비슨(O. R. Avison, 1860~1956)이 조사에서 말했던 것처
럼 말이다.

"이상재라는 이름은 'Grand Man of Korea'로 이는 한국의 거인
이요, 대인이라는 뜻입니다. 우리 선교사들은 선생을 한국 근대의
위인으로 존경한 지 이미 오래입니다."

이제
만나러 갑니다!

월남 이상재

이상재 묘지

이상재 집터

이상재 동상

독립기념관

이상재 생가

유물전시관

월남 이상재 묘소

부인 강릉유씨와 합장한 묘로 충남 서천 한산의 선영에 모셔져 있던 묘소를 이승만 대통령의 지시로 현재 위치로 옮겨왔다.

📍 경기도 양주시 장흥면 삼하리 산 79번지

이상재 집터 표지석

월남이 1922년 말부터 1927년 3월 임종 때까지 거주하던 집터다. 박규수 집터와 김 옥균 집터 등과 함께 돌아보며 북촌 청년들의 개화사상과 그 뒤를 이어 독립협회를 통한 개화와 독립운동을 이어간 월남을 함께 추억할 만한 좋은 코스다.

📍 서울시 종로구 북촌로 35 헌법재판소 내

종묘공원 이상재 선생 동상

월남의 독립협회와 만민공동회 활동을 기념할 만한 공간이다. 개혁당 사건으로 3년 간 옥고를 치르게 되는 일도 이 지역 일대를 배경으로 일어난 일이다.

📍 서울시 종로구 종로 157

천안 독립기념관

특별히 월남의 육성이 녹음된 〈조선 청년에게〉 레코드 음반이 독립기념관에 기증 되었고, 월남이 미국으로 유학가는 학부대신 이재곤의 아들 이순용을 이승만에게 소개하며 도움을 부탁하는 소개장이 전시되어 있다.

📍 충청남도 천안시 동남구 목천읍 삼방로 95

이상재 선생 생가지와 유물 전시관

월남이 어린 시절을 보내며 아버지를 위해 옥에 대신 갇히기도 하고 과거를 준비하 던 시절에 거주하던 곳이다. 벼슬을 그만두고 내려와 있기도 했던곳이다. 가장 많 은 유물이 보관되어 있고 그의 생애를 자세히 알 수 있도록 전시해놓았다.

📍 충청남도 서천군 한산면 종단길 71

우리 교육의 현실은 아직도 교실에 갇힌 교육이다. 이미 없어진
과거제도와 같은 수능시험을 준비시키는 교육에 머물러 있다. 장원급제가
집안과 동네의 경사였듯 전국수석이나 모의고사 1등을 신문에 광고하는
수준이다. 이러한 교육으로 4차 산업혁명의 미래사회를 책임질 인간을
키울 수 있을지 의문이다.

교육은 사람을 키우는 일이다. 교육은 점수를 올려 대학을 보내는 것이
목적이 아니다. 교육은 한 사람이 국가가 제공하는 교육과 가정과
사회 각 분야에서 체험하는 교육을 통해 한 시대에 책임 있는 시민으로
성장하도록 돕는 것이다. 사람답게 살아갈 수 있도록 교육하는 것이다.

교육에는 철학이 있어야 한다. 교육의 목표가 철학에서부터 나오기
때문이다. 교육목표는 있어도 교육철학이 없는 학교와 교육자도 많다.
철학이 없는 목표 설정은 성적과 순위 매기기로 귀결될 수밖에 없다.
충분한 고민 없이 설정된 목표이기에 수시로 바뀌는 일도 이미 예견된
일이다. 교육 정책도 오락가락할 수밖에 없는 근원적인 이유가 바로
철학의 부재다.

참된 교육의 중요한 요소는 교육철학과 교육철학을 가진 교사와
교육철학이 스며 있는 실제적인 교과과정이다. 교육철학은 교육을
통해 어떤 인재를 길러낼 것이며, 왜 그런 인재상을 가지게 되었는지를
설명하는 내용이다. 그리고 그러한 인재를 길러내는 일을 자신의 일로
알고 인격의 탁월함과 실력으로 제자를 가르칠 수 있는 교사가 있어야
한다. 교육은 교사에 의해 대부분 결정된다. 아무리 좋은 철학도 철학이

공유된 교사가 없이는 불가능하다. 학교설립자나 교장이 교육에 직접 관여하지도 않기 때문이다. 학생을 직접 만나는 사람은 교사다. 교사를 제품 생산하듯 대거 배출하는 방식으로 키워서는 안 된다. 종교인이 몇 년의 학위과정으로 길러져도 문제가 많듯이 교육자도 마찬가지다. 교육을 살리려면 교사를 살려야 한다. 선발기준도 달라야 하며 교육 환경도 달라야 한다. 자신들이 배운 방식으로 가르칠 것이기에 교사의 배움부터 달라야 한다.

교육 환경이 급변하고 있다. 온라인 교육이 오프라인 교육보다 수준이 떨어지는 것으로 취급되었으나, 이제 교육의 기본 토대가 온라인으로 옮겨가고 있다. 일방적 강의보다 참여형 수업이 더 효과를 얻고 있다. 말과 글보다 사진과 동영상이 더 친근한 언어가 되었다. 강의실에 갇힌 교육은 한계에 왔다. 세상 모든 것으로부터 배우는 시각을 열어주어야 한다. 역사를 교과서로만 배우지 않고 역사의 현장에서 배우도록 해야 한다. 언어를 책으로만 배우지 않고 사람과 문화와의 만남으로 배워야 한다. 시험을 통과하기 위한 언어가 아니라 사람과 소통하기 위한 언어를 배워야 한다. 단순 모방과 흉내내는 음악과 미술에서 창조하며 자유롭게 표현하는 예술로 가야 한다. 교육이 살아야 다음세대가 살고 다음세대가 살아야 나라의 미래가 산다. 도산의 말처럼 "낙망은 청년의 죽음이요 청년이 죽으면 민족이 죽는다." 교육이 죽은 청년을 길러내지 않고 청년을 살리는 교육이 되어야 미래가 있다. 청년을 살리기 위해 청년이 되었던 70대 월남의 정신을 이어가야 한다.

일곱 번째 만남

새 시대를 밝히는 만남

김약연

출애굽을 방불케 하는
도강渡江 유학자들

이렇게 춥길래
오늘따라 간도 이사꾼도 별로 없지
얼음장 깔린 강바닥을
바가지 달아매고 건너는
함경도 이사꾼도 별로 없지

_김동환, 〈국경의 밤〉 중에서

　　1899년 2월 28일, 김동환의 시 〈국경의 밤〉의 한 장면처럼 함경
도 이사꾼들이 간도로 건너가고 있었다. 함북 종성에서 세 가문, 회

령에서 한 가문 총 141명의 식솔이 이른 아침 출발하여 강을 건너고 있었다. 그들이 이주한 이유는 첫째, 간도는 농사 짓기에 좋은 비옥한 땅이다. 둘째는 우리가 가서 살아야 우리 땅이 된다. 셋째, 새로운 공동체를 세워 나라를 일으킬 인재를 양성하자. 먼저 떠나 정착한 윤동주의 조부인 윤하현과 연락하여 정착지를 탐문하고 문병규, 남위언, 김하규, 김약연 등 네 가문의 식솔이 함께 이주하여 정착한 마을 이름은 명동촌明東村이었다. 윤하현의 가족들은 1년 뒤에 명동촌으로 합류한다. 주변으로 선바위골, 장재촌, 수남촌 등 여러 마을들이 자리 잡기 시작했다.

중국 만주 땅을 왜 간도라고 부르게 되었을까? 만주족에 의해 세워진 청나라가 한족 국가인 명을 멸망시키고 중국을 통일하자, 만주 지역은 '청태조의 발상지'로 지목되어 만주족 이외 타민족이 들어갈 수 없는 봉금책封禁策으로 닫힌 땅이었다. 압록강이나 두만강을 넘어 만주로 들어가면 월강죄越江罪에 걸려 사형까지 당할 수 있는 지역이었다. 수백 년 동안 버려진 이 비옥하고 광활한 땅을 우리의 선조들이 건너가기 시작했다. 비옥한 땅이 놀고 있으니 척박한 함경도에서 누군들 가고 싶지 않았을까.

사형을 당할 수도 있는 월강죄가 살아 있던 때였으니, 국경을 지키는 군사들에게 조선과 청국 사이 두만강에 있는 작은 섬, 사이섬 (間島, 간도)에 간다는 핑계로 강을 건너가서 도둑농사를 짓기 시작했다. 땅이 비옥하여 자주 가서 돌보지 못해도 씨만 뿌리면 절로 잘 자랐다. 처음엔 두만강 위쪽을 간도라고 했는데 이후 백두산을 기준으로 서쪽으로 흘러 서해로 가는 압록강 이북을 서간도, 동쪽으로 흘러 동해로 가는 두만강 이북은 북간도라 불렀다. 간도는 사이섬이

라는 뜻 외에도 땅을 개간한다는 뜻의 간墾 자를 써서 북간도北墾島로
쓰기도 했다.

동네 이름을 보아도 이주 목적을 보아도 이들은 분명한 뜻이 있었
다. 정착해서 토지를 구입하고 개간하여 좋은 땅을 선별하여 '학전
學田'이라 이름 짓고 그 땅에서 나오는 소출로 서당을 운영하며 자녀
들을 교육하는 일에 사용했던 것이다. 함경도에서의 집단 이주의 결
심, 북간도 정착, 명동마을과 학전 등 지금 생각해도 파격적인 이들
의 행보의 중심에는 규암圭巖 김약연金躍淵이 있었다.

북방의 지식인들은 권력의 주변부에서 기회를 보며 실력을 키우
는 외적 프롤레타리아에 속하는 사람들로서, 한국사의 흐름에서는
실학사상에 바탕을 둔 개혁적 성향의 학자들이었을 것이다. 그들이
변방에 있다고 하여 무시해서는 안 된다. 조선시대의 역사를 볼 때
간신들보다는 충신들이 많이 유배를 간 불행한 역사를 안고 있다.
주요 유배지가 함경도, 전라도, 제주도, 경상도 등 서울에서 가급적
먼 곳이었다. 그곳에서 나고 자란 토박이들도 유배온 학자들의 가르
침을 받은 경우가 많다. 다산과 추사의 경우가 대표적이다. 이런 지
역들에서 학자들이 많이 나며 뛰어난 예술가들이 많이 나왔다. 정치
적 입신양명보다는 실사구시형 현장 중심의 학자들이 많이 나왔다.
절개와 저항정신, 실사구시의 학문세계 등이 영향을 미친 열린 사고
가 이들을 결단하게 했으리라. 규암 김약연은 《맹자》를 만독萬讀하여
외고 다닐 정도였다 하고, 김하규는 《주역》을 만독했다고 하니 그들
의 학문의 깊이와 열정을 알 만하다.

규암 김약연은 상대적으로 잘 알려져 있지 않다. 시인 윤동주를
모르는 사람은 없어도, 그의 외삼촌이자 정신적 멘토였던 규암을 아

는 사람은 많지 않다. 만남의 역사를 파고 들어가다보면 숨어 있는 실력자들을 만나게 된다. 역사의 전면에 드러나지 않지만 깊은 영향력을 남긴 사람을 만나는 기쁨이 크다. 김약연은 대단한 학자이자, 간도의 개척자요, 독립운동가로 '간도의 대통령'이라고까지 불렸으나 현대에 이르도록 잘 조명되지 않았다.

규암 김약연은 함경북도 회령에서 태어났다. 함경도 지역은 선비들의 유배지였다. 자연스럽게 형성된 유림사회에서 자라며 어려서부터 한학을 공부했다. 그리고 유학을 넘어 노자의 《도덕경》까지 깊이 가르칠 수 있는 수준이 되었다. 그럼에도 관북지방이어서 그런 탓도 있겠지만 문관보다 무관이 많은 특색 속에서 무관 집안에서 자랐다. 오히려 문무를 겸비한 건강한 정신과 육체, 깊은 학문과 넓은 사고를 균형 있게 갖추게 된 계기가 되었다고 본다.

당시 관북지역은 변방이었고, 관직 진출의 기회도 많지 않았다. 대다수 농업에 종사했으나 함경도 지역은 자연재해로 한 해 농사를 망치는 경우가 많았다. 자연스레 흉년으로 어려운 일을 당하는 사람들도 많았다. 자세한 내막은 모르지만 나라의 국운은 다해 가는 것 같고 지역의 여건도 장래를 기약할 수 없는 상황에서 대담한 출애굽 계획을 세운 것으로 보인다. 윤동주 조부인 윤하현의 가문이 먼저 이주한 것이 자극이 되었는지도 모른다. 사람들을 보내 땅을 알아보고 미리 땅을 구입했는데 약 천일경千日耕의 땅을 사들였다. 일경은 소 한 마리가 하루 동안 갈아엎을 수 있는 면적이니 소 한 마리가 천일 동안 갈아엎어야 하는 넓은 면적이었다. 구입한 땅 가운데 만여 평의 땅을 학전으로 지정하여 자녀들과 후세들의 교육을 위한 기반을 마련했다. 정착하여 조선식 기와집을 짓고 그곳에서 바로 서당을 열었다.

규암은 장재촌에 규암재, 김하규는 대사동에 소암재, 남위언은 중영촌에 오룡재라는 서당을 열어 후세들을 가르치기 시작했다. 사들인 땅이지만 개간해야 하고, 농사를 지어야 했던 상황에서 후세들을 위한 교육을 쉬지 않았다는 것만으로도 이들의 선비정신이란 우리가 일반적으로 알아오던 사대부들의 그것과는 많이 달랐다. 손에 물도 흙도 묻히지 않고 책 읽고 글쓰고 그림 그리며 탁상공론으로 세월을 보냈지만, 이들은 자녀들을 교육하는 일에 힘쓸 뿐 아니라 머슴들이 하던 농사와 소, 돼지를 키우며 물 긷기, 땔감 마련 등의 일들을 직접하며 개척자의 삶을 살아갔다.

이주 당시 31세의 청년 규암은 임야를 개간하고 농사를 안정시키고 서당을 꾸려가면서 자신의 일뿐 아니라 주변 사람들의 일도 돕는 영향력을 발휘했다. 거주권과 토지소유권 등을 확보하는 행정적인 처리도 도맡아 했으며, 중국인들과 이주민들 사이의 갈등이나 문제는 항상 규암이 나서서 정리해주었다. 1905년 을사늑약 이후 간도로 망명하거나 이주해오는 사람들이 늘어나자 독립지사들을 위한 숙식과 편의를 제공하는 일에도 앞장섰다. 이동휘, 안중근 등도 이곳에 머물며 거사를 준비하고 독립운동계획을 수립하는 일을 규암과 함께 의논하기도 했다. 규암뿐만 아니라 문익환, 윤동주 집안의 모든 사람들이 그런 역할을 맡으며 이주민 공동체의 구심점 역할을 해나갔던 것이다.

북간도에서 신학문과의 만남
보재 이상설

이 편에서는 1905년 을사늑약을 정리하고 넘어가보자. 민비를 시해한 을미사변 이후 세워진 친일내각에서 양력 사용과 단발령 시행 등 급진적인 개혁을 추진했으나 전국 각지에서 의병봉기가 일어나고 백성들의 반대에 부딪혔다. 이 틈에 당시 친러파였던 이완용, 이범진 등이 러시아 공사 베베르와 짜고 고종을 러시아 공관으로 옮기는 아관파천을 일으킨다. 이완용은 친미파에서 친러파를 거쳐 친일파가 된 특이한 인물이다. 이 일로 러시아가 한반도의 자원을 채굴하기 시작하자 일본과 미국, 유럽 여러 나라들도 서로 권리를 요구하며 작은 한반도를 맘껏 파헤치려는 압박이 시작되었다.

일본은 예고 없는 러일전쟁을 일으켜 승리하고 한반도에서의 우위를 점했다. 거기에 영국이 영일동맹으로 일본의 편에 서고, 가츠라—태프트 밀약으로 미국이 일본의 편에 서면서 한반도는 서구열강이 맘껏 유린할 수 있는 환경에 노출된 것이다. 나라의 운명이 풍전등화와 같고 그 고통은 고스란히 민초의 몫이었으니 가련하기 짝이 없는 상황이었다.

이러한 때 고종이 의정부 참찬으로 불러 어떤 의지를 삼고자 했던 인물이 있었는데 바로 보재溥齋 이상설李相卨이었다. 이상설은 충북 진천군 덕산면 산척리 산직마을에서 태어나 7세가 되던 해 서울 장동(현재 명동)에 사는 족친 이용우에게 양자로 입양되어 서울로 왔다. 어려서부터 자질이 우수했고 당대의 우수한 친우들과 함께 성장했다. 새벽까지 글을 읽고 공부하는 노력도 있었지만 비상한 기억력으로 친구들을 놀라게 했다. 한문, 수학, 법학, 영어 등 다양한 신학문을 공부했는데 혼자 독학으로 영어, 일어, 불어, 노어를 익혔을 정도로 뛰어났다. 특히 수학에 뛰어났다. 후에 자신이 직접 저술한 수학교과서를 가지고 1907년 간도에 세운 학교인 서전서숙瑞甸書塾에서 가르쳤다.

한편, 일본은 조선 지배에 우위를 점하자, 일본이 조선의 토지를 수탈하기 위한 황무지 개척권 요구계약안을 제시한다. 전국의 토지를 일본인들이 개간하고 그 수익을 향후 50년간 모두 가져가겠다는 내용이었다. 이상설은 이에 반대하는 장문의 상소를 올렸다. 이를 시작으로 반대 상소가 이어졌고, 일제 침략을 규탄하는 군중대회가 열리게 되면서 고종이 일제의 요구를 물리칠 수 있었다. 1905년 이토 히로부미는 서울에 도착하여 망언에 가까운 일왕의 친서를 전달한다.

"대한제국은 불행히도 아직 국방을 완비하지 못했고 자위의 기초역시 굳건하지 못한 연고로 과거 왕왕 동아시아 전국의 평화를 확보하는 데 부족함이 있었다. 이는 짐과 폐하의 공통된 유감사항으로 이로 인해 1년 전 협약을 만들어 대한제국 방위를 일본이 맡기로 했다."

이러한 상황을 파악한 이상설, 이시영, 민영환, 한규설 등은 의논하여 황제는 순사직殉社稷의 결심으로 반대하고 참정대신 이하 모든 대신이 순국의 결정을 내려 일제의 요구를 거절할 것을 제안했다. 하지만 고종과 몇몇 대신들이 나라의 운명을 결정짓는 회의를 여는 날 일제는 군사들을 서울 시내 곳곳에 배치하고 경복궁도 중무장한 일본군이 완전히 포위하기 시작했다. 철저하게 출입을 통제하여 반대하는 대신들의 방해를 막고 혹시라도 일어나게 될 민중들의 소요에 대처할 준비를 갖추고 있었다. 이토와 일본 공사 하야시는 고종

의 윤허도 받지 않고 자신들 스스로 외교부 직인을 탈취하여 대한제
국의 외교권을 강탈했다.

이런 능욕을 당할 바에는 고종도 모든 신하들도 차라리 다함께 죽
자는 피눈물 어린 충정의 상소를 올리고 여러 뜻이 있는 대신들과 백
방으로 노력했지만, 매국대신들에 의해 을사늑약은 체결되고 말았
다. 이상설도 5차에 걸친 사직 상소를 올려 도적과 같이 조정에 설 수
없다는 뜻을 밝혀 결국은 고종의 재가를 받아내고 독립투사의 길로
나서게 되었다. 관직에서 물러난 후에도 을사늑약의 폐기를 위해 활
동을 멈추지 않았다. 충정공 민영환은 그 수치를 짊어지고 자결했다.
민영환의 자결순국 소식을 들은 이상설은 드디어 길거리로 나섰다.

"나도 국가에 충성치 못하여 나라로 하여금 이 지경에 이르게 했
으니 만 번 죽어도 마땅하다. 지금 이 조약은 지난날의 병혁兵革과는
다른 것이다. 나라가 망했는데도 백성이 깨닫지 못하니 통곡하지 않
을 수 없다. 조약이 한 번 이루어짐에 나라는 망하고 민족이 이를 따
라 멸종하게 된 것이다. 이제 민영환이 자결한 오늘이 우리 전 국민
이 멸망하는 날이다. 내가 민영환 한 사람의 죽음을 위해 조상하는
것이 아니라 우리 전 국민이 멸망함을 탄하여 우노라."

관직을 버리고 은둔하며 그 시기의 사정을 소상하게 기록한 매천
황현이 쓴《매천야록梅泉野錄》에는 이렇게 적었다.

전 첨사 이상설이 비통과 울분으로 죽으려다가 죽지 못하고
종루 거리로 나가서 뭇사람들을 향하여 통곡하며 국가가 망
하게 된 원인과 나라의 신하로서 응당 죽어야 될 의리를 두
루 말했다. 그런 다음, 땅에 몸을 던지고 바위에 머리를 부

딪쳐 거꾸러지니, 머리가 깨져 피가 솟았다. 정신을 잃고 깨어나지 못하니, 사람들이 떠메고 집으로 데려갔는데 한 달이 지나서야 비로소 살아났다.

백범도 민영환의 자결 소식을 듣고 몇몇 동지들과 함께 조문을 마치고 나오는 길에 이날 현장을 지켜보았다. 이상설은 몸을 회복하자 이회영, 이동녕, 이시영 등과 만나 국내에서의 활동은 더 이상 희망이 없다고 생각하여 해외 망명을 결심한다. 몇몇 동지들과 함께 상해를 거쳐 블라디보스토크를 지나 북간도에 한인들이 많이 사는 것을 보고 연길현 용정 지역에 자리를 잡았다. 집을 사들여 학교를 여니 22명의 학생들이 모여와 '서전서숙'이라 이름을 지었다. 북간도 지역에 자리 잡은 최초의 근대식 학교였다. 초대 숙장에 이상설이 취임하고 이동녕, 정순만이 운영하고 여러 선생들을 모셔왔다. 역사, 지리, 수학, 국제공법 등 신학문을 무상으로 가르쳤다. 학생 수는 금방 늘어나 그 다음해 문을 닫을 무렵에는 70여 명이 되었다.

서전서숙에서 다양한 신학문을 가르쳤으나 무엇보다 중점을 둔 것은 민족교육이었다. 학교 설립에 기여하거나 가르치는 교원이 모두 독립 운동가였기에 그럴 수밖에 없었다. 나라 잃은 설움에 망명하여 역시 고구려 발해의 잃어버린 땅에 이주해 살고 있는 한민족의 현실에 가슴이 아팠을 것이다. 절치부심切齒腐心 민족의 앞날을 위해 인재양성에 힘을 쏟았을 것은 불을 보듯 뻔하다.

이때 보재 이상설과 규암 김약연이 만난다. 두 사람 사이에 어떤 대화가 오갔는지 어떤 미래를 함께 계획했는지는 자세히 알 수 없다. 하지만 당시 규암재라는 서당에서 한학을 가르치고 있던 김약연은 이상설이 새로운 교육기관인 서전서숙을 세운다고 하자, 오히려 기뻐하며 자신의 제자 둘을 그곳에 보내 공부하게 했다. 서전서숙이 어려움에 처해 학교 문을 닫게 되었을 때는 학교의 교사들과 교육 이념과 철학 등을 명동서숙으로 이어간 것을 볼 때 두 사람 사이에 어떤 교감이 있었음을 짐작할 수 있다. 그 당시 누구든지 이주해 와서 정착하거나 어떤 새로운 일을 시작할 때 규암이 여러 방면으로 많은 도움들을 준 것을 생각해보아도 서전서숙을 처음 계획하면서부터 교류가 있었으리라 생각해본다.

꼭 같은 공간에 머물지 않아도, 같은 시간대를 살지 않아도 같은 뜻을 품은 사람들이 있다는 것만으로도 큰 위로가 된다. 자주 볼 수도 볼 이유도 없다. 묵묵히 자기 길을 가며 동지에 대한 신뢰로 마음 한구석이 따듯하면 된 것이다. 아직 소망을 버리지 않은 너희들 때문에 그래도 세상을 살만하구나라는 마음으로 사는 것이다. 떠올리면 오늘 내 세상을 살아갈 힘을 주는 동지, 먼 곳에 있어도 너도 그 길을 가고 있겠지라고 생각하며 오늘 나에게 주어진 길을 걸어갈 수 있게 하는 친구, 그런 삶이면 충분히 행복하지 않을까?

이상설은 중국으로 망명하기 전 을사늑약 체결 후에 상동교회 지하실에서 이회영, 전덕기, 이준 등과 함께 조약 무효화를 위한 비밀 회동을 가졌다. 상동교회는 당시 깨어 있는 젊은 독립운동가들의 비밀기지와 같은 곳이었다. 이동휘, 이동녕, 이회영, 신채호, 이상재, 이승훈, 양기탁, 남궁억, 이준 등 많은 젊은 독립 운동가들이 모여들었다. 이상설이 북간도에서 서전서숙을 운영하는 동안 이회영, 전덕기, 헐버트의 제안으로 고종은 세 사람의 특사와 함께 선교사 헐버트에게도 신임장을 주어 헤이그로 파견했다. 헐버트는 선교사였으나 고종의 외교고문이었다. 합정동 양화진외국인선교사 묘원의 그의 묘비에는 "한국 사람보다 한국을 더 사랑한 사람"으로 적혀 있다. 또한 건국훈장 독립장을 추서 받아 대한민국 독립유공자로 등재되어 있다.

중요한 외국인을 한 사람 더 소개하자면 베델Ernest Thomas Bethel 기자가 있다. 1904년 러일전쟁 당시 특파원으로 한국에 첫 발을 디딘 그는 3개의 신문을 발행했다. 국한문 혼용신문《대한매일신보》, 순한글 신문《대한매일신보》, 영어신문인《코리아데일리뉴스》였다. 그는 1905년 11월 을사늑약이 체결되자 일본의 침략 야욕을 연일 강력한 어조로 비판했다. 영국인으로 외국인이나 외국인이 발행하는 신문은 검열에서 제외되었기에 가능한 일이었다. 그는 일본 정부에게는 큰 걸림돌이어서 일본이 영국 정부에게 베델을 한국에서 추방시키거나 그가 발행하는 신문을 폐간해야 한다고 끈질기게 요구했다. 그는 이 일로 재판을 두 번이나 받아야 했다. 일제의 만행을 계속해서 알리는 활동을 하느라 감옥에 수감되기도 했던 그는 37세의 젊은 나이로 갑자기 사망하여 많은 한국인들의 애도를 받았다.

전국 각지에서 그리고 해외 교민사회에서도 한국 땅에서 벌어지는 일제의 만행을 낱낱이 국내외에 알린 베델의 삶을 기리기 위한 모금이 자발적으로 일어났다. 베델이 죽은 지 1년 뒤 비석이 완성되었는데 뒷면에 장지연이 쓴 베델을 기리는 비문을 새겨놓았다. 일제가 그 비문 중 글자가 있는 부분만 정확하게 깎아 없애버려 그 모양 그대로 지금도 양화진선교사묘원에 남아 있다. "나는 죽더라도《대한매일신보》는 영생케하여 한국 동포를 구하라!" 그의 유언이다. 그는 민족과 국가를 넘어 대승적 차원의 보편적 인류애와 세계시민의식을 보여준 것이다. 같은 민족이 모인 독립운동가들 안에서도 진영 논리를 극복하지 못해 우와좌왕했던 독립운동사의 아쉬움이 더욱 크게 느껴지게 하는 그의 삶이다. 지금 더 크게 울림으로 다가오는 음성이다. "한국 동포를 구하라!"

이상설은 네덜란드 헤이그 만국평화회의에 고종의 특사로 이준, 이위종과 함께 갔으나, 이준이 지병과 과도한 스트레스로 갑작스럽게 순국하게 된다. 일제의 집요한 방해로 대한제국과 수교를 맺었던 국가의 관계자들조차 만나주지도 않는 굴욕을 겪으며 결국 뜻을 이루지 못했다. 이상설은 1908년 미국으로 건너가 워싱턴을 방문하여 고종의 친서를 루즈벨트 대통령에게 전달하려 했으나, 그 역시도 거절당했다. 미국은 한국과 조미수호통상조약을 맺은 관계였으나, 루즈벨트는 비밀리에 일본과 가쓰라-태프트 밀약을 맺고 일본과 이익을 공유하고 있었다. 나라 없는 백성도 애처롭지만 힘 없는 나라 백성의 무기력함도 애달픈 삶이다. 일제는 세 특사에 대해 출석하지도 않은 사람들을 재판하는 궐석재판을 열어 특사 사칭을 이유로 이상설은 사형, 이위종과 이미 순국한 이준에게까지 종신형을 선고했다. 이상설은 1909년 이위종과 함께 블라디보스토크로 건너가서 연해주의 동포들과 독립운동의 기틀을 다져 가던 중 1910년 경술국치를 맞이하게 된다. 그는 13도 의군을 창설, 한일합병 반대운동, 강제 퇴위 당한 고종의 러시아 망명을 통한 망명정부 설립 등 다양한 시도를 해보지만 실패하고 만다. 오히려 일본의 눈치를 보는 러시아 정부에 의해 니콜리스크(현 우수리스크)로 유배되었다 풀려났다. 이후에도 항일독립운동 단체인 권업회 활동과 1914년 최초의 망명정부인 대한광복군정부의 정통령에 선임되는 등 독립운동에 끊임없이 투신했다. 그러나 1917년 망명 10년 만에 부인과 어린 아들, 그리고 이동녕, 조완구 등의 동지들이 지켜보는 가운데 48세를 일기로 통한의 생을 마감했다. 그는 임종 직전 동지들에게 유언하기를 "동지들은 합세하여 조국광복을 기필코 이룩하라. 나는 조국광복을 이루지 못하고 이 세상을 떠나니 어찌 고혼인들 조국에 돌아갈 수 있으랴. 내 몸과 유품은 모두 불태우고 그 재마저 바다에 날린 후 제사도 지내지 말라"고 했다. 동지들은 유언대로 시신을 화장하여 수이푼강(현 러시아 라즈돌노예강)에 그 재를 뿌렸다. 독립 후 20여년이 지나서야 후손들이 수이푼강의 모래 한 줌을 담아와 그의 고향인 충북 진천에 세운 사당인 숭렬사 뒤편에 있는 부인 무덤에 합장했다.

그는 고통의 시대를 만나 아픔을 느낄 시간조차 주어지지 않고 북간도로, 연해주로, 유럽으로, 미주로 돌며 을사늑약의 부당성과 한일합방의 무효화를 주장하고 노력했으나, 이미 닫힌 서구 열강의 문은 동방의 주권을 강탈당한 작은 나라에 열어줄 틈이 없었다. 상상해보라. 한 나라의 황제의 밀서를 받았으나 그 먼 거리를 여행하여 찾아가도 면담조차 성사되지 못하는 심정을. 연해주에 정착하여 군대를 조직하고 정부를 수립하려 했으나 1차 세계대전이 터지며 모든 일이 수포로 돌아갔을 때, 그의 심정은 얼마나 처참했을까?

나라 잃은 설움과 고종이 강제 퇴위 당한 슬픔을 안고, 환영해주는 이 없는 방랑자의 길을 걸은 것이다. 조국을 멀리서 바라보며 차마 부끄러워 독립이 되면 옮겨 달라 말도 못하고 죽어간 넋을 어떻게 위로해야 할까? 공원도 유적지도 지번이 있는 곳도 아닌 그냥 강가 들판에 세워진 비석 하나가 말해주는 그의 삶은 '슬픔의 강' 또는 '죽음의 강'이라고 하는 수이푼강의 강물처럼 흘러가버리고 말았다.

사람이 오니 봄도 오는구나
정재면

비록 서전서숙은 1년이 채 되지 않아 이상설의 헤이그 밀사 파견과 일제의 탄압으로 난항을 겪다 주변의 설립된 학교들에 자연스레 흡수되며 폐교된다. 그럼에도 불구하고 1년 미만의 짧은 역사에서 인물을 기르는 일에 성공했다고 평가될 만큼 그 영향은 컸다. 그 이전까지 간도 지역의 학교들의 교육은 한학을 중심으로 이루어졌고, 망명자들이 아닌 이주민들이었기에 독립에 대한 교육이나 민족의식 교육은 아직 철저하게 시행되고 있지 않은 상황이었다. 서전서숙의 영향으로 국내의 뜻 있는 교육자들이 북간도로 오게 되었고, 그 영향으로 명동서숙明東學校을 비롯한 주변에 설립되어 운영되던 학교들에 민족의식 교육과 신학문 교육이 퍼져나가게 되었던 것이다.

규암은 1908년 4월 27일 규암재와 근교에 있던 서재를 통합하여 명동서숙을 설립한다. 1년 뒤 명동학교로 발전했고 규암이 교장으로 추대되었다. 학생은 42명이었다. 교육은 규암과 서전서숙에서 공부했던 김학연과 남위언을 포함하여 김하규, 여준 등이 함께 했다. 2년 뒤에는 여학생 46명을 포함하여 전교생이 160명으로 늘어나는 놀라운 성장이 일어났다. 1911년 1회 졸업생이 배출되었고 학생들의 숫자는 점차 늘어났다. 학전을 통한 재정확충이 있었기에 가능했던 일일 것이다.

숙장으로서 규암은 좋은 교사를 모셔 와야 한다는 부담감이 생겨났다. 그러던 중 북간도 교육단의 일원으로 서전서숙을 일으키기 위하여 용정에 와 있던 정재면이 규암의 눈에 들어왔다. 정재면은 상동청년학원에서 공부하고 상동교회를 거점으로 독립운동을 하는 협회였던 신민회에서 활동했다. 신민회는 안창호, 이갑, 전덕기, 양기탁, 이동녕, 김구, 신채호 등의 인사들이 활동하던 해외독립운동기지 건설을 통해 독립운동을 펼치기 위해 만들어진 독립운동단체였다. 정재면은 신민회에서 독립운동을 하면서 안창호가 세운 대성학교에서도 교사로 근무했다. 신민회 구성원들이 상동교회에서 북간도에 이주하는 사람들을 위해 북간도 교육 선교단을 만들었는데 비밀리에 파송되어 서전서숙의 교사로 왔으나 학교가 문을 닫게 되어 명동서숙의 교사로 초청 받게 되었던 것이다. 그들의 설립 목적은 조선 독립을 위한 민족 인재 양성이었다. 교육단 소속 인사들의 생활비를 책임질 재무 담당자가 유한양행 유일한 씨의 부친인 유흥원 씨였다고 한다. 명동학교에도 당시 경제적으로 가장 넉넉했던 문익환의 조부였던 문치정이 재정을 담당했다. 정치인들과 사업가들과 교육전문가들과 종교지도자들이 혼연일체가 되어 나라를 살리고 미래를 준비하는 일에 힘을 쏟았던 것이다.

정재면은 명동서숙의 교사로 오는 두 가지 조건을 요구했다. 학교에서 성경을 가르치는 것과 아이들과 함께 예배드리는 것을 내걸었다. 아무리 자녀교육을 위해 모든 것을 희생하고 떠나온 사람들이지만 당대 유학자였던 규암에게 기독교를 받아들이는 일은 쉬운 결정이 아니었다. 결국 마을 어른들과 며칠간 고민 끝에 좋은 선생님을 모시기 위하여 어쩔 수 없다는 결론을 내렸다. 명동마을 전체가 기독교 마을이 되는 데는 그리 오랜 시간이 걸리지 않았다. 명동학교를 통해 마을 사람들의 신임을 온전히 받고 있던 정재면이, 아이들뿐만 아니라 어른들도 기독교에 입교하기를 제안했다. 어른들이 그의 제안을 받아들여주지 않으면 좋은 선생님이 떠날까봐 며칠간 마을회의를 가졌다. 오랜 논의 끝에 마을의 전 어른들이 한날에 모두 기독교에 입교하기로 결정한다. 유학자로 잔뼈가 굵은 사람들이 그러한 결정을 하게 된 배경에는 교육자로서 정재면의 인격과 전문성에 감동받았기 때문일 것이다. 또한 유학자였던 명동마을의 어른들이 자녀교육에 있어 그만큼의 간절함이 있었다는 반증이다.

김약연은 학교장으로, 정재면은 교감으로 학교 운영을 맡아 국내외에서 저명한 학자들을 교사로 초빙했다. 역사학자 황의돈, 한글학자 장지영, 윤리교사에 박태환, 와세다대학 출신 법학자 김철, 수학에 최기학 등을 교사로 초빙했다. 1911년에는 이동휘의 딸인 이의순과 우봉운 등을 교사로 초빙해 여학생부를 설치하여 북간도 지역에서 처음으로 근대적 여성 교육을 시작한 학교가 되었다. 신학문을 가르치는 근대식 민족교육기관으로 명동학교의 명성이 알려지면서 북간도를 넘어 연해주와 함경도 지역에서도 학생들이 모여 들기 시작했다.

1910년 한일합방으로 결국 나라를 완전히 잃었다는 소식에 명동학교 교사로 활동했던 역사학자 황의돈은 땅을 치고 통곡했다. 민족의식과 독립의지를 키우는 교육에 더욱 박차를 가할 수 밖에 없는 상황이었다. 1911년에는 이동휘가 명동에 와서 기독교 집회를 가졌는데 새가 한쪽 날개로 날 수 없고 수레가 바퀴 하나로 굴러갈 수 없다고 강조하며 여성들이 깨어나도록 자극했다. 인력의 절반인 여성을 집에다 가둬놓고 어떻게 일본을 이길 수 있겠느냐며 남자들의 각성도 도전했다. 이때를 계기로 이름이 없던 여성들에게 이름이 생기고 여성들의 사회활동 참여와 독립운동 참여 등의 다양한 활동이 전개되기 시작한다.

정재면이 부임한 이후 명동학교의 변화는 상상하기 어려울 정도였다. 그 당시 학교에 브라스밴드가 있었고 테니스 코트도 있었다. 체육을 전담하는 교사들도 있었다. 브라스밴드는 지역의 여러 행사에서 활발하게 활동했고, 1919년 3·13 만세 운동으로 유혈사태가 빚어졌을 때도 명동학교의 브라스밴드가 앞장서서 만세시위를 주도했다고 하니 그 정신과 태도가 가상하다. 그 당시 임시정부에서 발행하던 《독립신문》에 실린 기사에도 여기저기 시체가 있고 피가 흥건하고 사람들의 통곡소리가 곳곳에서 이어지는 때도 명동학교 학생들의 브라스밴드의 나팔 소리는 계속 연주되어 사람들의 마음을 울렸다고 한다.

1919년 3월 조선에서의 만세 운동을 이어 간도지역에서도 만세 운동이 일어났다. 1920년 봉오동 전투와 청산리 전투를 연이어 승리하며 북간도는 독립군 부대가 가장 활발하게 활동하는 지역이 되었다. 특히 이 모든 독립투쟁에 명동학교 출신들의 활약이 대단했다. 봉오동 청산리 전투를 비롯한 여러 차례의 전투에서 계속 당하기만 한 일본군은 그 일에 대한 보복으로 '간도대토벌'에 나서 수천 명의 한인들을 눈에 보이는 대로 죽였다. 학교와 교회를 불태우고 사람들을 사격 연습의 표적으로 삼았으며 어린아이들을 불에 태워 죽이고 사람의 얼굴 가죽을 벗기고 눈을 뽑는 등 정상적인 사람으로 차마 저지르기 힘든 일들을 자행한다. 1920년 10월에는 서양식 벽돌 건물로 증축하여 멋있게 지어졌던 명동학교가 일본 군대에 의해 불타게 된다. 몇 년 전까지 풀밭에 명동학교 옛터라는 표지석만 있던 곳에 지금은 옛날의 모습으로 벽돌 건물로 학교가 복원되어 전시관으로 만들어져 있다.

김약연과 정재면의 만남은 한 시대 북간도 명동촌의 전성기를 만들어냈다. 학교가 제대로 자리 잡고 확장되었으며 남녀를 불문하고 지도자들을 배출하기 시작했다. 독립운동에 앞장서는 기지였으며 간민회를 통한 자치 활동과 러시아 연해주 등지를 아우르는 독립운동의 동지가 되었다. 신민회와 상동교회를 통해 이상재, 안창호, 이상설 등과 이미 연결이 되어 있었던 정재면은 간도로 건너와 김약연을 만나게 되고, 김약연과 함께 연해주 독립 운동의 대부인 최재형과 그 동지들을 만나게 됨으로 써 넓은 만남의 확장이 일어나게 된다.

한 시대를 살면서 두 사람이 만나 새 시대를 열기 위한 미래를 준비하는 일을 이끌어낸 것이다. 그 바탕 위에서 시인 윤동주가 자라고, 영화감독 나운규가 자라고, 신학자요 민주화투사가 된 문익환과 많은 조국의 독립과 근대화를 위해 희생한 이름 없는 영웅들이 자라났던 것이다. 그리고 많은 이름 없는 영웅들이 김약연과 정재면이 개척하며 걸어갔던 그 길을 또한 걸어가게 된 것이다.

그런 의미에서 어떤 만남은 역사적 만남이다. 단지 두 사람만의 관계에 국한되지 않고, 그 영향력은 국경을 넘고 시대를 넘어간다. 모든 만남은 생명성을 품은 씨앗과 같다. 그 만남이 꽃 피울 때 역사도 함께 생명으로 살아 움직인다. 오늘 나와 너의 만남도 그럴 수 있다. 막막한 현실일수록 우리의 만남은 더욱 역사적 진보를 위한 만남일 수 있으며 그런 만남이어야 한다. 함께 손 맞잡으면 시대를 개척해 나갈 수 있다는 서로의 결의를 확인할 수 있는 만남이어야 한다. 만남은 그 자체로 역사적 사건이다. 인생은 만남에 달렸다고 해도 과언이 아니다.

간도의 대통령과
연해주의 대부 최재형

같은 지역에 살거나 자주 만나진 못했어도 규암의 독립운동 동지였으며 많은 역사의 장면들을 공유하고 있는 사람이 있었다. 바로 최재형崔在亨이다. 임시정부의 재무총장으로 선임되었을 만큼 당시 연해주에서 성공한 한인사업가로, 독립운동을 위해 자신의 전 재산과 목숨까지 바친 사람이다. 연해주는 바다와 맞닿아 있다고 하여 붙은 이름이다. '한국의 체 게바라' '연해주 항일운동의 대부'라고 불리는 최재형은 간도의 대통령 김약연과 함께 기억해야 할 인물이다.

김약연과 최재형은 출신 자체는 부유함과 가난함의 다른 배경인 듯 하나 실제 비슷한 면이 많다. 최재형은 1860년 함경도 경원에서 노비의 아들로 태어났다. 김약연 일가와 마찬가지로 함경도의 어려운 환경을 벗어나 미래를 위해 연해주의 지신허로 가족과 함께 이주한다. 생활고로 가족을 떠나 가출한 그를 거두어 돌봐준 사람들은 러시아 선장 부부였다. 최재형은 선장과 함께 항해하며 세계 여러 곳을 다녀보고, 선장의 아내를 통해 러시아어와 중국어, 유럽의 문화와 다양한 교양들을 배우며 글로벌 청년으로 성장해갔다. 통역으로 한인들의 권익을 위해 일하기도 했으며, 러시아 군대와도 좋은 관계를 맺어 군납사업으로 큰돈을 벌기도 한다. 러시아 정부에서도 인정을 받아 훈장도 여러 차례 받고, 황제의 대관식에도 한인대표로 참가해 황제가 직접 예복을 하사하기도 한다.

북간도의 김약연이 교육 사업에 깊이 헌신했던 것처럼 최재형 역시 당시 끼니를 이어가는 일조차 어려운 상황이었던 한인들에게 자녀 교육의 중요성을 강조하고 학교를 세워 돕기 시작했다. 자신이 어렸을 때 아무리 어려워도 자신을 러시아 정교회 학교를 보내 미래를 준비하라고 했던 아버지를 기억했는지 한인들의 자녀들이 러시아 교육을 받도록 독려했다. 한인학교를 설립하여 아이들을 가르쳤으며 상급학교로 진학하면 장학금을 지원했다. 최재형은 지속적으로 학교를 설립하여 그가 세운 학교가 약 30여 개에 이르렀다. 자신이 받는 봉급을 은행에 예치하여 그 이자로 많은 한인학생들의 학비를 부담하기도 했다. 김약연의 학전과 같은 역할을 한 것이다. 한인들은 그를 존경한 나머지 집에 그의 사진을 걸어놓을 정도였다고 한다.

　최재형은 의병조직인 동의회同義會를 설립하여 안중근, 엄인섭을 중심으로 한 대일의병투쟁을 전개해나갔다. 1908년 7월 안중근은 의병을 이끌고 두만강을 내려와 국내진공작전을 실행했으나 참패를 거두고 만다. 그 후 북간도 지역을 돌아 다시 러시아 연추로 온 안중근은 강기순, 김기용, 백규삼 등 11명의 동지들과 함께 왼손 약지를 끊는 단지동맹을 통해 대한독립을 위해 각기 거사를 계획하고 목숨을 바쳐 완수하기로 함께 맹세한다. 단지동맹 당시 현장의 분위기는 《안중근 의사 자서전》에 기록되어 있다.

> 우리들이 전후에 전혀 아무 일도 이루지 못했으니 남의 비웃음을 면하기 어려울 것이요. 뿐만 아니라 만일 특별한 단체가 없으면 어떤 일이고 간에 목적을 달성하기가 어려울 것인즉, 오늘 우리들은 손가락을 끊어 맹서를 같이 지어 증거를 보인 다음에, 마음과 몸을 하나로 묶어 나라를 위해 몸

을 바쳐, 기어이 목적을 달성하는 것이 어떻소."하자, 모두 그래도 따르겠다 하여, 마침내 열두 사람이 각각 왼편 약지를 끊어, 그 피로써 태극기 앞면에 글자 넉 자를 크게 쓰니 '대한독립'이었다.

단지동맹의 결과로 안중근의 하얼빈 의거가 계획되는데 이 역시도 최재형의 후원으로 이루어졌다. 러시아에서는 최재형의 집에 머물며 사격연습을 하고, 북간도에서는 김약연이 있는 명동촌에 머물며 사격 연습과 거사 준비를 했다. 안중근이 사용했던 권총도 최재형이 마련해준 것이었다. 안중근은 대동공보 기자증을 가지고 하얼빈으로 갔다. 의거 동지 우덕순은 동의회 회원이었다. 안중근이 이토 히로부미를 사살하고 수감되었을 때, 변호사를 선임해주었으나 일제에 의해 거부당했다. 안중근 역시 배후를 캐는 일제의 폭압에도 끝끝내 최재형의 이름을 대지 않고 그를 보호했다. 최재형은 안중근의 유가족들을 돌봐주는 등 자신의 힘으로 가능한 모든 도움을 쏟아부었다. 안중근의 의거는 안중근 단독 의거가 아니라 연해주의 최재형과 동의회가 함께 계획한 거사다.

최재형은 수많은 애국지사들의 경비를 대부분 지원했고, 러시아에 거주하는 조선인 최고의 부자였으나 말년에는 온전한 집 한 채제대로 없는 상황에 처하게 된다. 최재형에게는 11명의 자녀가 있었다. 아버지의 갑작스럽고 비극적인 죽음 이후 모든 가족이 어려운 시간을 보냈다. 스탈린이 고려인들을 강제로 중앙아시아로 이주시킨 후에도, 사회적 불이익을 당하며 많은 고초를 겪었다. 둘째아들은 스탈린 정권의 대숙청 때 일본군 스파이라는 누명을 쓰고 죽임을 당했고, 셋째딸과 그의 사위들도 총살당했다. 일곱째딸은 대숙청 때 10년간 시베리아 유형을 선고받고 강제 노동을 하는 등 말로 표현할 수 없는 고난의 삶을 살았다.

최재형은 러시아 한인신문 《대동공보》를 재발간했으나, 러시아에 의해 폐간되자 《대양보》 발간을 추진하고, 권업회 창립 이후에는 권업회의 기관지로 만들었다. 권업회는 한인들의 사회 생활과 사업 권장을 위해 조직된 단체지만 숨은 목적은 독립운동이었다. 러시아 우수리스크가 대한민국 임시정부가 처음 시작된 곳이라는 사실을 아는 사람은 많지 않다. 1918년 러시아 혁명과 3·1운동에 큰 자극을 받은 망명 독립운동가들과 한인들은 세계무대에서 독립운동을 펼쳐나가기 위한 임시정부의 필요성을 느끼고 전로한족회중앙총회를 '대한국민의회'로 재편성한다. 최고의결기구인 총회와 의회, 독립군 조직 및 훈련 담당 선전부, 자금 모금을 위한 재무부, 무기 조달과 외교 관계를 위한 외교부 등 정부의 기능을 갖췄다. 대한국민의회보다 조금 늦게 한성과 상해임시정부가 각각 조직되어 통합을 논의했고, 대한국민의회와 상해임시정부가 주도적인 역할을 했다. 상해임시정부의 활동은 많은 사람들의 관심을 받고, 그 유적지를 방문하는 사람들도 많다. 그에 비해 북간도와 연해주 지역을 중심으로 상해임시정부보다 일찍 대한국민의회를 조직하여 활동했던 이들은 덜 알려져 있다. 상해임시정부는 유적지도 잘 보존되어 있지만, 북간도와 연해주 지역의 유적은 흔적을 찾기 어려운 곳이 많다.

도산 안창호, 규암 김약연과 남강 이승훈, 최재형 모두 민족교육 기관을 설립하여 인재를 양성한 이들이다. 한국에는 외국인 선교사들이 세운 역사가 오래된 좋은 학교들이 많다. 그 학교들을 통해 많은 인재가 한국 사회에 배출된 것도 사실이다. 그에 반해 안창호가 설립한 대성학교나 김약연이 설립한 명동학교, 최재형이 연해주에 세웠던 학교들이 역사 속으로 사라진 것은 아쉬운 일이다. 그 학교들은 학전과 사업을 통해 마련된 재원으로 운영된 자립적인 교육기관이었다. 교사들과 학생들의 자주성과 근면성 등의 의식과 태도가 남달랐던 이유다.

명동학교에서는 작문시간에 '애국' '독립'이란 낱말이 들어가지 않으면 아예 점수를 주지 않을 정도로 민족의식 교육에 투철한 학교였다. 개교 이후 17년 동안 약 1,000여 명의 졸업생을 배출하여 당시 인재를 필요로 했던 각 영역에서 활발하게 활동했다. 명동학교의 지도자였던 김약연, 정재면 등이 단지 학교의 책임자나 교사로서의 역할만 맡았던 것은 아니다. 간민회 활동을 통해 북간도 지역 한인들의 보호와 권익증진, 의식개혁과 계몽, 민족의식과 독립정신 함양, 기독교운동 활성화 등 다양한 방면에 걸쳐 활동했다. 학생들도 자연스럽게 생각과 활동의 범위가 넓어질 수밖에 없었다.

그 결과 1919년 3·13 만세운동이 일어났을 때 명동학교가 그 근원지임을 알고 결과적으로 학교를 불태우는 일이 일어났다. 1920년에 일어난 15만 원 탈취사건의 주역 철혈광복단의 최봉설, 박웅세, 한상호 등이 명동학교 출신으로 당시 수천 정의 총을 구입할 수 있었던 돈이었다. 이후로 일본의 끈질긴 학교 운영 방해와 김약연의 3년여의 투옥, 대흉년으로 인한 재정난 등 다양한 이유가 겹쳐 1925년 명동학교는 폐교하게 되고 역사의 뒤안길로 사라지고 만다. 하지만 시인 윤동주 한 사람만으로도 끊임없이 사람들이 찾아가는 곳이 된 것만 보아도 제대로 된 한 사람에게 전수된 정신은 역사가 흘러도 사람들이 기억하고 찾게 하는 맑은 샘물 같은 역할을 한다.

명동학교 폐교 이후에도 김약연은 교육에 대한 열정을 포기하지 않고 평양신학교를 진학한다. 노령에 신학을 공부하고 목사가 되어 명동교회로 돌아와 인재를 양성하며, 민족의식과 기독교신앙을 고취시키는 일을 지속해나간다. 동시에 명동보다 더 번화하고 사람들이 많은 용정으로 이주하여, 캐나다 선교부와 협력하여 은진중학교를 설립하고 이사장으로 취임한다. 그곳에서 한국의 진보적인 기독교 신학자요 사상가인 장공 김재준과 여해 강원용이 학교의 교감과 학생회장으로 만나게 된다. 오늘날 한국의 기독교장로회의 뿌리가 그곳에서 시작되었다 해도 과언이 아니다. 이곳에서 김재준은 후일 민중신학자라 불리는 안병무, 문익환의 동생 문동환, 이상철 등을 가르쳤다.

규암은 은진중학교의 이사장으로 있던 중, 1942년 10월 29일 용정시 자택에서 "내 모든 행동이 곧 나의 유언이다"라는 마지막 말을 남기고 75세를 일기로 별세했다. 그는 스스로 개척하여 민족독립운동의 인재들을 배출하고, 이름 그대로 조국광복의 날을 밝혔던 명동 땅에 묻혔다.

만남은 길이보다 깊이가 중요하다. 긴 시간을 만나도 얕은 만남이 있고, 짧은 시간을 만나도 깊은 만남이 있다. 역사 속의 인물들을 들여다볼수록 만남의 횟수와 길이보다는 깊이와 뜻이 더 중요한 것을 알게 된다. 북간도의 대통령 규암 김약연과 연해주 독립운동의 대부 최재형도 그랬다. 전로한족회 중앙총회에서 몇 차례 만난 것이 전부였다. 북간도와 연해주의 국경을 넘나들며 만났다. 독립운동을 이끄는 지도자들이 서로 만나는 일 자체도 위험한 일이었다. 그럼에도 불구하고 헤어지면 다음을 기약할 수 없는 만남이었기에 마주잡은 두 손을 놓기가 더욱 힘들었을 것이다.

규암 김약연과 보재 이상설도 마찬가지였다. 최재형과 김약연과 안중근, 김약연과 이상설과 최재형은 서로 연결되어 있다. 최재형의 연해주 독립운동 사업은 이상설과의 관계를 떠나 말할 수 없다. 자주 만나고 늘 같이 있었기 때문이 아니었다. 평생에 품은 뜻이 같았고, 자신의 생명조차 아끼지 않고 내어놓을 수 있는 공동의 가치가 있었다. 매일을 만나도 뜻이 같지 않으면 역사는 만들어지지 않는다. 만남이 역사를 이룰 때는 그들의 동기가 목숨 걸 가치를 공유했을 때다. 만난다고 무조건 역사가 만들어지지 않는다. 뜻이 만나야 역사가 창조된다.

북간도와 연해주의 독립운동사는 상대적으로 국내에서 많이 조명되지 못했던 영역이며 많이 연구되었다고는 하지만 지금도 여전히 미진한 상황이다. 해방 후 한반도가 분단되고 반공이데올로기가 성행하며 낳은 비극이기도 하다. 나라 사랑 때문에 이념을 초월하여 동지가 될 수 있었던 사람들의 심정을 헤아리지 않고는 통일도 요원하다.

호랑이에게서 호랑이가 태어나고, 왕대나무 밭에 왕대나무가 자란다. 선이 굵고 분명했던 지도자 규암의 따뜻하고 넓은 품에서 많은 인재들이 나고 자랐다. "내 모든 행동이 곧 나의 유언"이라는 그의 말처럼 타협하지 않는 정신과 넓은 북간도의 아름다운 자연을 닮은 감수성과 민족을 사랑하는 따뜻한 마음을 닮은 젊은이가 자라고 있었다. 그 소년들의 이야기로 들어가보자.

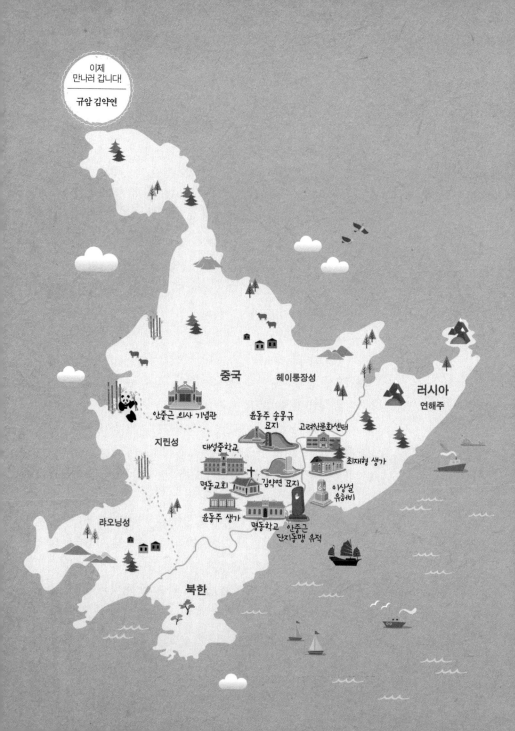

이제
만나러 갑니다!

규암 김약연

중국

러시아
연해주

헤이룽장성

안중근 의사 기념관

윤동주 송몽규
묘지

고려인문화센터

지린성

대성중학교

최재형 생가

명동교회

김약연 묘지

이상설
유허비

라오닝성

윤동주 생가

명동학교   안중근
단지동맹 유적

북한

규암 김약연 선생 묘지

규암과 부인 안연 여사 그리고 장남 정근의 묘가 있는 곳이다. 그 언덕에서 내려다 보면 처음 그들이 정착해 일군 넓은 만주 벌판을 한눈에 볼 수 있다. 바로 아래로는 규암이 거주하던 장재촌, 작은 강 건너편에는 윤동주가 자란 명동마을이 한눈에 보인다. 최근 장재촌 김약연 생가를 한신대학교에 증손자 김재홍 선생이 기증하는 행사가 있었다.

📍 중국 길림성 용정시 장재촌 서북쪽 산기슭
　　吉林省 龙井市 长财村 西北方 山脚

명동학교, 명동교회, 윤동주 생가

명동교회와 윤동주 생가는 명동마을 입구에 있으며 바로 맞은편에 송몽규의 집도 있다. 조금만 안쪽으로 들어가면 명동학교 옛터에 벽돌건물로 복구되어 명동역사 전시관으로 만들어져 있다. 교실과 교장실 등도 재현되어 있다. 윤동주, 문익환, 송몽규 등의 어린 시절 뛰어놀던 운동장과 골목길을 상상하며 걸어보면 더 깊은 감동이 있다.

📍 중국 길림성 연변조선족자치주 용정시 지신현 명동촌
　　吉林省 延邊朝鮮族自治州 龙井市 智新镇 明东村

윤동주 송몽규 묘지와 대성중학교

용정 시내에 있는 당시의 여러 학교들이 시간이 흐르며 대성중학교로 통합되게 된다. 현재 용정중학 안에 대성중학 역사전시관이 있어 명동의 역사를 훑어볼 수 있다. 일송정과는 반대 방향 명동마을 나가는 길로 나가다 왼쪽으로 난 언덕길을 한참 올라가면 윤동주 묘소라는 작은 푯말이 나온다. 윤동주의 묘지 가까운 거리에 송몽규의 묘소가 함께 있다.

📍 중국 길림성 용정시 광신진 합성리 동산 공동묘지
　　吉林省 龍井市 光新鎮 合成理 東山

안중근 의사 기념관

안중근 의사 기념관은 서울 남산과 하얼빈 시내에 있다. 서울 남산의 기념관만으로 안중근 의사의 일대기를 돌아보는 일은 충분하지만 현장감 있는 탐방을 원하면 하얼빈을 가보는 것도 추천한다.

📍 중국 하얼빈시 다오리구 安升街 85号

최재형 생가

최재형 선생이 잡혀가 순국하기까지 살던 집이다. 갑자기 들이닥친 일본군에 끌려나가는 남편과 아버지의 마지막 모습을 기억하는 가족들의 마음으로, 자신의 모든 것을 희생하고 유해도 찾을수 없는 죽음으로 생을 마감한 연해주 독립운동의 대부 최재형 선생을 생각해보자.

📍 ul. Volodarskogo, 38, Ussuriysk, Primorskiy kray, 러시아 692519 최재형 생가

고려인문화센터(역사전시관)

고려인 이주 150년 역사와 중앙아시아 강제이주역사 등 눈물없이 읽어나가기 힘든 역사의 기록을 볼 수 있는 곳이다. 고려인문화센터라 다양한 문화센터 프로그램도 운영되고 2층 카페의 커피는 추천하고 싶은 맛이다.

📍 Amurskaya Ulitsa, 63 a, Ussuriysk, Primorskiy kray, Russia 고려인문화센터

이상설 유허비

수이푼강가 외로이 서 있는 이상설 유허비가 있는 곳이다. 많은 사람들이 몰려가기 보다는 소수의 인원이 가서 조용히 생각도 해보며 강가를 바라보는 것도 좋다. 충청북도 진안에 이상설 선생의 생가도 보존되어 있다.

📍 Koreyskiy Pamyatnik, Primorskiy kray, Russia 692519

안중근 단지동맹 유적

좀 먼 거리지만 가볼 가치가 충분한 곳이다. 발해 옛 터가 바다까지 펼쳐져 있는 풍광도 멋진 곳이다.

📍 Shakhterskiy, Primorskiy kray, Russia 692715

필자는 십수 년 동안 국내외 많은 역사 유적지를 조사하고 탐방했다. 국내 대다수 지역과 중국, 러시아, 일본, 미국 등 해외 유적지를 찾아다니며 안내했다. 가장 자주 갔던 곳은 중국이다. 조중 접경지역을 다니며 고조선, 고구려, 발해 유적지를 찾아다녔고, 독립투사들의 숨결이 스며 있는 지역을 찾아다녔다.

윤동주에 대한 관심으로 찾았다가 만난 인물이 간도의 대통령 김약연이었다. 윤동주의 외삼촌이기도 한 그의 삶을 통해, 윤동주와 같은 서정적이면서도 저항적인 시인과 송몽규와 같은 독립투사, 그리고 문익환 같은 인물이 자란 배경을 이해하는 계기가 되었다. 몇 해 전 용정에서 만났던 윤동주 시인의 여동생 윤혜원과 소꿉친구로 함께 자란 할머니가 김약연 선생에 대한 이야기를 들려주었다. 당시 여성들은 이름조차 없는 사람들이 대부분이었는데, 어려서는 아명으로 불리다가 결혼하면 지역명이나 누구엄마로 불렸다. 그런 여인들에게 믿을 신信자를 넣어 신희, 신덕, 신현, 신묵 등의 이름을 지어주신 분이 김약연 선생이라는 말이었다. 사람에게 이름을 준다는 것은 굳이 김춘수 시인의 시 〈꽃〉을 인용하지 않아도 그 존재를 인정해주는 것과 같다.

용정시에서 명동마을을 향해 가다보면 명동학교 학생들이 소풍가곤 했다는 선바위가 나온다. 선바위를 지나 첫 동네가 장재촌이다. 김약연 선생이 살던 마을이다. 개울 건너 넓은 마을이 시인 윤동주의 고향 명동마을이다. 장재촌 뒷산 언덕에 김약연 부부와 장남 김정근의 묘가 있다. 묘소에서 언덕 아래를 내려다보면, 개울 건너 명동마을과 끝이 없어 보이는 논밭이 펼쳐져 있다. 후학 양성을 위한 논밭을 지정하여, 그 소출로 학교를 운영하며 미래를 준비했다. 가끔 가슴이 답답할 때면 김약연 묘소에서 내려다보던 풍경이 그립다.

연해주에 가면 이상설 선생 유허비가 외롭게 서 있는 수이푼강가로 간다. 공원도 아니고 동네 가까운 곳도 아닌, 길가 어딘가에 덩그러니 서 있다. 그는 조국 광복을 이루지 못하고 세상을 떠나니 자신의 혼도 고국에 돌아갈 수 없다며, 유해와 유품을 모두 불태워 수이푼강에 뿌려 달라 유언했다. 차마 눈 감기 어려웠을 그 심정을 생각하면 늘 눈시울이 젖는다.

러시아 우수리스크에는 최재형 선생이 일본군에게 잡혀가 총살당하던 날까지 가족과 함께 살던 집과, 고려인 역사관이 있는 고려인 문화센터가 있다. 최재형 선생 집 안에 들어가볼 기회가 있었다. 최재형 선생은 잡혀가면 죽을 줄 알면서도 자신이 피신하면 가족이 모진 고문에 시달릴 터였다. 집에서 일본군을 기다리다 양 팔이 등 뒤로 묶인 채 끌려 나가는 그의 모습이 그려졌다. '페찌카(난로) 최'라고 불렸던 그는, 한겨울 같은 시대를 살던 한인들을 따뜻하게 품어준 사람이다. 역사의 현장에서 역사의 음성을 종종 들어야 한다. 강의실에서는 도저히 표현할 수 없는 현장의 목소리가 있다. 세월이 흘러 때론 흔적조차 남아 있지 않아도, 역사의 현장은 우리 민족의 가슴과는 공명하는 신비한 울림이 있다.

여덟 번째 만남

오래된 길에서 새롭게 만나는

윤동주

윤동주

서시 序詩

죽는 날까지 하늘을 우러러
한 점 부끄럼이 없기를
잎새에 이는 바람에도
나는 괴로워했다.
별을 노래하는 마음으로
모든 죽어가는 것을 사랑해야지
그리고 나한테 주어진 길을
걸어가야겠다.

오늘밤에도 별이 바람에 스치운다.

많은 사람들이 알고 암송하고 있는 시다. 〈서시〉는 윤동주를 대
표하는 시이자, 그를 역사에 살아 있는 사람으로 끌어올린 시라고
할 수 있다. 단지 서정성만이 아니라 역사와 시대의 깊은 어둠과 아
픔, 그 시대를 살아가는 젊은이의 깊은 고뇌가 더 아련함으로 다가
온다. 기억에 오래 남는 차 향香과 같다.

시인 윤동주는 1917년 12월 30일 마당에는 자두나무, 울타리 바
깥에는 살구나무와 오디나무가 있는 동네의 큰 기와집에서 태어났
다. 어릴적 이름은 '해처럼 빛나라'는 뜻의 해환海煥이었다. 특이하게
도 우리말 '해'와 한자 '환煥'으로 지어졌다.

> 우리 남매는 3남 1녀였다. 내 위로는 누님(혜원), 아래로 동
> 생(광주)이 있다. 용정에서 난 동생 광주를 제외한 우리 남
> 매들이 태어난 명동집은 마을에서도 돋보이는 큰 기와집이
> 었다. 마당에는 자두나무들이 있고, 지붕 얹은 큰 대문을 나
> 서면 텃밭과 타작마당, 북쪽 울 밖에는 30주株가량의 살구
> 와 자두 과원, 동쪽 쪽대문을 나가면 우물이 있었고, 그 옆
> 에 큰 오디나무가 있었다. 우물가에서는 저만치 동북쪽 언
> 덕 중턱에 교회당과 고목나무 위에 올려진 종각이 보였고,
> 그 건너편 동남쪽에는 이 마을에 어울리지 않도록 커 보이
> 는 학교 건물과 주일학교 건물들이 보였다.

_윤일주, 《윤동주의 생애》 중에서

　　윤동주의 시를 중심으로 써내려간 김응교의 윤동주 평전《처럼》에 '토포필리아topophilia' '장소애場所愛'라는 표현이 나온다. 사람은 누구나 자기가 사랑하는 장소를 갖고 있다는 말이다. 작가도 자신의 작품 속에 자신이 사랑하는 장소를 그려낸다. 윤동주의 고향인 명동촌과 성장터전인 용정시를 가 본 사람은 윤동주의 시를 읽는 느낌이 남다르다. 윤동주가 이야기하는 하늘과 바람과 별이 눈에 그려지고 볼에 스치고 별이 보이는 것 같다. 태어나는 시대를 선택할 수 없다. 태어나는 곳도 선택할 수 없다. 그러나 인생을 어떤 시선으로 바라보고 살아갈 것인지는 선택할 수 있다.

　　보는 것과 관계된 네 단어를 설명할 필요가 있겠다. 시력視力, 시선視線, 시각視覺, 시야視野의 네 가지다. 시력은 눈으로 보는 것, 시선은 마음으로 보는 것, 시각은 본질을 보는 것, 시야는 넓게 본다는 의미이다. 눈에 보이는 것이 전부가 아니며, 마음으로 마음을 보며, 현상보다 본질을 보는 안목을 키우며, 편협함을 버리고 넓은 마음의 눈으로 나와 인생과 시대를 보는 것이 필요하다. 대체로 우리 인생의 판단과 결정이 오류를 자주 범하는 이유는 시력에 의존한 결정이 많기 때문이다. 겉모습만 보지 말고 마음을 보고 본질을 파악하고 두루 살피는 관점을 가질 수 있다면 사람도 역사도 시대적 상황도 균형 있게 볼 수 있으리라는 마음 때문에 특히 젊은이들에게 권하는 바로보기 연습이다.

　　시인에게는 시력이 시선이 되고 시력이 시각이 되고 시력이 시야가 되는 특별한 눈이 있어야 한다. 윤동주의 시를 읽으면 자연스레 그것이 느껴진다. 윤동주의 시를 예를 들면 그의 시력, 눈으로 보았던 것들이 많이 표현되고 있다. 하늘, 별, 산모퉁이, 집 앞의 우물,

교회당 십자가, 거울, 소년거지 세명, 초 한 대, 같은 학급의 중국 소녀들 등 다양한 사물과 사람을 바라보았다. 그러나 드러난 외형에만 붙잡히지 않고 마음으로 읽은 글을 표현한다. 별 하나에 추억과 사랑과 쓸쓸함과 동경과 시와 어머니 등 아름다운 말을 한마디씩 붙여보기도 한다. 패, 경, 옥 이런 이국 소녀들의 이름과 비둘기, 강아지, 토끼, 노새, 노루 등은 이미 다 그리움이며 슬픔이다. 같은 별을 보아도 북간도에서 보던 별과 고향에서 멀리 떨어진 조국이지만 낯선 땅에서 보는 별은 다른 마음의 언어를 떠오르게 한다. 쉽게 쓰인 시에서 인생은 살기 어렵다는데 시가 이렇게 쉽게 쓰이는 것은 부끄러운 일이라 고백한다. 일제에 의해 붙잡히기 1개월 여 전에 도쿄에서 쓰인 시라고 알려져 있다. 잃어버린 조국, 적국에 와서 공부하는 나, 송몽규도 친구들도 무엇인가 한다고 하는데 이러지도 저러지도 못하는 자신에 대한 무기력함과 부끄러움과 미안함이 묻어있는 자기 자신에 대한 성찰일 것이다.

나는 너가 존재함으로 존재하고 너도 내가 존재함으로 존재하는 만남과 관계성의 역설적 원리 앞에 선 동주의 주변 인물들을 살펴보자. 바람이 별에 스치듯 지나가는 만남이어도 서로에게 남긴 깊이는 깊었던 만남들이다.

하늘의 별이 된
명동마을 친구들

북간도에서 동만의 대통령이라고 불린 김약연 목사님이 자리잡고 계시던 명동이 바로 윤동주와 내가 자란 고향이다.

나는 그 명동소학교에서 동주와 6년을 한 반에서 공부했다. 그리고 명동에서 30리 떨어진 곳 용정에 있는 은진중학교에서 3년을 같이 공부했다. 우리는 교실과 강당과 운동자에서 태극기를 펄럭이며 '동해물과 백두산이…'를 소리 높여 불렀다. 일본 사람들에게 돈을 안 준다고 동경 유학 시절에 전차를 타지 않고 꼭 걸어다녔고, 기차를 안 탄다고 용정에서 평양까지 자전거를 타고 갔다 온 백발이 성성한 명희조 선생에게서 국사 강의를 들으며 우리는 민족애를 불태웠던 것이다. 하지만 동주의 민족애가 움튼 곳은 명동이었다. 국경일, 국치일마다 태극기를 걸어놓고 고요히 민족애를 설파하시던 김약연 교장의 넋이 어떻게 동주의 시에 살아나지 않았겠는가! 어떤 작품이든 조선 독립이라는 말로 결론을 내지 않으면 점수를 안 주던 이기창 선생의 얽은 모습이 어찌 잊히랴!

문익환의 〈태초와 종말의 만남〉이라는 글에서 회고한 명동마을에서의 어린 시절 이야기다. 앞서 살펴본 '간도의 대통령' 김약연의 영향력과 함께 한 교사들이 어떤 심정으로 다음 세대를 키웠는지 알 수 있다. 독립투사를 키우는 교육을 방불케 하니 그 졸업생들이 3·13 만세운동, 15만 원 탈취사건, 봉오동, 전투와 청산리전투 등에 적극적으로 앞장선 것은 당연한 일이라 하겠다.

열네 명의 동기생이 한 교실에서 공부했다. 각기 특별한 재능들이 있었다. 문익환은 노래를 잘하고 피아노도 치며 음악적 감수성이 좋았다. 윤동주는 문학에 재주가 있었고, 송몽규는 연설을 잘하고 리더십이 있어 독립군이 되고 싶어 했다. 그 당시 윤동주는 《어린이》,

송몽규는 《아이생활》이라는 잡지를 구독했다. 생활이 넉넉한 때여서도 그랬겠지만 글에 대한 관심이 남달랐기 때문일 것이다. 5학년이 되면서 자신들이 직접 잡지를 만들겠다 하여 한준명 선생이 '새 명동'이라는 이름을 지어주어 문집을 발간하기 시작했다. 신문사도 만들어 문익환이 사장이 되고 집필진으로 윤동주, 송몽규, 김정우를 두었으니 이만큼 대단한 신문 집필진도 없었을 것이다.

명동소학교를 졸업하고서 윤동주, 송몽규, 문익환, 그리고 김정우는 함께 중국인 학교인 대랍자소학교로 편입하게 된다. 명동중학교가 폐교되어 없어진 상황이었고, 명동마을 자체가 좌우익 싸움에 휘말려 지주들에 대한 테러의 위험조차 높아지고 있던 때였기에 윤동주와 문익환의 집안은 아예 용정으로 이사를 했다. 그리고 소학교를 졸업한 윤동주, 송몽규, 문익환은 캐나다 선교부에 의해 세워진 은진중학교에 입학하게 된다.

이들이 명동을 떠나 용정으로 이주하게 되는 과정을 살펴볼 필요가 있다. 한준명의 회고에 의하면 자신도 이미 공산당 사형선고 명단에 올라 있었고, 사회주의에 심취한 16~17세의 아이들이 헌 지프차를 타고 다니며 추수해 쌓아놓은 곡식 단에 불을 놓아 태워버리거나 지주들과 같이 부유한 사람들에게 테러를 하며 돌아다녔다. 중국 경찰도 통제를 하지 못했다. 명동학교의 폐교에도 사회주의에 영향을 받은 젊은 아이들의 난동이 한몫 단단히 했다. 송몽규는 한때 사회주의가 세상을 바꿀 수 있다며 학교에서 학생들을 선동하는 연설을 하기도 했다. 그런 학생들에 의해 신앙교육에 대한 반발이 커져가고 있었다. 송몽규는 자신의 그러한 행동이 한준명을 쫓아내고 결국 명동학교가 문을 닫게 되는 계기가 된 것을 후회하고, 그후로 사회주의 근처에도 얼씬거리지 않았다고 한다. 문익환의 동생 문동환은 그 시절 명동은 '혼 빠진 시체와 같았다'고 했을 정도니 이들의 상처가 얼마나 컸을지 상상이 된다.

1935년 이들이 18세가 되던 해 세 친구는 은진중학의 3학년을 마치고 각자의 선택에 따라 길을 떠나게 된다. 송몽규는 누구에게도 알리지 않고 낙양군관학교에 입교하기 위해 중국으로 떠났다. 문익환은 상급학교 진학을 위해 5년제 중학교인 숭실중학교 4학년으로 편입을 한다. 윤동주는 용정중앙교회 주일학교 선생을 시작했으나 문익환과 같이 숭실중학교로 편입하고 싶어했다. 집안 어른들이 허락하지 않았으나 한 학기를 마치고 편입시험을 본 결과 문익환보다 한 학년 아래로 편입이 허락되어 동주는 삶의 첫 좌절을 경험하게 된다.

청년문사青年文士
송몽규

몽규는 동주보다 석 달 정도 먼저 같은 집에서 태어났다. 그의 아버지인 송창희가 명동촌 유지였던 윤하현 장로의 큰딸 윤신영과 결혼하고 혼자 몸으로 명동촌에 와 있었기에 처가살이를 했다. 몽규의 어릴 적 이름은 한범韓範이었다. 몽규의 아버지 송창희는 화룡현 대랍자촌大拉子村의 촌장을 지내면서도 일본어를 쓰지 않았다. 학교 수업도 일본어를 사용해야 하고 만주 지역 사람들도 이름조차 일본 이름을 써야 했던 때였지만, 일본어를 배우지도 쓰지도 않은 것은 대단한 저항정신의 실천이라고 할 수 있다. 몽규의 저항정신은 아버지의 그런 면을 닮았나보다.

어릴 적 몽규는 어떤 사람이었을까? 머리가 좋았고 공부를 잘했으며 성격이 활발하고 매사에 적극적이어서 늘 몽규가 어떤 일을 하자고 하면 친구들이 잘 따랐다. 언제나 리더 역할을 했기에 무슨 활동을 하든지 적극적이었으며, 친구들을 이끌었다. 그는 18세에 남경에 위치한 중앙군관학교의 낙양분교 한인반에 입학하여 군사훈련을 받는다. 낙양군관학교 한인반은 윤봉길 의사의 의거로 대한민국임시정부의 항일운동에 관심을 가지게 된 중국 국민당 장개석 주석의 지원으로 설립되었다. 그러나 1기 졸업생을 배출한 후 한인반은 문을 닫게 된다.

결국 송몽규는 중국 산동성에서 일본 경찰에 체포되어 본적지인 함경북도 웅기경찰서로 보내져 몇 개월 뒤 석방되게 된다. 이때부터 송몽규는 일본의 '요시찰인'이 된다. 이 일로 송몽규에 대한 일본의 감시가 이어졌고 1943년 7월 일본에서 송몽규와 윤동주가 검거되기에 이른다.

송몽규는 낙양군관학교로 떠나기 전인 1935년 《동아일보》 신춘문예 콩트 부문에 〈술가락〉으로 당선된다.

우리 부부는 인제는 굶을 도리밖에 없엇다.
잡힐 것은 다 잡혀먹고 더 잡힐 것조차 없엇다.
「아- 여보! 어디좀 나가봐요!」
안해는 굶엇것마는 그래도 여자가 특유特有한 뽀루퉁한 소리로 고함을 지른다.
「…」 나는 다만 말없이 앉어 잇엇다. 안해는 말없이 앉어 눈만 껌벅이며 한숨만 쉬는 나를 이윽히 바라보더니 말할 나위도 없다는 듯이 얼골을 돌리고 또 눈물을 짜내기 시작한다.
나는 아닌 게 아니라 가슴이 아펏다. 그러나 별 수 없었다.
둘 사이에는 다시 침묵이 흘럿다.

「아 여보 조혼수가 생겻소!」 얼마동안 말없이 앉아 잇다가
나는 문득 먼저 침묵을 깨트렷다.

「뭐요? 조혼수?」 무슨 조혼수란 말에 귀가 띠엿는지 나를
돌아보며 부드러운 목소리로 대답을 한다.

「아니 저 우리 결혼할 때… 그 은술가락 말이유」

「아니 여보 그래 그것마저 잡혀먹자는 말이요!」 내말이 끝
나기도 무섭게 안해는 다시 표독스러운 소리로 말하며 또
다시 나를 흘겨본다.

사실 그 술가락을 잡히기도 어려웟다. 우리가 결혼할 때 저-
먼 외국外國 가 잇는 내 안해의 아버지로부터 선물로 온 것이
다. 그리고 그때 그 술가락과 함께 써보냇던 글을 나는 생각
하여 보앗다.

「너히들의 결혼을 축하한다. 머리가 히도록 잘 지나기를 바
란다. 그리고 나는 이 술가락을 선물로 보낸다. 이것을 보내
는 뜻은 너히가 가정을 이룬 뒤에 이술로 쌀죽이라도 떠먹
으며 굶지말라는 것이다. 만일 이 술에 쌀죽도 띠우지 안흐
면 내가 이것을 보내는 뜻은 어글어 지고 만다.」 대게 이러
한 뜻이엇다.

그러나 지금 쌀죽도 먹지 못하고 이 술가락마저 잡혀야만 할
나의 신세를 생각할 때 하염없는 눈물이 흐를 뿐이다마는 굶
은 나는 그런 것을 생각할 여유없이 「여보 어찌 하겟소 할 수

잇소」 나는 다시 무거운 입을 열고 힘없는 말로 안해를 다시 달래보앗다. 안해의 뺨으로 눈물이 굴러 떨어지고 잇다.

「굶으면 굶엇지 그것은 못해요.」 안해는 목메인 소리로 말한다.

「아니 그래 어찌겟소. 곧 찾아내오면 그만이 아니오!」 나는 다시 안해의 동정을 살피며 부드러운 목소리로 말없이 풀이 죽어 앉어 잇다. 이에 힘을 얻은 나는 다시 「여보 갖다 잡히기오 빨리 찾어내오면 되지 안겟소」 라고 말하엿다.

「글세 맘대로 해요」 안해는 할 수 없다는 듯이 힘없이 말하나 뺨으로 눈물이 더욱더 흘러내려오고 잇다.

사실 우리는 우리의 전재산인 술가락을 잡히기에는 뼈가 아팟다.

그것이 은수저라 해서보다도 우리의 결혼을 심축하면서 멀리 XX로 망명한 안해의 아버지가 남긴 오직 한 예물이엇기 때문이다.

「자 이건 자네 것 이건 자네 안해 것- 세상없어도 이것을 없애서 안되네」 이러케 쓰엿던 그 편지의 말이 오히려 지금도 눈에 선하다.

그런 술가락이건만 내것만은 잡힌지가 벌서 여러달이다. 술치 뒤에는 축祝지를 좀 크게 쓰고 그 아래는 나와 안해의 이름과 결혼이라고 해서僭書로 똑똑히 쓰여잇다.

나는 그것을 잡혀 쌀, 나무, 고기, 반찬거리를 사들고 집에 돌아왓다.

윤동주

안해는 말없이 쌀을 받어 밥을 짓기 시작한다. 밥은 가마에서 소리를 내며 끓고 잇다. 구수한 밥내음새가 코를 찌른다. 그럴 때마다 나는 위가 꿈틀거림을 느끼며 춤을 삼켯다.

밥은 다 되엇다. 김이 뭉게뭉게 떠오르는 밥을 가운데 노코 우리 두 부부는 맞우 앉엇다.

밥을 막 먹으려던 안해는 나를 똑바로 쏘아본다.

「자. 먹읍시다.」 미안해서 이러케 권해도 안해는 못들은체 하고는 나를 쏘아본다. 급기야 두 줄기 눈물이 천천이 안해의 볼을 흘러 나리엇다. 웨 저러고 잇을고? 생각하던 나는 「앗!」 하고 외면하엿다. 밥 먹는데 무엇보다도 필요한 안해의 술가락이 없음을 그때서야 깨달앗던 까닭이다.

_송몽규, 〈술가락〉 전문

몽규의 〈술가락〉은 18세 청소년이 쓴 글로는 읽히지 않을 만큼 당시의 시대적 상황을 잘 반영하고 있다. 망명으로 인한 가족의 이별과 그러하기에 더 애틋한 그리움, 가장 소중한 것조차 내어 맡겨야 하는 당시 사람들의 삶의 현실, 밥상을 놓고 마주앉았으나 막상 떠먹을 숟가락이 없는 삶의 아이러니. 니체는 27세에 《비극의 탄생》을 통해 비극적 명랑성을 언급했다면, 북간도의 한 시골 마을의 18세 소년은 이미 비극적 명랑성을 삶으로 이해하고 있었다. 소설가 김유정의 작품에서도 이러한 비극적 명랑성을 많이 볼 수 있다. 일제 치하 만주 벌판이나 강원도 산골짜기나 민초들이 느끼며 살았던 정서는 통하는 데가 있다. 이 시대를 살아가며 버틸 수 있는 힘이 어쩌면 문학이 주는 비극적 명랑성이 아닐까.

　몽규는 자신의 호를 문해文海, '문학의 바다'라고 지었으니 문학에 대한 그의 포부와 열정이 남달랐을 것이다. 몽규의 글들이 더 많이 남아 전해지지 않는 것은 아쉬운 일이다. 송몽규의 글은 〈하늘과 더불어〉 〈밤〉이 전해진다. 두 편의 글에서 하늘, 구름, 달, 별 등의 시어가 동주의 그것과 닮았다. 어쩌면 동주가 몽규를 닮았다고 해야 할지도 모르겠다. 몽규가 신춘문예에 당선된 일은 동주에게도 자극이 되어 그때부터 자신의 작품들에 창작 날짜를 써가며 기록을 남겼다고 한다. 이 시기 윤동주의 시 〈내일은 없다〉도 두 편밖에 남지 않은 몽규의 시들과 닮아 있다.

　　　내일 내일 하기에 / 물었더니 / 밤을 자고 동틀 때 / 내일이라고 / 새날을 찾던 나도 / 잠을 자고 돌보니 / 그때는 내일이 아니라 / 오늘이더라

　　　무리여! / 내일은 없나니 / …

　　　　　_윤동주. 〈내일은 없다 — 어린 마음의 물은〉 전문

　자신이 적은 그대로 어린 마음에 결기어린 시를 한 편 썼다. 내일을 기다리지만 내일이 되고보니 오늘이더라. 결국은 내일은 없다. 우리에겐 오늘만 있을 뿐. '무리여!'라는 표현은 동주의 몇몇 시에 보이지만 즐겨 쓰거나 긍정적인 의미로 쓰이지는 않았다. 키르케고르를 정신적으로 만나기 전인데 이런 글을 썼다. 그와의 깊은 정신

적 만남을 예고하듯.

　동주는 몽규의 《동아일보》 신춘문예 등단이 마냥 기쁘지만은 않았을 것이다. 동주와 그의 친구들은 함께 공부하면서 동주는 몽규에게, 익환은 동주에게 문학적 자극을 받기도 하며 친구의 우정 어린 시샘을 하기도 했다. 문익환은 세 사람의 관계를 회고하며, 윤동주가 자신보다 한 발 앞선다는 생각에 열등감을 가졌고, 윤동주는 송몽규가 매사에 한 발 앞서는 것에 열등감을 가졌다고 했다. 둘도 없는 친구이자 경쟁자인 관계는 우리 주변에 항상 있다. 경쟁의 결과를 떠나서 친구가 될 수 있는 사람이 진정한 친구다.

　사람과 사람이 만나면 사랑해도 닮고 미워해도 닮는다. 존중해도 닮고 시기해도 닮는다. 사람이 함께 한다는 것은 닮아가는 과정이다. 그래서 인생 누구와 함께 하느냐가 중요하다. 친구를 보면 그 사람을 안다는 말도 닮아가기 때문이다. 그래서 누가 누굴 닮느냐가 더 중요하다. 그들이 만난 시대가 그들을 성숙하게 한다. 남다른 시선과 시각을 가지게 한다.

　윤동주는 문익환과 함께 평양의 숭실학교로 갔던 것처럼 송몽규와 함께 연희전문학교에 진학한다. 이 무렵 문익환은 일본신학교로 진학한다. 4년간의 연희전문학교 시절을 통해 윤동주의 시 세계는 더욱 깊어진다. 식민지화된 조국을 떠나 북간도에 있으면서도 충분히 일제의 만행을 경험하며 살았지만 숭실학교의 폐교로 다시 간도로 돌아온 경험과 이제 20대가 되어 다시 마주한 조국의 수도 서울의 현실을 또 다른 시선으로 바라보게 되었다. 신사참배가 본격화되면서 거부하는 학교들의 폐교령이 수시로 내려지는 상황이었다. 윤동주와 같은 해 연희전문학교에 입학한 유영의 증언은 생생하다.

이러한 때에 민족운동의 본산인 연희 동산을 찾아오는 이들은 다 제각기 뜻이 있어 온 젊은이들이었다고 할 수 있다. 학생들이 그러한 자세와 정신에서 찾아왔고, 또 교수 역시 우리 겨레의 학문과 정신을 지도하는 가장 유명한 인사들이 었다는 것은 더 말할 나위 없다. 더욱이 언더우드 일가의 개교 정신이며, 또 선교사 측의 정신적인 뒷받침과 국제적인 관심도 이 학원의 발전과 학문 연구에 크나큰 밑받침이 되었음은 물론이다.(…)

외솔 선생의 《우리말본》 강의를 들었을 때 우리는 얼마나 감격했고 또 영광스러웠고 연희 동산이 얼마나 고마운 곳인가를 뼈저리게 느꼈다. 동주가 얼마나 그 강의들을 열심히 들었는지, 항상 앞자리에 앉던 동주의 모습이 지금도 눈에 선하게 떠오른다.(…)

그리고 그 누구보다 동주를 울렸고 우리 모두를 울린 선생이 있는데, 그분이 바로 손진태 교수다. 손 교수께서 역사 시간에 잡담으로 퀴리 부인 이야기를 하신 것이다. 퀴리 부인이 어렸을 때 제정 러시아 하에서 몰래 교실에서 폴란드 말 공부를 하던 때 마침 시학관이 찾아와 교실을 도는 바람에 모두 폴란드말 책을 책상 속에 집어넣었다.(…)

손 선생은 이 이야기를 소개하고 자신이 울며 손수건을 꺼내자 우리들도 모두가 울음을 터뜨려 통곡을 하였다.

_유영, 〈연희전문 시절의 윤동주〉 중에서

이 외에도 회화, 체육, 설교 그 과목이 무엇이든지 그들에게는 민족의식 고취가 밑바탕에 깔려 있었다. 윤동주와 송몽규는 연희전문학교에서도 함께 《문우》라는 잡지를 발간했다. 일본어로 발간해야 하는 상황이었기에 창씨개명한 이름을 써야 했지만, 송몽규는 자기이름을 순 우리말로 풀어서 '꿈별'이라는 이름으로 〈하늘과 더부러〉라는 시를 올렸다. 윤동주는 〈새로운 길〉과 〈우물속의 자상화自像畫〉두 편을 올린다. 《문우》는 1941년에 종간되었다가, 해방 후 연세대 문과대 학생들이 복간했다.

1941년도 두 사람에게 쉬운 시간은 아니었다. 윤동주는 정병욱과 누상동 소설가 김송의 집에 하숙하였지만, 일본 형사들이 그의 집에 너무 자주 찾아와 자신들의 방까지 다 뒤지자 어쩔 수 없이 또 방을 옮겨갔다. 최현재, 정인보 등 한국어 학자들을 보호하며 연희전문학교를 지키던 원한경Horace Horton Underwood 박사도 일제의 강요에 의해 교장직을 사퇴했다. 일제는 친일인사인 윤치호를 교장으로 앉혔다가 곧 일본인을 교장으로 앉혔다. 전쟁이 막바지로 치닫고 전선이 점점 일본에게 불리해지자 최후의 발악을 하는 시기였다.

졸업 후 일본유학을 결정한 송몽규와 윤동주는 그렇게도 치욕스럽게 생각하던 창씨개명을 더 이상 피할 수 없음을 알게 된다. 이름을 바꾸더라도 스스로의 의지가 아닌 누군가의 강요에 의해 바꾼다는 것은 참으로 수치스러운 일이다. 견디다못한 윤동주는 시 〈참회록懺悔錄〉을 창씨개명계를 제출하기 닷새 전에 쓴다. 당시 상황은 창씨개명을 하지 않고는 학교 입학과 진학도 거부당하고, 창씨개명 하지 않은 아이들은 구타하여 부모가 강제로 창씨개명을 하도록 했다. 공사기관에 채용될 수도 없었고 현직에 있던 자도 해고당했다. 창씨개명을 하지 않으면 민원업무도 처리해주지 않았으며 경찰의 사찰 대상이 되었다. 우선 징용대상자가 되고 식량과 물자 배급 대상에서 도 제외되었다.

송몽규와 윤동주는 유학을 위해 그토록 싫어했던 창씨개명을 할 수밖에 없는 운명이었다. 윤동주는 히라누마 도주平沼東柱, 송몽규는 소무라 무케이宋村夢奎라는 이름으로 창씨개명하게 된다. 시대의 아픔 이다. 대한의 젊은이들이 일본식 이름으로 개명한다는 것은 자신들 의 정체성을 잃어버리는 것과 같았다. 이름 몇 글자 바꾸는 것이 그 렇게 대단한 의미가 있는가 생각할 수도 있다. 하지만 일제 치하의 창씨개명은 역사를 부정하고 부모와 조상을 부정하고 자신을 부정 하는 것과 같은 의미였다. 나라를 잃으면 나를 잃는다.

> 내를 건너서 숲으로/고개를 넘어서 마을로//어제도 가고 오 늘도 갈/나의 길 새로운 길//민들레가 피고 까치가 날고/아 가씨가 지나고 바람이 일고/나의 길은 언제나 새로운 길/ 오늘도… 내일도…//내를 건너서 숲으로/고개를 넘어서 마 을로

_윤동주, 〈새로운 길〉 전문

연희전문학교 입학 후 한달 남짓한 시간이 지난 1938년 5월 10일 에 쓴 시다. 1년이 지난 1939년에는 새로운 길이 고갯길이 된다. 그 고갯길에서 만나 세 소년 거지가 등장하며, "얼마나 무서운 가난이 이 어린 소년들을 삼켰나!"라는 내용의 〈투르게네프의 언덕〉이라는

시를 쓴다. 〈자화상〉 속에서 깊은 번민을 드러내고, 그러고는 1년 반 넘는 시간을 글을 쓰지 않는 기나긴 침묵의 시간에 들어간다. 그 기간 동안 키르케고르만 탐독했다. 그러던 1941년 9월 30일 그는 〈십자가〉에 이어 〈길〉을 내놓는다. 대학교 1학년 때 걷던 길과 대학교 4학년 때 걷던 길이 무엇이 달라진 것일까? 그 첫 시작은 "잃어버렸습니다"로 시작한다. 그리고 "나에게 주어진 길을 걸어가야겠다"는 〈서시〉로 귀결된다.

송몽규와 윤동주는 둘 다 교토제국대학에 진학하고자 했다. 동경제국대학이 관료적이고 법학 상경 계열이 뛰어났다면, 교토제국대학은 자유로운 학풍에 인문과 기초과학 분야가 뛰어났다. 두 사람이 후자를 선택할 이유는 충분했다. 송몽규는 교토제대 사학과 서양사학 전공으로 입학했으나 윤동주는 동경에 있는 릿교대학 문학부 영문과에 가게 된다. 윤동주는 교토로 옮기기를 간절히 원했다. 송몽규가 있기에도 그랬고 릿교대학이 이미 천황주의를 따르며 군대를 방불케하는 분위기였기 때문이다. 그리고 무엇보다 존경하는 정지용이 다녔던 도시샤대학으로 가고 싶어했기 때문이라 추측한다. 결국 둘은 서로 5분 거리의 하숙방에 살며 시와 민족의 장래와 독립과 자신들의 미래의 계획에 대해 대화를 나누곤 했다.

그러나 일본 경찰은 둘 다 체포하고 만다. '재교토 조선인 학생 민족주의그룹 사건 책동'이라는 혐의였다. 일곱 명의 학생들이 체포되어 2년형을 선고받고 후쿠오카 형무소로 넘겨졌다.

북간도 명동촌, 같은 집에서 송몽규는 1917년 9월 28일에, 윤동주는 12월 30일에 태어났다. 송몽규의 아버지 송창희가 윤동주의 고모부였다. 몇 달이라도 먼저 태어났으니 형이라 생각했나보다. 둘은 함께 명동학교를 다녔고 은진중학을 다녔다. 연희전문학교를 함께 다녔고 일본 유학도 함께 왔다. 함께 고민했고, 함께 공부했고, 함께 울었고, 함께 투옥되었고 같은 집에서 태어난 것처럼 같은 형무소에서 죽음을 맞이했다. 윤동주는 1945년 2월 16일, 송몽규는 1945년 3월 7일. 만 27세의 나이로 죽음을 맞이했다.

쌍둥이 형제여도 이만큼 삶의 궤적이 비슷하기 어려울 것이다. 성향은 정반대인 듯한 두 사람이 함께 걸어간 그 길은 결코 쉬운 길은 아니었을 것이다. 하지만 함께 걸었기에 갈 수 있었던 길이었다.

창 밖에 밤비가 속살거려
육첩방은 남의 나라

시인이란 슬픈 천명인 줄
알면서도 한 줄 시를 적어볼까

땀내와 사랑내 포근히 품긴
보내 주신 학비 봉투를 받아

대학 노트를 끼고
늙은 교수의 강의를 들으러 간다
생각해보면 어린 때 동무를
하나, 둘, 죄다 잃어버리고

나는 무얼 바라

윤동주

나는 다만, 홀로 침전하는 것일까?

인생은 살기 어렵다는데 시가 이렇게 쉽게 씌어지는 것은
부끄러운 일이다.

육첩방은 남의 나라
창 밖에 밤비가 속살거리는데

등불을 밝혀 어둠을 조금 내몰고
시대처럼 올 아침을 기다리는 최후의 나

나는 나에게 작은 손을 내밀어
눈물과 위안으로 잡는 최초의 악수

_윤동주, 〈쉽게 쓰여진 시〉 전문

　남의 나라! 절대로 자신이 살아가고 싶지 않은 정체성과 신분을
강요하는 가운데서도 글을 쓰는 시인의 슬픈 천명. 그럼에도 불구하
고 시대의 등불을 밝혀 조그마한 어두움이라도 몰아내고자 하는 가
녀리지만 결기어린 몸짓의 나. 인간이 살면서 가장 만나기 힘든 존
재는 자기 자신이라고 했다. 동주는 이 시에서 자신과 악수한다. 동
주와 몽규는 다른 성향인 듯 하고 다른 길을 간 듯 하지만 결국 같은
길을 걸었다.

윤동주를 다시 불러낸
정병욱

정병욱鄭炳昱은 윤동주와 2년 이상 함께 하숙을 하며 가까이에서
서로를 지켜 보았던 친구였다. 정병욱은 1922년 경남 남해군 설천
면 문항리에서 태어났다. 1940년 연희전문학교에 입학한 정병욱을
찾아 온 사람이 있었다. '찾아왔다'는 표현이 화제다. 중학생 시절에
이름을 기억할 정도로 윤동주의 발표작이 이미 알려져 있었다는 사
실이다.《조선일보》1938년 10월 17일자에 시 〈아우의 인상화〉,《조
선일보》1939년 1월 23일에 산문 〈달을 쏘다〉가 실렸다. 중학생이
신문에 실린 글들을 볼 정도였으면 정병욱도 어려서부터 문학에 관
심이 꽤 깊었다고 볼 수 있다. 자신을 찾아온 윤동주를 '찾아주었다'
라고 표현했다. 뜻밖의 영광이라고 생각했다는 뜻이다. 정병욱은 단
지 윤동주의 유고시집을 보관해 우리에게 전해주었다는 중요한 역
할뿐만 아니라 연희전문시절의 윤동주의 일상 모습도 많이 전해주
었다. 〈잊지 못할 윤동주 형〉에서 윤동주는 문학, 역사, 철학, 이런
책들을 종이가 뚫어지도록 정독했는데 입을 꾹 다문 그의 눈에서 불
덩이가 튀는 듯 했다고 한다. 책을 읽다가 눈을 감고 한참을 새김을
하고 다음으로 넘어가기도 하고 어떤 때는 공책에 메모를 하기도 했
다. 책에 직접 줄을 치는 일은 없었다.

윤동주 시세계의 절정기라고 할 만큼 좋은 시들이 쓰였던 시기가
이때라고 보는데 정병욱과의 만남이 분명 영향이 있었을 것이다. 쑥
스러움이 많아 좀처럼 사람들과 잘 어울리지 않는 그가 먼저 정병욱
을 찾아왔을 때는 무엇인가 그의 글에서 특별함을 발견했기 때문이

리라. 학교를 오가며 대화하고 하숙집에서 대화하고 함께 산에 오르며 대화했을 것이다. 그리고 윤동주의 침묵기라고 하는 시간 동안 정병욱이 함께 보냈다는 점도 의미가 있다.

윤동주 평전을 쓴 송우혜가 인용한 정병욱의 〈잊지 못할 윤동주의 일들〉이라는 글에 다음과 같이 회고한다.

> 내가 동주를 알게 된 것은 연희전문학교 기숙사에서였다. (…) 그는 연희전문학교 문과에서 나의 두 반 위인 상급생이었고, 나이는 다섯 살이나 위였다. 그는 나를 아우처럼 귀여워해주었고, 나는 그를 형으로 따랐다. 기숙사에 있으면서 식사시간이 되면 으레 내 방에 들러서 나를 이끌어 나가 식탁에 마주앉았기로 나는 식사시간이 늦어도 그가 내 방에 노크할 때까지 그를 기다리곤 했다. 신입생이 나는 모든 대중을 동주로 말미암아 다져갔고, 시골뜨기때가 동주로 말미암아 차차 벗겨져 나갔었다. 책방에 가서 책을 뽑았을 때에도 그에게 물어보고야 책을 샀고, 시골 동생들의 선물을 살 때에도 그가 골라주는 것을 사서 보냈다. (…)
> 그는 곧잘 달이 밝으면 내 방문을 두들기고 침대 위에 웅크리고 누워있는 나를 이끌어내었다. 연희 숲을 누비고 서강 들을 꿰뚫는 두어 시간 산책을 즐기고야 돌아오곤 했다. 그 두어 시간 동안 그는 별로 입을 여는 일이 없었다. 가끔 입을 열면 고작 "정형, 아까 읽던 책 재미있어요?"하는 정도의 질문이었다.

동주에게 정병욱은 한결 같이 곁에 있어주는 친구였다. 말없이 몇 시간을 함께 걸어도 어색하지 않았다. 자신보다 나이가 어려도 자기가 쓴 시를 보여주고 의견을 듣고 기꺼이 고칠 수 있는 그런 친구였다. 그러면서 동주의 시는 더 깊어졌을 것이다. 더 다듬어져갔을 것이다. 글쓰기조차 버거운 시간들을 견뎌냈을 것이다.

그 당시 그의 심정을 대변하는 시가 〈팔복〉이다.

슬퍼하는 자는 복이 있나니
슬퍼하는 자는 복이 있나니
슬퍼하는 자는 복이 있나니
슬퍼하는 자는 복이 있나니
슬퍼하는 자는 복이 있나니
슬퍼하는 자는 복이 있나니
슬퍼하는 자는 복이 있나니
슬퍼하는 자는 복이 있나니

저희가 영원永遠히 슬플 것이요.

반전은 없었다. 성서의 산상수훈을 한 번이라도 들어보거나 읽어본 사람은 반전에 익숙할 것이다. 저희가 위로를 받을 것임이요. 그러나 동주는 차마 그렇게 쓸 수가 없었다. 육필 원고는 몇차례 수정했다. '저희가 슬플 것이요'라고 썼다 지우고, '저희가 위로함을 받을 것이요'라고 썼다 지우고 '저희가 오래 슬플 것이요'라고 썼다가 '오래'를 지우고 '永遠'이라고 썼다.

이 시를 반신앙적인 풍자시로 설명하는 경우가 많다. 정말 그럴까? 당시 우리 민족을 바라보며 '슬픈 족속'이라고 보았던 그는 당시의 민족적 현실을 슬픔이라는 단어로 함축했다. 팔복은 가난한 자, 애통하는 자, 온유한 자, 의에 주리고 목마른 자, 긍휼히 여기는 자, 마음이 청결한 자, 화평하게 하는 자, 의를 위하여 핍박을 받는 자 등의 여덟 가지 경우를 말하고 있지만, 그는 '슬퍼하는 자'라는 한 가지를 여덟 번 반복한다. 더 깊은 슬픔이다. 그의 시에서 언급된 모든 슬픔을 다 모아놓은 슬픔이다. 섣부른 위로를 말 할 수 없는 슬픔이다. 얼마나 많은 이들이 섣부른 위로를 늘어놓는가? 얼마나 많은 책들이, 설교가, 강연이 섣부른 위로를 늘어놓는가. 충분한 공감과 애도의 시간이 없이 섣부른 위로를 남발하는 것은 고통에 대한, 슬픔에 대한 모독이다. 어쩌면 '저희가 영원히 슬플 것이요'라는 말은 사람들의 슬픔에는 깊은 공감을 신에 대하여는 '저희를 영원한 슬픔에 두시렵니까?'라는 기도로 올리는 이중적 의미로 읽어야 할 것이다.

우리에겐 대단한 친구가 필요한 것이 아니다. 충분히 공감해줄 수 있는 사람이 친구다. 슬픔을 당했을 때 섣불리 기분 전환을 시켜주려는 것이 아니라 충분히 함께 애도해줄 수 있는 사람이 진정한 친구다. 정병욱이 썼던 〈뻐꾸기의 전설〉에서 윤동주는 그런 슬픔의 동질감을 느꼈는지도 모를 일이다.

윤동주가 정병욱에게 자신의 필사본 《하늘과 바람과 별과 시》 3부 중의 1부를 보관해 달라고 부탁했다. 정병욱은 일제 말기 학병으로 끌려갔다 살아 돌아왔는데, 학병으로 떠나며 자신의 본가 전남 광양시 진월면 망덕리에 친필 시고집을 옮겨놓았다. 정병욱의 누이동생인 정덕희가 회고하기를 집 마루 밑에 귀중한 물건을 보관하는 큰 독이 있었는데 어머니가 어느 날 그 곳에서 그 원고를 꺼내어 보여 주며 오빠가 학병 나가면서 절대 일본 순사들 눈에 띄면 안 된다고 당부했다고 했다 한다. 이 원고가 정음사에서 《하늘과 바람과 별과 시》로 출판되었다.

또 다른 친구 강처중의 역할을 빼놓을 수 없다. 송몽규, 윤동주, 강처중은 연전기숙사 동거생이었다. 윤동주가 연희전문학교를 떠나 며 그의 모든 물건들, 유품이 되고 만 물품들을 강처중에게 맡겨놓 았다. 송몽규와 윤동주, 강처중은 서로 돈이나 물건을 공유해서 썼 다고 한다. 윤동주가 서울에 두고 간 참회록의 원고와 필사본 시집 에 들어가지 않은 나머지 시 원고들과, 윤동주가 보낸 편지에 실린 그의 시들 그리고 윤동주의 책들과 앉은뱅이책상, 연전졸업앨범 등 을 보관했다가 해방 후 서울에 온 윤동주의 동생 윤일주에게 전하는 중요한 역할을 했다. 해방 후 《경향신문》 기자였던 그가 《경향신문》 을 통해 윤동주의 시를 세상에 알리는 일에 힘썼고, 정지용의 소개 와 함께 올렸다. 또한 정병욱과 함께 그가 주도하여 한 권의 시집을 출간해 냄으로써 윤동주의 시집이 우리에게까지 오게 되었다.

지켜야 할 것을 지킬 줄 아는 사람들, 가치 있는 것을 가치 있게 지켜나갈 줄 아는 사람들 덕에 역사는 발전한다. 글 몇 편, 편지 몇 장 대수롭지 않게 여길 수 있다. 하지만 그 글에 묻어 있는 친구의 향기가 그것의 가치를 무엇과도 비교할 수 없게 만든다. 친구는 갔 으나 친구의 글은 남았다. 그리고 진정한 친구라면 그 글에 묻어 있 는 친구의 눈물과 땀과 고뇌도 함께 기억하는 것이다.

수줍은 투사
문익환

명동 마을에서 함께 자란 송몽규, 윤동주, 문익환 세 친구 가운데 문익환이 가장 유약하다면 유약했다. 폐결핵으로 인해 결혼조차 거절당할 정도였다. 오죽하면 아내 될 박용길이 6개월만 살다 죽어도 좋다, 남은 세월은 선교하기로 작정했다며 결혼을 결정했을까. 그 정도 각오였기에 파란만장했던 그의 삶의 여정에 동행이 가능했으리라.

그를 흔히 잘못 평가하는 사람들은 불법으로 북한을 방문하고 김일성을 만나 북한이 원하는 적화통일을 실현하도록 합의한 것처럼 비판한다. 그러나 문익환의 삶을 자세히 들여다보면 누구보다 공산당에 대한 반감이 클 수밖에 없는 성장 배경을 가지고 있다. 그가 어려서 친구들과 존경하는 여러 집안과 동네 어른들과 교회와 학교의 스승들과 함께 추억을 공유할 수 있는 곳은 명동마을이었다. 명동학교였으며 명동교회였다.

그의 아버지는 명동교회뿐 아니라 용정중앙교회를 훌륭하게 목회한 목회자였다. 맨 땅을 개간하여 일구어낸 마을과 학교와 교회를 버리고 떠나야 했던 이유가 바로 러시아에서 영향을 받은 사회주의 바람 때문이었다. 그들은 결코 사회주의 사상에 동조할 수 없었다. 용정지역의 공산당들이 명동학교를 명동교회와 분리시켜 인민학교로 만들려는 시도를 했다. 말로 회유해도 통하지 않자 학교 내부에서 내분을 일으키고 폭력까지 동원하게 되었다.

밤마다 복면을 하고 들어와 흉기를 들고 위협하거나 살해하여 사

람들이 죽어갔다. 북간도의 대통령이라 불리던 김약연조차 어찌할
수 없어 학교를 포기하고 평양신학교로 신학공부를 위하여 떠나갔
다. 명동학교는 인민학교가 되었고 아침마다 드리던 예배는 없어졌
으며 존경받던 선생님들은 쫓겨갔다. 문익환 평전을 쓴 김형수는 이
것을 "문익환이 경험한 최초의 분단"이라고 표현했다.

문익환과 동생 문동환의 팽이를 태운 일화도 알아둘 만하다. 외
삼촌이 참나무로 팽이를 만들어주었는데 둘이서 팽이를 치고 노는
일이 너무나 즐거워 시간 가는 줄 몰랐다. 그러다 갑자기 문익환이
팽이를 집어서는 부엌 아궁이에 넣어버렸다고 한다. 이유는 팽이를
돌리다가 예수님을 잊어버렸다는 것이다. 무엇이고 예수님보다 더
소중하게 생각하면 우상이라고 그 팽이를 부엌 아궁이에 넣어버린
것이다. 어린 시절의 경험은 무섭도록 오래 간다. 어린 시절의 트라
우마로 평생을 편견에 사로잡혀 사는 사람도 많다. 어려서 영적 감
수성이 풍성하여 꽃과 하늘과 돌맹이 하나와도 대화하며 생명을 경
외하는 심성을 가졌던 문익환. 사회주의의 준동으로 자신들이 다니
던 학교가 폐교되고 집과 교회를 버리고 부모가 생명의 위협조차 느
껴 이사를 해야 했던 경험이 있는 그를 급진적인 사회주의자로 몰아
세우는 것은 지나치다.

송몽규, 윤동주 등 다른 친구들이 화룡현 대랍자 소학교로 진학
한 것과 다르게 문익환은 홀로 용정으로 진학한다. 송몽규와 윤동주
를 비교했을 때 윤동주는 말이 없고 책 읽기를 좋아하는 친구로 묘사
되지만, 윤동주와 문익환을 놓고 보았을 때는 문익환이 그런 친구로
비교 되니 그 성정을 알 만하다. 그들은 은진중학교에서 다시 만났
다. 김약연과 아버지 문재린도 교직에 참여했고 명동학교에서 하던

대부분 행사들이 살아났다. 선생님들은 한국어를 국어로 가르쳤고 일본말은 일어라고 했다. 일본어로 되어 있는 교과서도 한국말로 동시 통번역으로 가르쳤다. 무엇보다 윤동주와 송몽규를 다시 만나 함께 다니게 되었으니 더할 나위 없이 기뻤다. 윤동주는 동시에 깊이 빠졌고, 송몽규는 중학생이 《동아일보》 신춘문예에 당선되어 모두를 놀라게 하였다. 윤동주는 애써 자신을 위로하는 척했으나 문익환은 아예 자신은 그만한 재능은 없어 부럽다고 생각했다.

그는 혁명가적 기질보다는 목회자적 기질이 다분했다. 투사보다는 시인이 더 어울리는 사람이다. 사람들은 그가 보여준 예언자적 투사의 모습에 주목하겠지만, 그의 내면은 폭력을 본능적으로 거부하는 자다. 그는 기도의 자리를 좋아했고 다른 어떤 책들보다 성경을 사랑했다. 그래서 그는 숭실중학을 그렇게 좋아했다. 그러나 그마저도 신사참배 반대로 문을 닫게 되어 용정으로 돌아와 당시 일본인이 운영하던 광명중학에 입학하여 더 깊은 고뇌 속에 빠져들게 되었다. 윤동주와 송몽규가 연희전문학교로 진학을 결정한 뒤 그는 교사로 1년 남짓 있었지만, 그 또한 자신의 길이 아님을 알았다. 많은 고민 속에 그는 자신을 이끌어준 정재면, 김약연, 한준명 등의 스승들이 모두 선생이기 전에 목사요 목사이기 전에 애국자들이었던 것을 떠올리고 마침내 목회자의 길을 가기로 결심한다.

이 길에서부터 문익환은 두 친구와 다시 볼 수 없는 길을 떠났다. 1942년 윤동주가 도쿄에서 교토로 옮기기 전, 그의 하숙집에서 그를 본 것이 그에게 마지막이 되었다. 1944년 6월에 박용길과 결혼하고 목회사역에 종사하던 중 그는 윤동주의 부음을 듣게 된다. 그리고 얼마 지나지 않아 송몽규의 부음을 또 듣게 된다. 1945년 3월 6

일 눈보라가 몰아치는 날 윤동주의 집 앞 뜰에서 문재린 목사가 영
결식을 집례했다. 3월 10일 윤동주의 무덤조차 제대로 세워지기 전
에 송몽규의 죽음이 닥쳐왔다.

외로움이 그의 삶의 친구였다고 할 수 있는, 그래서 더더욱 깊은
내면의 성찰을 할 수 있었던 문익환. 피지 못하고 진 꽃들에 대한 마
음이 어려서부터 친구들로 인해 자리잡고 있던 그가 어떤 삶을 살게
될지는 정해져 있는 것 같았다. 그는 성서신학자로 살았으나 세상은
그를 신학자로만 살게 버려두지 않았다. 정확하게는 고구려의 옛터
에서부터 길러진 그의 가슴속 호연지기가 단련된 기독적 인격과 함
께 세상의 낮은 곳을 향해 빛으로 스며들기 시작했다. 숱한 옥고를
치르면서도 그는 더욱 견고해져 갔고 그는 끝까지 웃음을 잃지 않았
다. 생의 마지막 순간이 오기까지.

> 너는 스물아홉에 영원이 되고
> 나는 어느새 일흔 고개에 올라섰구나
> 너는 분명 나보다 여섯달 먼저 났지만
> 나한텐 아직도 새파란 젊은이다
> 너의 영원한 젊음 앞에서
> 이렇게 구질구질 늙어 가는 게 억울하지 않느냐고
> 그냥 오기로 억울하긴 뭐가 억울해 할 수야 있다만
> 네가 나와 같이 늙어가지 않는다는 게
> 여간만 다행이 아니구나
> 너마저 늙어간다면 이 땅의 꽃잎들
> 누굴 쳐다보며 젊음을 불사르겠니

윤동주

김상진 박래전만이 아니다
너의 '서시'를 뇌까리며
민족의 제단에 몸을 바치는 젊은이들은
후꾸오까 형무소
너를 통째로 집어삼킨 어둠
네 살 속에서 흐느끼며 빠져나간 꿈들
온몸 짓뭉개지던 노래들
화장터의 연기로 사라져 버린 줄 알았던 너의 피묻은 가락들
이제 하나 둘 젊은 시인들의 안테나에 잡히고 있다
그 앞에서 '하늘과 바람과 별과 시'가 습작기 작품이 된단들
그게 어떻단 말이냐
넌 영원한 젊음으로 우리의 핏줄 속에 살아있으면 되는거니까
예수보다 더 젊은 영원으로
동주야
난 결코 너를 형이라 부르지 않을 것이니

_문익환, 〈동주야〉 전문

김응교는 그의 저서 《처럼》에서 윤동주와 문익환에 대해 이렇게
표현한다. "가장 이상적인 제자는 스승으로 탄생합니다. 가장 이상
적인 스승은 제자를 스승으로 잉태합니다. 문익환은 장준하가 낳은
혁명아였습니다. 가장 이상적인 독자는 작가로 탄생합니다. 가장 따
뜻한 작가는 독자를 작가로 잉태합니다. 문익환은 윤동주가 낳은 작
가였습니다." 문익환은 윤동주가 낳은 시인이었다. 동주를 가장 가

까이에서 지켜보았던 친구 문익환의 삶을 통해 윤동주 시의 고뇌가 이 땅 가운데 풀어졌다. 문익환의 40대 이후의 삶은 송몽규와 윤동주의 모습이 함께 나타난다. 여리고 세심한 윤동주의 시적 감수성으로 연약한 꽃잎이 떨어지지 않게 보호하며, 몽규와 같은 거침없는 투사의 정신으로 시대의 고통의 현장을 지켰다. 문익환은 신학자이자 시인이다. 문익환은, "자신이 나이가 들어서도 고리타분한 성서학자로 살지 않고 시인의 감수성으로 시를 쓰고 시인으로 살도록 자극을 주고 채찍질하는 것은 윤동주의 영향"이라고 고백했다. 문익환이 구약 성서학자에서 이 시대의 투사가 되게 된 계기는 윤동주, 장준하, 전태일과 많은 민주화 운동의 현장에서 스러져간 젊은이들과 노동자들의 죄 없는 죽음 때문이다. 모든 죽어가는 것들을 사랑하고 싶었던 윤동주의 마음의 발현이며 시대의 어두움을 넋놓고 지켜볼 수 없는 송몽규의 의지의 실행이었다. 윤동주와 함께 숭실학교 친구였던 장준하의 장례식에서 문익환은 그의 관을 내려놓고 "네가 그렇게 살고자 했던 삶을 지금부터 내가 살아주마"라고 말하고 그는 기도의 골방에서 시대의 아픔이 있는 거리로 성큼 나서게 된다.

역사는 사람과 사건이며 사람의 만남이 사건을 만들고 역사를 만든다. 윤동주와 송몽규, 문익환, 장준하는 그들이 걸어간 인생 궤적이 비슷하다. 그러나 동시대에 같은 학교를 다니고도 전혀 다른 역사의 길을 간 사람들도 많다. 광명학교 출신들 가운데 만주군관학교를 나와 만주국 장교가 된 친구들이 많았다. 정일권 전 국무총리를 비롯하여 5·16 군사쿠데타에 혁명 공약과 포고문 수십만 장을 비밀리에 인쇄했던 광명인쇄소 사장 이학수, 국가재건최고회의 고문을 지낸 김동하, 국가재건최고회의 재정경제위원장과 부의장 등을 지낸 이주일 등 '만군인맥'이라 불리는 이들이 같은 시대에 광명학교 동창들로 만주군관학교를 나와 5 · 16 군사쿠데타에 참가했던 인맥들이다. 같은 학교를 다니고 같은 지역에서 같은 시대적 상황 속에 살았어도 그들의 길은 확연하게 갈라진다.

동주의 삶에는 김약연, 한준명, 문재린 같은 스승과 송몽규, 문익환, 정병욱 등의 친구들의 만남이 서로의 삶의 길을 이끌어주었다. 죽음으로라도 친구가 어떻게 살아야 하는지 말했고 친구는 그 음성을 들었다. 김약연의 '내 행동이 내 유언이다'는 유언을 제자들이 그대로 이어 살았을 뿐 아니라 부끄러운 삶을 살지 않기 위해 잎새에 이는 바람에도 괴로워하던 친구 윤동주의 마음을 문익환 송몽규 모두가 닮아 살았다. 양은 목자의 음성을 듣고 친구는 친구의 음성을 듣는다.

이제
만나러 갑니다!

윤동주

동일의 집

윤동주 문학관

시인의 언덕

윤동주 하숙집

연세대학교

정병욱 가옥

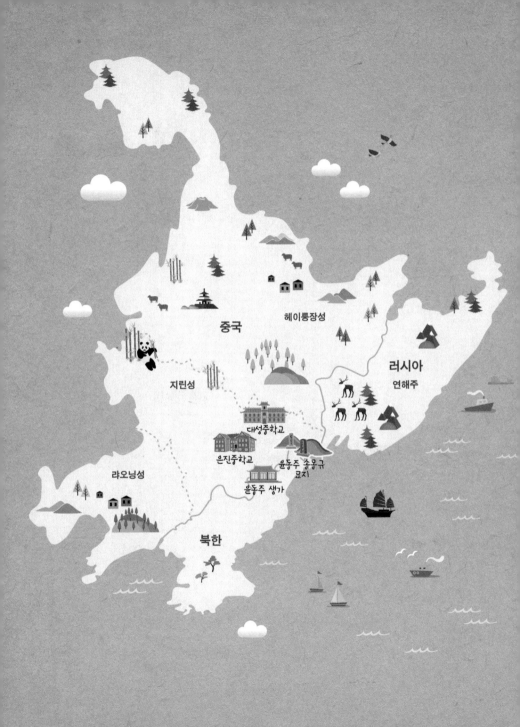

중국

헤이룽장성

러시아

지린성

연해주

대성중학교

은진중학교

윤동주 송몽규
묘지

라오닝성

윤동주 생가

북한

일본

릿쿄대학교

도시샤대학교

교토대학교

아마가세다리

윤동주, 송몽규 옥사지

윤동주 문학관, 시인의 언덕

윤동주 시인과 직접적인 관련은 없는 지역이지만 그가 살았던 동네가 내려다 보이는 언덕에 아담한 문학관과 시인의 언덕을 조성해놓아 꼭 한번 방문해볼 만한 곳이다.

📍 서울시 종로구 창의문로 119 윤동주문학관, 시인의 언덕

연세대학교와 윤동주 하숙집

학교 교정 내에 윤동주의 〈서시〉가 새겨진 시비가 있고, 그 뒤쪽 핀슨관에 윤동주가 학생시절 머물렀던 기숙사를 개조하여 윤동주 기념실로 운영하고 있다.

📍 서울시 서대문구 연세로 50 연세대학교 내 핀슨관 205호 윤동주기념실
　서울시 종로구 옥인길 57 윤동주 하숙집

문익환 목사 통일의 집

문익환 기념관으로 준비 중인 늦봄 문익환 목사의 삶을 볼 수 있는 공간이다.

📍 서울시 강북구 인수봉로 251-38

정병욱 가옥

윤동주의 친필 유고를 숨겨두었던 정병욱의 집이다. 오늘 우리에게 시집이 전해주는 감동을 지켜준 곳이다.

📍 전라남도 광양시 진월면 망덕길 249 윤동주 유고 보존가옥

명동마을 윤동주 생가

윤동주, 송몽규, 문익환이 어려서 뛰어놀던 마을로 명동학교, 명동교회, 윤동주 생가, 문익환 생가 등이 함께 있는 동네다.

📍 길림성 용정시 명동촌 吉林省 龙井市 明东村

윤동주 송몽규 묘지

윤동주와 송몽규의 묘지가 나란히 있는 곳이다. 넓은 만주벌판을 볼 수 있는 풍광 좋은 곳이다. 너무도 닮았던 같은 곳에 태어나 같은 곳에서 죽은 두 친구를 생각해 보자.

📍 길림성 용정시 광신진 합성리 동산 공동묘지 내
　　吉林省 龙井市 光新镇 合成理 东山 公墓 内

은진중학교 터

윤동주와 문익환, 송몽규가 함께 다니다 송몽규는 중국으로 윤동주와 문익환은 평양 숭실로 전학하였다. 은진중학의 터와 당시 학교 건물로 추정되는 강당도 남아 있다.

📍 길림성 용정시 용정길림성 변방총대 교도대, 무장경찰변방의원
　　吉林省 龙井市 龙井吉林省 边防总队 教导队,武装警察边防医院

대성중학교 역사관

송몽규가 다녔던 민족사학이다. 윤동주와 문익환은 이 시기에 은진중학교를 다녔다. 지금의 용정중학교에 가면 대성중학교 옛모습을 복원하여 역사전시관으로 만들어놓았다. 하지만 그곳은 윤동주와는 직접적인 관계가 없는 곳이다.

📍 길림성 용정시 용정중학교 吉林省 龙井市 龙井中学校

도쿄 릿쿄대학교

윤동주가 교토 도시샤대학으로 옮겨가기 전에 다녔던 대학이다. 별다른 유적은 없으나 대학 교정이 아름답고 김옥균의 묘와 함께 도쿄 방문 길에 들러볼 만한 곳이다.

📍 3-34-1 Nishi-Ikebukuro, Toshima-ku, Tokyo 171-8501, Japan

교토 도시샤대학

정지용과 윤동주가 다녔던 학교로 두 사람을 기리는 기념비가 있으며 주기적인 추모행사도 열린다. 학교의 설립부터의 간략한 역사도 공부하고 방문하면 더욱 의미가 있을 것이다.

📍 京都市上京区今出川通烏丸東入

아마가세다리

윤동주가 생전 마지막 사진을 남겼던 장소다. 친구들과 함께 놀러가 편안한 웃음을 머금은 얼굴로 사진을 남겼다. 윤동주를 추억하기엔 좋고 아름다운 곳이다.

📍 〒611-0021 京都府宇治市宇治 일본 아시아 아마가세 구름다리

교토제국대학(교토대학)

송몽규가 다녔던 교토제국대학 일본의 명문대학 가운데 한 곳이다.

📍 Yoshida-honmachi, Sakyo-ku, Kyoto 606-8501 JAPAN

윤동주 송몽규 옥사지

의문의 생체실험 주사를 맞고 윤동주와 송몽규가 생을 마친 후쿠오카 감옥이다. 같은 곳에 태어나 같은 곳에서 죽음을 맞이한 두 친구를 생각해보자.

📍 후쿠오카현 후쿠오카시 사와라구 모모치 2번지
　　福岡県 福岡市 早良区 百道 2丁目

필자가 대학생이 되었을 때, 어린 시절 다녔던 초등학교가 있는 동네를
가본 적이 있다. 자전거로 한 번에 올라가지 못해 헐떡거렸던 학교 정문
오르막이 그렇게 낮고 짧은 길인지 그때 처음 알았다. 높아만 보이던
철봉이 지금의 허리 높이인 것도 충격이었다. 그 시절 골목길이 이렇게
좁았는지 몰랐고, 집들의 담장이 이렇게 낮았는지도 처음 알게 되었다.
명동마을에 가니 내 고향 풍경이 떠올랐다. 윤동주, 송몽규, 문익환 세
친구가 뛰어 놀던 교회 앞마당과 골목길, 명동학교 놀이터와 꾀죄죄한
옷차림에 콧물 흘리며 열심히 공을 찼을 꼬마들의 모습이 떠올랐다.
동네 골목길과 넓은 들판을 뛰어다니다, 개울가에서 멱도 감고 물고기도
잡으며 함께 놀았을 것이다.
그렇게 함께 뛰놀며 자랐지만 세 친구는 각자 자신만의 길을 갔다.
송몽규는 항일운동에 적극 뛰어들어 투사로 살았으며, 윤동주는 친구처럼
용기내지 못하는 자신의 처지를 글로 풀어내며 저항의 몸짓을 했다.
문익환은 일찌감치 목회자의 길로 접어들었다. 송몽규와 윤동주는 같은
해 같은 집에서 태어나, 같은 해 같은 감옥에서 죽었다. 무덤조차 같은
묘지에 나란히 묻혀 있다. 그 후 문익환은 광복을 보았으며 성서학자로
목회자로 자신의 길을 가는 듯 보였다. 그러나 그의 삶도 그렇게 평범하게
끝날 운명은 아니었던 듯하다. 그의 가슴 한편엔 친구들을 먼저 보낸
슬픔의 우물이 차올라 있었다. 그의 어깨에는 못다 핀 친구들의 삶을 대신
꽃피워야 한다는 부담감도 얹혀 있었으리라. 북간도라는 만주벌판에서
자라, 걸어서 압록강을 내려와 신의주와 개성을 거쳐 서울로 왔다. 손으로

윤동주

쓴 역사가 아닌, 땅에 찍힌 역사를 찾으라고 예언자처럼 외쳤다.

그는 성서번역위원이었던 성서학자였다. 정치인도 민주투사도 아닌 신학자였다. 같은 해에 태어난 장준하에게 많은 기대를 걸었지만, 결국 장준하의 죽음을 마주하고 만다. 친구를 먼저 보낸 경험은 처음이 아니었다. 또 다시 친구를 빼앗긴 그는 마침내 성경을 번역하던 펜을 꺾고, 뒤틀린 시대에 저항하는 펜을 든다. 성경을 번역하던 방에서 뛰쳐나와 시대의 아픔과 눈물이 있는 곳에 뛰어든다. "네가 하려다 못한 일을 이제 내가 하마!" 그의 고백은 윤동주와 송몽규와 장준하의 몫이 모두 더해진 고백이었을 것이다. 시대를 뛰어넘는 친구들의 우정과 삶의 공유는 가슴 뭉클하다. 못다 이룬 친구 인생의 사명을 자신의 사명으로 받아들이는 것은, 그들의 삶이 운명적으로 연결되어 있다는 뜻이다. 또한 시대가 아직도 새 아침을 맞이하지 못하고 있다는 반증이기도 하다. 그 친구들의 사명은 지금은 어디로 갔을까? 시대의 아침이 밝아온 듯하나 태양이 정오에 떠오르지는 않았다. 누군가 시대의 아침을 밝혔다면 이제 나와 친구들에게 주어진 시대의 사명은 무엇일까.

아홉 번째 만남

성서와 조선을 사랑한

김교신

유명有名이냐
유명幽明이냐

보통 위인이라 하면 그가 남긴 업적으로 인해 많이 알려진 사람을 뜻한다. 유명하다고 표현하기도 한다. 그러나 역사를 살펴보면 유명한 사람이 항상 영향력이 있는 것은 아니었다. 어떤 사람은 자기 시대에는 알려지지 않았으나, 후대에 누군가에 의해 재조명되어 알려지는 경우도 많다. 그 시대에 어떤 사람이 유명했는지 보면 사람들의 의식 수준을 알 수 있다. 맹목적으로 유명有名만을 추구하다 오히려 유명幽明을 달리한 사람들이 많다. 의식의 높음은 의식의 깊이와 닿아 있다. 높아지고자 하는 사람은 낮아져야 한다. 깊은 맛을 내려면 오래 묵혀야 한다. 끓지도 않고 넘치는 세상이다. 깊은 샘의 청량함을 맛본 사람은 수도꼭지만 틀면 나오는 물로도 해갈되지 않는 갈

증을 품고 산다. 늘 그 샘의 청량감을 그리워하며 목말라 하는 것이다. 그런 샘물 맛을 봐야 한다. 생수병에 담겨 여기저기 팔려 다니는 물이 아니라 깊은 샘에서 끊임없이 솟아오르는 물을 마셔야 한다. 그러려면 높은 산을 올라야 하며, 깊은 숲을 헤치고 들어가야 한다. 약수터엔 물통을 들고 가도, 샘은 생각을 들고 가야 한다. 더 깊이 파야 한다. 역사 속으로 더 깊이 파고 들어가 샘물처럼 맑은 인물들을 만나야 한다.

우리 역사에 잘 알려지지 않은 인물 가운데 김교신金敎臣이라는 사람이 있다. 김교신은 독실한 기독교인이었지만 기독교인들 가운데서도 잘 알려져 있지 않다. 무교회주의 신앙을 이유로, 이단 아닌 이단 취급을 받기도 했으며 아직도 그런 인식은 남아 있다. 독립운동에 투신하였고 일본경찰에게 '악질 중의 악질'이라는 평가를 받으며 일제에 끝까지 저항하다 죽음을 맞이했지만, 그는 정치인도 아니었고 종교 지도자도 아니었기에 정치적으로도 교계에서도 크게 평가받거나 주목받지 못했다. 소위 평범한 학교 선생님이었다. 그럼에도 불구하고, 그는 우리시대가 주목해야 할 사상가요 신앙인이며 교육자다.

김교신은 1901년 4월 18일 함경남도 함흥 사포리에서 태어났다. 1903년 두 살 때 아버지가 폐암으로 세상을 떠났다. 1919년에 함흥 농업학교 졸업 즈음에 3·1 만세 운동에 참가하였으며, 기록으로 남겨진 이 일을 근거로 2010년 건국포장을 추서받게 된다. 같은 해 도쿄정칙영어학교로 진학하게 되어 기독교신앙을 받아들이게 된다. 교회의 분쟁을 지켜보며 회의를 느껴 교회출석을 중단하고 고민하던 중 무교회주의 기독교의 창시자라 불리는 우치무라 간조内村鑑三와의 만남을 통해 성서연구의 깊은 세계로 들어가게 된다. 당시 우치무라 간조는 그의 많은 성서강해 중에 명강의로 꼽히는 '로마서 강의'를 하고 있었고, 김교신은 제일 앞자리에서 한마디도 놓치지 않고 경청하며 진정한 신앙의 세계에 들어가게 된다.

1925년부터 우치무라 간조 문하에서 성서를 배우는 한국인 유학생 여섯 명이 함께 〈조선성서연구회〉를 만들어 헬라어를 배우며 원어성서연구를 시작했다. 김교신, 함석헌, 송두용, 정상훈, 유석동, 양인성이 그 동인이며, 귀국 후에도 성서를 통해 한국민족의 영혼구원과 의식개혁 등의 사업을 함께 하기로 한다.

줄탁동시啐啄同時 우치무라 간조와 김교신

알 속의 병아리가 껍질을 깨고 나오기 위해 안에서 쪼는 것을 줄啐이라 하고, 어미 닭이 밖에서 그 알을 쪼는 것을 탁啄이라 한다. 손바닥도 마주쳐야 소리가 난다. 스승과 제자의 만남이 빛나는 것은 유능한 스승의 덕으로만 되는 것도 아니요, 제자의 탁월함만으로 되는 것도 아니다. 줄탁동시啐啄同時할 때 스승과 제자의 만남에 빛이 나는 것이다.

1921년 우치무라의 '로마서 강의'에 출석한 김교신은 열정이 불붙기 시작했다. 그는 《구약성서》 시편 42편 1절-2절 가운데 "사슴이 시냇물을 찾기에 갈급함 같이 내 영혼이 주를 찾기에 갈급하다"는 말로 자신의 참된 신앙의 목마름을 표현했다. 수백 명 청중 가운데 항상 제일 앞자리에 키 큰 청년이 한 글자라도 놓칠까 집중해서 듣고 있는 모습이 눈에 들어오지 않을 수 없었다. 제자들이 '양칼'이라고 별명을 붙여주었을 만큼 날카로운 눈빛의 청년이었다. 3·1운동에 참가하여 잡혀갔다 석방되어 일본으로 온 그였기 때문일까. 조선 민족에 대한 깊은 고민은 그의 신앙적 열성과 분리될 수 없었다. 예수Jesus와 일본Japan이라는 두 개의 J에 인생을 바친 이가 우치무라 간조였으니, 김교신이 두 개의 C인 그리스도Christ와 조선Chosen에 삶을 바친 것은 이상한 일이 아니다.

약 2년간 우치무라의 '로마서 강의'를 청강한 김교신에 대해 우치무라가 《성서지연구》에 남긴 기록이 있다.

> 오데마치에서 로마서 강연을 마치고 감사를 표한 사람이 지금까지 4명 있었다. 그중 어떤 조선 사람의 글이 가장 강하게 내 마음에 와닿았다. 즉 "우치무라 선생의 60여 회에 걸친 로마서 강의를 조금도 지루하게 느끼지 않고 한없는 기쁨을 맛보며 배울 수 있었던 것을 감사하게 생각합니다. 저는 작년 1월부터 한 번도 빠지지 않고 출석해왔는데, 드디어 오늘의 대관으로써 로마서 강의를 끝맺으신데 대하여 측량할 수 없는 기쁨을 느낍니다. 나도 모르게 감사의 눈물이 눈시울을 적셨습니다. (…)" 이 말을 조선 사람으로부터 듣고 나도 모르는 사이에 감사의 눈물이 흐르는 것을 확인했다. 장차 나를 가장 잘 이해해줄 사람은 어쩌면 조선 사람 중에서 나올지도 모르겠다.

강연에 감사를 표한 조선 사람도 자기를 가장 잘 이해해줄 조선 사람도 바로 김교신이었다. 줄탁동시의 스승과 제자의 만남이었다.

우치무라 간조는 1861년에 일본 무사 집안에서 태어나 가정환경이 좋지 않았다. 그러나 그의 아버지가 영어를 해야 미래가 있을 것이라 믿고 도쿄에 사립영어학원을 거쳐 동경영어학교에 입학을 시킨다. 미래 정치인으로 키우고 싶은 마음이 있었던 것이다. 아버지는 뛰어난 두뇌와 강인한 의지, 그리고 탁월한 웅변력을 가졌던 우치무라가 정치인이 되기를 기대했다. 그러나 우치무라가 뜻하지 않게 병으로 학교를 쉬게 된다. 새로 설립된 삿포로농학교로 진학하게 되면서 인생에 큰 전환기가 찾아온다. 삿포로농학교는 홋카이도를 개발하기 위해 설립된 대학으로, 미국 매사추세츠주립대 농과대학장 윌리엄 클라크 교수가 총장으로 초빙되어 학생들을 지도하고 있었다. 학생들과 함께 먹고 자며 깊은 인격적 감화를 주었고, 학생 전원을 모두 기독교 신앙을 가지도록 이끌었다. 그러나 기독교 신앙으로 인한 정부와의 갈등으로 부임 8개월 만에 일본으로 돌아가게 된다. 그가 미국으로 떠나는 날 학생들에게 남긴 한 마디가 "소년이여, 야망을 가져라!Boys, Be Ambitious!"였다. 일본어로 번역된 영문법 책에 반드시 등장하는 이 한 문장이 바로 윌리엄 클라크가 학생들에게 남긴 말이었다.

우치무라는 삿포로농학교를 마친 후, 공무원 생활을 하다 미국 유학을 떠나 앰허스트 칼리지Amherst College에 진학한다. 앰허스트 칼리지는 삿포로농업학교 교수로 가르쳤던 윌리엄 클라크도 졸업하였으며, 니시마 조라는 일본인 유학생도 졸업한 학교다. 니시마 조는 최초로 미국대학에서 학사 학위를 받은 사람이다. 또한 시인 윤동주가 다녔던 도시샤대학의 설립자이기도 하다. 앰허스트 대학 채플에

는 그 학교 출신의 유명 인물 10여 명의 초상화가 걸려 있는데 거기
에 니시마 조의 초상화도 있다. 그는 앰허스트를 졸업 후 하트포드
신학교에 진학하였으나 신학공부를 포기하고 귀국하게 된다. 이때
신학공부를 포기하게 된 이유는 목사가 먹고살기 위한 직업으로 결
부되는 것을 견디기 어려웠기 때문이다. 이런 경험 하나하나가 그를
무교회주의의 독립적인 신앙을 가지게 하는 요인이 되었다. 귀국 후
여러 학교에서 교원으로 가르쳤으나, 기성 신앙 체계와 계속적인 마
찰로 몇 차례 학교를 옮기게 되었다. 일본에서도 유명한 불경사건으
로 그는 결국 교직에서 쫓겨나게 된다. 당시 일본의 군국주의의 영
향으로 천황을 신격화하여 각 학교와 관공서에 천황과 황후의 사진
을 배포하고 예배하는 의식을 거행했는데 이것을 거부한 것이다. 우
리나라에서 윤동주와 문익환이 다니던 숭실학교가 신사참배 거부로
폐교된 것과 비슷한 문제였다. 우치무라는 결국 교직에서 쫓겨나고
국적으로 몰려, 협박과 위협에 시달리다 병에 걸리게 되고 병간호를
하던 아내조차 잃게 된다.

　그는 교직을 떠나 잡지사의 칼럼니스트로 오래 일하며 매일 두세
편의 영문기사를 썼다. 글솜씨로 영향력이 커져가기 시작하자, 그
는 《동경독립잡지東京獨立雜誌》를 시작하여 대단한 성공을 거두기도 한
다. 후에 일본의 수상이 되거나 정치인이 된 청년들, 교수가 된 청년
을 비롯하여 많은 청년들이 이 잡지를 통해 우치무라 간조의 영향을
받았다. 그러나 이 잡지조차 신앙적 주관을 따라 폐간하고 본격적인
성서연구잡지와 성서강의 모임을 시작한다.

　우치무라 간조와 한국의 여러 사상가들은 기독교 신앙이라는 고
리로 연결되어 있다. 우치무라는 청일전쟁을 영토확장이나 경제적

수탈로 보는 주전론主戰論이 아닌, 청으로부터 조선의 독립을 얻어내기 위해 대신 싸워준다는 의전론義戰論을 주장했다. 특히, 청나라가 조선의 내정을 간섭하고 일본의 조선 정책을 방해하며 일본을 우습게 여긴다고 생각했다. 또한 일본이 조선을 개화시킨다고 생각했던 것이다. 그러나 곧 자신의 판단이 잘못되었다는 것을 깨닫게 된다. 조선을 개화시키는 평화정책이 아닌 식민지화하려는 야욕이 드러나자, 그는 비전론非戰論으로 방향을 전환하게 된다. 그는 후일 세상에 의전義戰이 있다면 의죄義罪도 있을 것이지만 그런 것은 없다고 말한다. 자신이 청일전쟁의 의義라는 글을 써서 일본의 정의를 외쳤던 것을 부끄럽게 여긴다고 고백했다. 이 일을 계기로 그는 이름을 날리던《만조보万朝報》에 글 쓰는 일을 중단하고, 성서연구와 강연, 성서연구지 발행에 전념하게 된다. 이후에도 그는 환경문제, 뇌물청탁, 부정선교, 동물학대 등의 사회적 계몽의 목소리를 높이기도 했다.

이러한 우치무라의 사상적 변화에 영향을 준 조선 사람이 있었다. 당시 도쿄 조선YMCA의 초대 총주사였던 김정식이었다. 김정식은 기독교인으로 우치무라의 성경강의에 적극 참여하며 친분을 쌓았다. 우치무라는 김정식을 일본 사람보다 더 깊이 있는 질문을 하는 사람으로 기억했다. 서로를 존중하며 깊은 신앙적 우정을 나누게 되었다. 우치무라는 김정식을 '조선 사람 중의 조선 사람'이라고 평했다. 김정식은 독립협회에서 활동하며 자주독립운동을 하던 사람으로 이승만과 함께 정치범으로 체포되어 한성감옥에서 3년간 수감 생활을 하며 이승만, 이상재 등과 같이 게일 선교사의 영향으로 기독교 신앙에 입문하게 된다. 출옥 후 게일 선교사와 함께 기독청년회를 창립하고 초대 총무로 시무하였고, 함석헌의 스승인 유영모에게 기독교 신앙을 전하기도 했다. 일본 동경물리학교에 공부하러 온 유영모를 우치무라 간조에게 소개한 것도 김정식이었다.

함석헌도 자신의 저서 《죽을 때까지 이 걸음으로》에서 우치무라 간조에 대해 다음과 같이 말했다.

> 우치무라 선생을 만나게 되었다. 그때까지 유선생님이 소개해 주신 것은 잊지 않았지만 우치무라가 살아 있는 줄은 몰랐다. 그런데 어느 날 우연히 한 학교에 있는 김교신 형이 우치무라 모임에 나가는 줄을 알게 됐다. 그래 곧 그의 소개로 선생의 문하에 가게 되었다. 가니 그때 그는 매주일 예레미야 강의를 하는 때였다. 그때 인생 문제와 민족 문제가 한데 얽혀 맘에 결정을 못했던 나는 그 강의를 듣는 동안에 많이 풀린 것이 있고 참 믿음이 곧 애국이라는 확신이 생겼다.

함석헌도 우치무라를 만나고 젊은 시절의 자신의 신앙과 민족적 현실 앞에서 어떻게 살아야 할 것인가에 대한 고민에 실마리를 찾고 우치무라의 두 'J Jesus, Japan'에 대한 이야기에 깊은 감명을 받았던 것이다.

우치무라는 김정식과의 만남에서 조선의 현실과 일본의 만행을 듣게 된다. 또한 일본이 을사늑약, 한일합방 등의 불법적인 침략행위를 하자, 그는 국가에 대해 강력한 경고의 말들을 쏟아냈다. 일본이 이런 식으로 동아시아를 침략하면 하나님으로부터 불 심판이 온다는 경고도 했다고 한다. 사실로 받아들일 수는 없지만 어떤 이는 일본에 떨어진 원폭이 우치무라의 예언이 적중한 것이라 말하기도 했다. 그는 한일합방 후 조선이 정치적 독립과 자유를 잃었으나, 심령적 자유와 독립을 얻고 있다며 조선이 앞으로 일본을 축복하는 통로가 될 것이라고 선언하기도 했다. 그의 제자 중 일본 수상, 동경대학 총장, 유명한 정치인들, 교육부장관 및 사회 지도층 인사들이 그의 작은 다다미방 성경공부 모임에서 나왔다.

맑은 물은 샘에서만 나온다. 탁류가 맑아지기 위해서는 어디선가 깨끗한 물이 흘러나와야 한다. 그래서 물의 근원을 맑게 하는 것이 중요하다. 근원부터 맑아져야 한다. 근원부터 변화되어야 한다. 누구를 만나 무엇을 배우는지가 중요하다. 작은 다다미방에서의 만남이 일본의 교육계, 정치계, 신앙계를 바꾼다. 많은 숫자가 모여야만 무슨 일이 벌어지는 것이 아니다. 진정한 변화는 깊은 개인적 만남에서 일어난다. 그래서 진정한 교육은 집단교육이 아니라 개별교육이어야 한다. 스승과 제자의 인격적인 만남이 있어야 한다. 만남이 없는 지식의 전수는 괴물을 양산해낼 수도 있다.

일본과 우리나라 사이에는 해결되지 않은 불편한 일들이 많다. 그러나 일본에도 맑은 정신을 소유한 사람들이 생각보다 많다. 수십 년 동안 윤동주를 기리는 모임을 갖는 사람들, 매년 추도모임을 갖는 사람들이 지금도 많이 있다. 위안부 문제에 대해 전쟁 후부터 지금까지 매년 한국을 찾아와 사과하는 목사와 일본인도 있다.

김교신은 우치무라 간조에 대해 세상에 둘도 없는 '나의 스승'이고 '참 복음의 이해자'이며, 사회비평 활동에는 '예언자'다운 태도를 보였다고 기억했다. 스승인 우치무라의 성서연구지와 같은 성격의 《성서조선聖書朝鮮》의 발행도 그 영향이 컸을 것이다. 김교신의 굽히지 않고 타협을 모르는 지사적 기질 역시 타고났겠으나, 그의 스승 우치무라 간조의 예언자적인 강직함에서도 영향을 받았을 것이다. 우치무라는 직장에서 쫓겨나는 것을 두려워하지 않았고, 사람들의 손가락질과 돌팔매질을 두려워하지 않았으며, 천황을 비판하고 천황숭배를 거부하고 침략전쟁을 비판했다. 김교신 역시 일제에 굴하지 않고 자신의 양심의 소리를 침묵하지 않았다. 어떤 위협에도 신앙적 지조를 굽히지 않았던 지사적 기질이 줄탁동시啐啄同時의 스승과 제자의 만남이다. 우치무라의 예언 같았던 고백처럼 자신을 가장 잘 이해해주는 제자가 조선에서 나온 것이다.

괄목상대刮目相對
김교신의 친구들

우치무라 간조의 문하에 있던 김교신, 함석헌, 유석동, 정상훈, 양인성, 송두용 등 5인이 일본에서 '조선성서연구회'를 시작했다. 이들은 일본어, 영어, 독일어, 헬라어, 히브리어로 된 성서를 참고하면서 조선어 성서를 연구했다. 각기 상황에 따라 귀국 후 1927년《성서조선》이라는 기독교 동인지를 만들어 발행하였다. 1930년부터는 김교신이 혼자 맡아 폐간될 때까지 책임을 지게 된다. 이 모임은 단순한 잡지 발행을 넘어, 서로 긴밀히 교류하는 하나의 공동체였다. 《성서조선》은 처음에는 도쿄신학교를 다닌 정상훈이 편집자가 되어 계간으로 발행했다. 잡지 편집과 함께 이들은 무교회 성서집회를 가지기 시작했다. 이들이 처음부터 무교회집회를 작정한 것은 아니었다. 함석헌은 이렇게 회고한다.

우리는 적어도 나는, 처음부터 교회에 가지 말잔 것은 아니었다. 방학에 집에 오면 될수록 교회에 나갔다. 그러나 갔다가는 늘 실망했다. 조금도 심령의 소생하는 것이 없고 낡아빠지고 껍데기 돼버린 교회 형식만 되풀이하는데 견딜 수가 없었다. 우리가 알기로는 신앙은 첫째 자유여야 하는데 거기는 자유가 없다. 참이어야 하는데 형식이요 수단적이다. 심령의 문제인데, 나와 하나님 사이는 직접적인 문제인데 항상 교회란 우상이 그 중간에 선다. 이것이 견딜 수 없어 더러 말을 하면 처음엔 독선이라 고답高踏이라 하다가 그 다음엔 교회를 부인한다고 차차 멀리했다.

_함석헌, 《함석헌 전집》 중에서

결국 이들은 함께 모일 수밖에 없었고, 말씀 강의는 서로 돌아가면서 했다. 이것이 조선 최초의 무교회 성서집회가 되었다. 이들은 함께 많은 어려움을 겪었다. 일본인인 우치무라를 스승으로 모셨다는 이유로 민족정신이 없는 친일파로 공격받았다. 기성 교회에서도 배척당했다. 6인의 친구들은 밖으로는 일본제국주의와 싸워야 하고, 안으로는 기성 교회와 싸워야 하는 상황에 처했다. 모일 수 있는 장소도 구하기 어려웠다. 장로교회에서는 무교회주의자들에게 장소도 절대 빌려주지 말라며 전국 교회에 공문을 보냈다. 이때 자신의 농가 방을 집회장소로 제공한 사람이 송두용이었다. 송두용은 이사를 해서도 집 어딘가 방 하나를 꼭 내어 집회장으로 쓸 수 있게 했다.

이들은 여러 어려움에도 불구하고 모임을 중단하지 않았고, 오히려 더 확장시켜 나간다. 1932년 1년에 한 번 집중강좌를 하는 겨울 성서연구모임에서는 함석헌은 사도행전을 강의하고 김교신은 성서 지리학을 강의했다. 시간이 흐르면서 함께 참여하는 동지들이 각자 연구한 주제들을 발표하면서 내용은 더욱 다양해졌다. 양인성은 성 서동물학, 류석동은 영어사, 송두용은 농업, 그리고 유영모는 특강 으로 노자사상을 강의했다. 이후로부터 소문이 퍼져 전국에서 많은 사람들이 모이기 시작하면서 집회소도 생겨났다.

　괄목상대刮目相對라는 말이 있다. 《삼국지三國志》〈오지吳志〉'여몽전呂 蒙傳'에 있는 말로, '눈을 비벼 다시 보고 상대를 대한다'는 뜻으로 상 대방의 재주나 학식이 갑자기 몰라볼 정도로 진보한 것을 일컫는 말 이다. 이 시기의 김교신과 친구들이 그랬다. 1년에 한 번 며칠을 함 께 시간을 보내며 서로가 연구한 내용을 나누는 겨울성서연구모임 이 그런 자리였다. 이해 모임에서 김교신은 '복음서 연구'를 나누고, 류석동은 '예언서 연구'를, 함석헌은 '조선의 역사'를 강의하기로 했 다. 함석헌은 자신이 연구한 조선 역사를 〈성서적 입장에서 본 조선 역사〉로 정리해왔다. 이날 함석헌의 조선 역사 강의가 얼마나 진지 하고 감동적이었는지, 김교신은 이 강의를 더 많은 사람들이 듣고 보게 해주고 싶었다. 《성서조선》에 이날의 강연을 정리해서 연재하 기 시작했고, 마침내는 1950년에 《성서적 입장에서 본 조선역사》라 는 책으로 출판되었다. 지금은 우리에게 《뜻으로 본 한국역사》라는 책으로 전해진다.

　　하루아침에 명성이 세상에 자자함을 깨어 본 바이론은 행 　　복한 자였다. 마는, 하룻저녁에 "아무런대도 조선인이로구

나!" 하고 연락선 갑판을 발구른 자는 둔한 자였다. (…)

그러나 자아를 위하여 무엇을 행하고 조선을 위하여 무엇을 꾀할꼬. 오직 비분개세만이 능사일까? 요새 우리 형제들 사이에 그 평소의 사상이 서로 다르고 지난날의 취향이 서로 다름에도 불구하고 각기 자아를 굽히고 동일의 표적을 향하려 하는 경향이 보임은 우리의 같이 기뻐할 바이거니와 이는 실로 어버이 서거하신 후에 비로소 효성이 생겨나는 것과 같은 이치이니, 우리 같은 불효자인들 어찌 그 보기에서 빠지랴? 상황은 기적을 행하는가 보다.

다만 동일한 최대의 사랑에 대하여서도 그 표시의 양식이 서로 다름은 부득이한 일이다. 우리는 다소의 경험과 확신으로써 오늘의 조선에 줄 바 가장 귀한 선물은 신기하지도 않은 구, 신약성서 1권이 있는 줄 알 뿐이로다. (…)

다만 우리의 마음의 전부를 차지하는 것은 '조선'이란 두 글자이고 애인에게 보낼 최고의 선물은 성서 1권뿐이니 양자의 어느 하나도 버리지 못하여 된 것이 그 이름이었다.(…)

《성서조선》아, 너는 우선 이스라엘 집집으로 가라. 소위 기성신자의 손을 거치지 말라. 그리스도보다 외국인을 예배하고 성서보다 회당을 중시하는 자의 집에서는 그 발의 먼지를 털지어다. 《성서조선》아, 네가 만일 그처럼 인내력을 가졌거든 너의 창간 일자이후에 출생하는 조선 사람을 기다려 면담하라, 담론하라. 동지를 한 세기 후에 구한들 무엇을 한탄할손가.

_김교신, 〈창간사〉, 《성서조선》, 1927 .7

김교신과 친구들이 무엇을 하려고 했는지 〈창간사〉에 명백하게
드러난다. 그들이 기독교 신앙, 그중에서도 성서연구에 천착했던 것
은 오직 민족을 위함이었다. 애국애족의 가장 좋은 길이라 믿었던
것이다. 함석헌이 《신앙과 인생》 서문에서 김교신에 대해 말하기를
"김교신에게서 조선을 빼고는 의미가 없다. 조선을 생각함이 간절할
새 갖은 고생을 하며 《성서조선》을 간행하였다. (…) 그는 나라를 사
랑하였다. 그러나 사랑이란 보통 세상에 유행하는 소위 애국이 아니
었다. 그는 산 조선은 산 인생에만 가능한 줄 알았다. 그러므로 성서
와 조선을 따로 떼지 못해 성서적 신앙 안에 새 조선을 살려보려 애
썼던 것이다. 그러나 그 신앙이란 것도 또 소위 세상에서 기독교라
는 것과 반드시 같지 않았다. 진실을 사랑하는 그가 형식일편形式一片
으로 화한 교회 신앙에 그대로 있을 수 없었다."

그들이 전하고자 했던 진리는 종교가 아니었다. 어떤 종교적 의
식도 아니었다. 오직 생명이었다. 모두가 살아나기를, 살아가기를
원했던 것이다. 신앙은 민족적 현실과 분리될 수 없었고, 고통 받는
백성의 삶의 현장에 함께 하기를 원했던 것이다. 오늘날 종교가 우
리를 실망시키는 가장 큰 이유는, 인간을 구원이 필요한 영혼, 또는
중생으로 규정지어놓고도, 높은 교회의 담장 안과 깊은 사찰의 담장
안에서 영혼의 고통을 외면하고 시대를 외면하기 때문이다. 종교적
유희를 통한 쾌락 추구에 빠져 현실을 도외시한 채 영적 황홀경과
종교적 무위도식에 빠져 허우적대는 일은 하루이틀의 일이 아니다.
다산도 그러한 불교의 폐단을 초의에게 꾸짖었고, 김교신은 교회를

향해 꾸짖었던 것이다.

1927년 7월부터 《성서조선》을 월간으로 발간하기 시작하여, 1942년 3월 제158호를 마지막으로 폐간되기까지, 김교신은 개인의 생활비를 털어가며, 조선총독부의 검열을 매번 받으면서 발간을 멈추지 않았다. 김교신이 온전히 모든 비용과 제작 책임을 맡아 있었던 12년 동안, 지치지 않는 열정으로 나라와 민족을 사랑하는 마음으로 전심전력했다. 6인의 동인들은 《성서조선》 발간을 끝까지 적극적으로 돕지 못한 것에 대한 후회를 고백하기도 했으나, 귀국 후 각자의 터전을 잡아가며 쉽지 않은 시대적 상황 속에서 나름의 삶을 일구어가는 과정이었다고 본다. 김교신도 그 일에 대해 섭섭한 마음을 내색한 일은 없다. 자기가 할 일을 알고 자신만의 길을 가는 사람은, 누가 알아주든 말든 연연할 이유가 없다. 사는 목적이 누군가의 칭찬 때문도 아니요, 누군가가 시켜서도 아니다. 스스로 주체적인 삶을 살기 때문이다. 친구들과 한 시대를 살며 자주 만나지 못하고, 서로 도움을 주고받지 못한다 할지라도 함께 나눈 뜻과 추구하는 삶의 가치가 동일하다면 어떤 모습으로 어디에서 살아도 친구인 것이다. 서로를 그리워하고 만날 때마다 괄목상대의 기쁨을 누리고 서로를 성장하게 하며, 그 뜻을 지켜가고 있음을 확인하는 것으로 충분한 것이다.

참 스승의 인격교육
김교신과 제자들

김교신은 여러 학교에서 교사로 일했지만 특히 양정고보에서 가

장 오래 일했다. 양정고보는 특이하게도 한 명의 담임 선생님이 5년
간 한 학급을 맡게 되어 있었다. 스승과 관계가 안 좋거나 스승이 싫
으면 학교를 다닐 수 없는 상황이라 하겠다. 교육도 만남이다. 학생
이 어떤 스승을 만나느냐에 따라 인생이 달라질 수 있다. 그런 의미
에서 김교신과의 만남을 학생들은 어떻게 기억하고 있었을까. 5년간
담임했던 학생들의 졸업식이 돌아왔다. 졸업생의 감사말씀을 보자.

> 콧물을 흘리며 이 마당에서 양정에의 입학을 기뻐한 것도
> 어언간 5년의 그 옛날 이제 졸업식으로 이 마당에 임하였도
> 다. 전날은 입학을 기뻐했지만 이제는 졸업의 기쁨을 안고
> 서로의 작별을 아쉬워하게 되었도다. 그러나 회자정리會者定
> 離. 가는 자로 하여금 멈추게 말라. 우리들은 기쁨으로써 슬
> 픔의 정을 이길진저. (…)
> 신의! 남으로부터 신임을 받는 인간이 되라고 우리 선생님
> 이 외치신 것은 실로 우리들이 제1학년 여름방학을 맞는 날
> 이었다. 선생님은 소시에 자기 모친에 대해 신의를 깨뜨린
> 일이 있음을 참회하시며 교실에서 손수건을 적시셨도다. 우
> 리 이를 목도하였음이여! 아, 그날 이래 심중에 굳게 잡고
> 놓치지 않는 노력이란 실로 신의 있는 사람이 되는 것이로
> 다. (…)
> 선생님이여, 우리들은 다 신의를 위해 목숨을 버릴 것입니
> 다. 원컨대 마음을 놓으시기를!
> Boys be ambitious!라고 늘 가르치신 교훈. 원대한 야심이
> 없는 곳에 멸망만 있을 뿐, 모름지기 대국에 눈을 뜨라고,

아 청년이여 그대의 야심을 원대하게 하라고 우리 심중에 외치며 세파를 건널 뿐.

의! 이 한 자 어찌 우리의 폐부를 찌름이 이다지도 강한고. 선생님은 전날 정몽주의 초상 앞에서 울으셨다고 하시지 않으셨던가. 왜 선생님은 울으셨는가? 그렇다. 정몽주가 선죽교에 흘린 혈흔은 의의 권화였기 때문이다. 아, 우리 선생님의 의를 사랑하였음이여!(…)

우주의 광대무변을 가르치시고 그 위에 인간계의 여러 현상을 비교하시며 쓴웃음을 보이신 스승이여! 스승의 이 가르침으로 우리들은 동포는 물론 원수까지 사랑할 것을 깨달았도다. 이 교훈으로 우리들의 인생관은 백팔십도 전환을 보았도다.(…)

우리 스승 위에 축복이 있으라! 이로써 감사의 말씀에 대함.

_양정 제22회 졸업식 제1학급 대표 낭독(1938년 4월)

김교신은 제자 한 사람 한 사람에게 최선을 다한 스승이었다. 일요일 오전 성서 강의에 참석하지 못하고 오후에 찾아온 학생 한 명을 위해서 1인 강의를 해주었으며, 학생이 컨닝을 하면 그 아이의 장래를 슬퍼하며 그 자리에서 울었다고 한다. 제자들과 농구, 씨름, 등산, 마라톤 등 웬만한 운동은 모두 함께 하며 깊은 마음과 대화를 나누는 선생이었다. 그는 창씨개명을 모두 해야 하는 상황에서 끝까지 자신의 이름 석자를 지켰으며, 학생들 출석을 부를 때도 꼭 한국이름을 불렀다. 일본 경찰이 제지하자 아예 출석을 부르지 않았다. 모

든 수업은 일본말로 해야 했지만 그는 한국말로 진행했다. 서울 제1
고등보통학교(현 경기고등학교)에서는 조선어로 가르치는 일을 타협
하지 않다가 학교를 떠나기도 했다.

그러한 선생을 보며 학생들은 자신들이 누구인가를 자각하기 시
작했고 어떻게 살아야 할 것인가를 찾게 되었다. 누가 일일이 말해
주고 가르쳐서가 아니었다. 스승이 묵묵히 삶으로 대가지불하며 살
아가는 걸음 자체가 제자들에겐 큰 울림이 되었던 것이다. 김교신
사후에도 전집을 편찬하고 지금까지 그의 삶을 알리기 위해 수고하
는 사람들이 많다. 그 가운데 류달영이라는 사람이 있었다. 그는 자
신과 김교신의 만남을 예수와 베드로의 만남, 도산 안창호와 남강
이승훈의 만남에 비유했다. 자신이 경영하던 성천星泉아카데미 교실
에는 '인간은 만남으로 자란다'라는 휘호를 걸어놓았다. 양정고등보
통학교를 입학하여 김교신을 담임교사로 만나 5년간 함께 했던 시
간으로 인해 평생을 함께하는 사제지간이 되었다. 김교신이 마지막
을 맞이했던 흥남질소비료농장에서 일했던 당시, 함흥으로 올라오
라는 편지 한 장에 다니던 직장을 그만두고 짐을 싸 들고 올라갔을
정도이니 그 신뢰를 알 만하다.

류달영은 김교신이 교사로 있던 양정고보 졸업 후 수원고등농림
학교(서울대 농대 전신)에 재학하던 시절에도 김교신의 주일 성서모
임에 출석했다. 수원고농을 졸업하고 개성 호수돈여자고등보통학교
교사로 있을 때도 송도고등보통학교로 옮겨 교직생활 중이던 김교
신과 자주 만났다. 류달영이 농촌운동에 평생을 바치기로 결심한 것
은 양정고보 재학 시절부터였다. 《조선일보》와 《동아일보》가 후원한
학생들의 농촌 계몽 운동인 브나로드 운동에 참여하면서 농촌운동

을 결심하게 되었다. 수원고농 재학 중에는 구체적으로 농촌을 어떻게 개발해야 할 것인지 그림을 그리게 되었다. 마침 김교신이 우치무라 간조가 농업국가 덴마크의 성공사례를 일본에 처음 소개한《덴마크의 이야기》라는 책을 류달영에게 준 것이 중요한 계기가 됐다.

류달영은《소중한 만남》이라는 회고록에서 다음과 같이 말했다.

> 1933년 수원고등농림 재학 시절 일본의 우치무라 간조의 《덴마크의 이야기》라는 수첩 크기의 작은 책을 읽고 나라 없이 살던 그 시절에 나는 국가관을 확립했다. 내가 일생 동안 할 일은 민족의 광복을 위하여 이바지하는 일이며 조선을 동양의 덴마크로 만드는 일이었다.

해방 후 서울대 농대 교수가 된 류달영은 1952년 대구 피난 중에 몇 년째 구상하던 책을 저술했다. 불모지에 새 역사를 이룩하여 세계 최고의 민주복지국가를 만든 덴마크 이야기를 국민들에게 소개하여 용기를 북돋워주고 싶었기 때문이다. 약 3개월의 피난 생활 동안《새 역사를 위하여 : 덴마크의 교육과 협동 운동》이라는 책을 탈고하고 수원으로 돌아와 출판하였다. 이 책은 몇 년 만에 26쇄를 찍을 정도로 농민으로부터 정치지도자들까지 애독하는 책이 되었다.

류달영에게 최용신崔容信 전기를 쓰도록 종용한 것도 김교신이다. 김교신이 북한산 기슭에 자신이 직접 돌을 주워와, 집과 서재를 짓고 살면서《성서조선》을 발행하였는데, 겨울마다 일주일씩 독자들과 함께 모여 공부하고 토론하는 모임이 있었다. 그 자리에서 류달영이 농촌 운동의 선구자인 최용신의 삶을 전기로 남기면 좋겠다는 제안을 하여 모두가 동의했다. 김교신이 최용신을 만나보기도 한 사람이니 류달영에게 직접 써보라고 한 것이다. 최용신의 뒤를 이어 샘골에 들어가 아이들을 가르치던 최용신의 동생 최용경을 만나고, 그의 출생지인 원산도 방문하고 다녔던 학교도 방문하며 자료조사를 하게 된다. 그녀와 함께 일했던 동지들의 이야기도 정리하여 밤낮없이 써낸 글이 《최용신 소전小傳》이다. 소설가 심훈이 최용신의 기사를 보고 소설《상록수》의 주인공을 '채영신'으로 하여 여성 농촌운동가 최용신의 희생적 삶을 썼다. 그러나 심훈의 《상록수》가 실제 최용신의 삶과 차이가 많이 있다고 생각하여, 류달영이 최용신의 생애를 정확히 기록하여 농촌운동의 모범으로 남기기 위해 책을 낸 것이었다. 김교신, 류영모, 함석헌 등 여러 스승과 자신이 함께 돈을 모아 책을 출판했는데 그 해에만 4쇄를 찍었다. 김교신은 손수건으로 눈물을 씻으며 이 책의 원고를 교정하였다고 한다. 그러나 1942년 일제하에서 불온서적으로 지적되어 몰수되었다. 류달영은 회고하기를 심훈은 그 소설로 많은 돈을 벌고 작가로도 유명해졌지만, 정작 자신은 감옥에 들어가 곤욕을 치렀다고 재미있는 회고를 남겼다. 1942년《성서조선》사건(《성서조선》의 〈조와〉라는 글이 반일감정을 선동했다고 하여 폐간된 사건)이 터졌을 때 김교신과 류달영은 함께 개성에 있었다. 류달영은 김교신, 함석헌 등의 스승들을 존경했던 것만큼 가장 오랜 기간을 감옥에 있었다.

　류달영이 평생에 변하지 않았던 한 가지는 "오늘 나의 인생관과 세계관은 모두 김교신 스승과의 만남에서 자리 잡은 것"이라는 고백이다. 자신은 이 세상에 태어나 참 스승을 만난 행운아인 것을 언제나 감사한다고 했다. 서로에게 행운이다. 제자는 스승을 잘 만나 자신의 인생 방향과 가치가 정립되었고, 스승은 제자 잘 만나 역사 속에 잊히지 않고 많은 사람들의 삶에 살아서 영향을 남기는 사람이 되었으니 참 잘된 만남이다. 김교신은 눈물이 많은 스승이었으나, 기준이 확고하여 '양칼'이라 불렸다. 보통은 둘 중 하나다. 기준이 명확하지 않아 제자들도 헷갈리거나, 너무 선이 분명하고 단호하여 인간미가 없거나다. 김교신은 그런 면에서 도산을 닮은 면도 있다. 도산공원에 도산의 묘비 곁에 작은 비석에는 이렇게 적혀 있다. "사람을 대함에는 봄 바람 같고 일을 행함에는 가을 서릿발 같았다." 지금은 그 비석도 깨져 어디론가 사라졌다. 그런 스승, 그런 제자들의 아름다운 이야기가 한국의 교육 현장에도 넘쳐나길 기대한다.

샘물처럼 스민
김교신의 영향력

김교신은 유명한 것과는 관계가 없는 사람이었다. 그의 가장 깊은 소원은 조선에게 성서를 선물로 주어 조선을 성서 위에 세우는 것이었다. 이승만이 꿈꿨던 기독교 국가와 같은 종교적 이상주의가 아니었다. 성서를 통해 생명을 얻고 사는 이유를 찾았고 어떻게 살아야 할지를 찾았으니, 우리 민족 전체가 그 길을 만나고 찾기를 원했던 것이다. 그래서 백성이 살고 민족이 살고 나라가 살기를 원했던 것이다. 어느 하나도 포기할 수 없는 것이었고 포기해서도 안 되는 것이었다. 종교가 현장을 잃었을 때 타락한다. 자신만의 아성을 쌓고 자기들만의 잔치에 빠져 있는 한 세상은 어둠 속에 방치된다. 캐나다 몬트리올에서 노숙인 생활을 하다 가톨릭 신부가 된 클로드 패러디

스(Claude Paradis, 1960~)가 그런 말을 했다. "거리는 나를 교회로 이끌었고 교회는 결국 나를 다시 거리로 이끌었다." 종교와 신앙의 방향성이 어디로 향해야 하는지 분명하게 말해주는 고백이다.

김교신과 그의 친구들과 제자들을 통한 무교회의주의 신앙운동의 영향력은 생각보다 우리 사회 곳곳에 깊이 스며들어 있다. 양정고보의 학생들에게 남긴 영향은 말할 필요도 없다. 양정학교 출신 마라토너 손기정 선수의 베를린 올림픽 마라톤 금메달의 쾌거 뒤에도 김교신의 눈물의 지지가 있었다. 도산과 남강의 만남을 살펴보면서 등장한 평안북도 정주의 오산학교에도 김교신의 영향이 스며들었다. 서북지역의 성공한 사업가였던 남강이 1907년 평양에서 도산의 연설을 듣고 크게 감동을 받은 후 도산을 찾아가 여러 의논을 한 끝에 인재양성을 위한 교육 사업에 뜻을 품게 되었다. 설립자 이승훈과 조만식, 이종성, 유영모, 장지영, 염상섭, 이광수 등 대단한 선생들이 거쳐갔으며 졸업생으로 함석헌, 시인 김소월과 백석, 화가 이중섭 등 많은 인물들을 배출했다. 일제강점기 오산학교 졸업생들은 해방 후 대부분 월남하여 교육계, 의료계, 종교계에서 영향력 있는 인물들이 됐다.

남강은 함석헌의 스승인 유영모를 통해 기독교 신앙을 받아들이게 되었고, 함석헌이 일본 유학에서 우치무라 간조의 영향으로 무교회주의 신앙을 받아들였다. 그후 함석헌은 오산학교의 교사로 돌아와 남강의 집안에 무교회주의 신앙을 전파하게 된다. 함석헌이 오산에서 성서연구모임을 열었을 때, 남강 집안의 종손인 이찬갑이 그 모임에 출석했던 것이다. 1942년《성서조선》사건이 터지자, 이찬갑 역시 옥고를 치렀다. 이찬갑은 그 당시에《성서조선》에 27편이나 되는 글을 기고했을 만큼 핵심 인물이 되어 있었다. 남강의 집안 사람들이 무교회주의 신앙을 접하게 된 것도 이찬갑에 의해서였으며, 남강도 말년에 이찬갑의 권유로 모임에 여러 차례 참여했다. 1930년대 후반, 오산학교에 재학 중이던 10대의 이기백도 부친 이찬갑을 따라 함석헌의 성서모임에 참석하였고, 일본 유학 시절 부친 이찬갑의 소개로 우치무라 간조의 수제자이며 김교신의 친구인 야나이하라 다다오(矢內原忠雄·후일 도쿄대 총장)에게 개인적으로 사사를 받기도 했다. 당시 야나이하라는 일본의 식민통치와 군국주의를 끊임없이 비판하다가 도쿄대 교수직에서 쫓겨나 있던 때였다.

이찬갑은 충남 홍성에 풀무학교를 설립하여 협동조합과 마을 공동체를 세워보고자 했다. 지금도 풀무학교에서는 김교신을 위시한 무교회주의 신앙동지들의 가르침을 기본정신으로 교육하고 있으며, 무교회모임 집회 모임 장소로도 사용된다. 더불어 사는 위대한 평민을 기르는 것을 목표로 하는 풀무학교에도 김교신의 영향력이 스며 있다. 홍순명은 풀무학교를 실제적으로 이끌어온 중요한 역할을 한 사람인데, 그 역시도 원주공립농업중학교 재학 시절에 선생이었던 정태시를 통해 김교신을 소개 받았다. 정태시는 자신의 일생에 두 명의 '선생님'을 꼽으라면 어머니와 김교신이라고 했다. 그도 《성서조선》사건 때 일주일가량 유치장 신세를 진 경험이 있다. 홍순영도 정태시를 통해 김교신을 소개받고 그의 글들을 수없이 읽고 또 읽었다고 한다.

거창고등학교를 설립한 전영창도 자신의 사상적 스승으로 우치무라 간조를 언급했고, 김교신과 교류하던 장기려와 풀무학교 이사이자 풀무원 농장을 운영하던 원경선 등을 학교의 이사와 이사장으로 추대하기도 했다. 함석헌을 위시한 여러 무교회주의 관계자들과 교류하며 독특한 학교 운영으로, 전국적으로 명문으로 소문날 만큼 알려지기도 했다. '월급이 적은 쪽을 선택하라' '내가 원하는 곳이 아닌 나를 필요로 하는 곳으로 가라' '모든 것이 갖추어진 곳을 피하고 처음부터 시작해야 하는 황무지를 택하라' '한가운데가 아니라 가장자리로 가라' '왕관이 아니라 단두대가 기다리고 있는 곳으로 가라' 등의 직업선택의 10계명은 많은 이들에게 회자되기도 했다. 그만큼 자신들이 교육하는 가치와 기준이 명확하다는 뜻이며, 그 안에 무교회주의가 추구하는 신앙의 특징들이 스며 있다고 할 수 있다.

하지만 좋은 열매가 맺히는 곳에 찾아가 보면 드러나지 않은 영향력이 있다. 유명하지 않아도 존재해야 할 곳에 존재하고 있다. 알 만한 사람은 다 아는 사람들이다. 모두가 알아주는 존재가 아니라, 뜻이 통하여 알아주는 존재가 영향력 있는 사람이다. 유명세는 소비자들이 쓰다버리면 끝난다. 영향력은 소장가들이 기꺼이 대가를 지불하고 소중히 간직하고 싶은 것이다. 유명세는 소비자들이 가격을 매기지만 영향력은 따르는 사람들이 가치를 더한다. 우리 사회에 유명한 자들이 지도자가 아니라, 영향력을 남기는 사람들이 지도자로 존경받기 시작할 때 나라도 새로워지리라 확신한다.

《성서조선》 폐간과
김교신의 죽음

《성서조선》은 1942년 3월호에 실린 〈조와弔蛙〉라는 글이 문제가 되어 폐간을 맞게 된다. '조와'는 죽은 개구리에게 조의를 표한다는 말인데 이 글이 반일감정을 선동하는 글이라 해석한 것이다. 글을 쓰고 편집하던 인사들과 정기독자들까지 모두 체포되어 고문과 취조를 당하게 된다. 이것을 《성서조선》 사건이라고 한다. 정기독자 전원이 검거됐고 김교신, 함석헌, 류달영 등 13인은 서울 서대문형무소에서 꼬박 1년간 옥고를 치렀다.

김교신이 개성 송도고보에서 교사로 일하던 시기였다. 매일 아침 사시사철 냉수마찰을 하고 기도하며 글을 쓰는 일이 김교신이 하루를 여는 습관이었다. 송악산 골짜기 기도터에서 새벽기도를 하다 보게 된 장면을 기록한 것이 문제가 됐다.

> 지난 늦가을 이래로 새로운 기도터가 생겼다. 층암이 병풍처럼 둘러싸고 가느다란 폭포 밑에 작은 담을 형성한 곳에 평탄한 반석 하나가 솟아나서, 한 사람이 꿇어앉아 기도하기에는 하늘이 마련해 준 성전 같았다. (…) 혹한에 작은 담수 밑바닥까지 얼어서 이 참사가 생긴 모양이다. 얼어 죽은 개구리 시체를 매장하여 주고 보니, 연못 밑바닥에 아직 두어 마리 기어 다닌다. 아! 전멸은 면했나 보다!
>
> _〈조와, 죽은 개구리를 애도한다〉 중에서

혹독한 겨울 추위 탓에 얼어 죽은 개구리들은 일제의 폭압에 희생당한 애국지사들을 애도하는 것이고, 그러한 추위에도 끝까지 살아남은 개구리들은 아직도 투쟁을 계속하고 있는 독립운동가들을 뜻한다는 것이었다. 같이 옥고를 치른 류달영에게 취조하는 검사가 이

렇게 말했다고 한다. "너희들은 우리가 지금까지 잡아온 놈들 중에
제일 악질들이다. 다른 놈들은 결사니 독립이니 파뜩파뜩 뛰다가 전
향도 하기에 다루기가 쉬웠는데, 너희 놈들은 종교니 신앙이니 이상
이니 하면서 500년 후를 내다보고 앉아 있으니 다루기가 더 힘들다"
김교신의 회고처럼 제대로 본 것이다.

《성서조선》 사건으로 옥고를 치르고 나온 김교신이 새롭게 선택
한 직장은 자신의 고향 가까운 흥남에 있는 일본질소비료 공장의 노
무자 후생관리 일이었다. 5,000여 명의 조선인 노동자가 열악한 환
경에서 비인간적인 대우를 받으며 일하고 있었다. 그는 그곳에 가서
동포들의 근로환경 개선과 노동자의 권익 개선을 위해 힘썼다. 그는
어디서나 그랬듯이 직접 환경 개선을 위한 청소와 보수에 늘 앞장섰
다. 그리고 《성서조선》의 동지들을 하나둘 그 공장으로 불러모았다.
일본은 자신들이 벌인 무모한 전쟁이 불리한 상황에 처하자 젊은이
들을 노동으로 군인으로 징용하여 탄광이나 공장뿐만 아니라 전쟁
이 치열한 사지로 내몰았다. 김교신은 청년들을 그 공장에 취업시켜
징용가는 것을 면하게 했다. 또한 여러 동지들과 함께 그곳 노동자
들을 계몽하고 가르쳐 미래를 준비하려는 계획을 가졌던 것이다.

그 당시 함께 일했던 안경득의 증언에 따르면 김교신은 매일 아침
출근시간 20분 전에 반드시 책상 앞에 무릎 꿇고 기도와 묵상을 했
다. 원어 성서를 읽은 후 하루의 일과를 시작했는데 누가 시키지 않
아도 참여하는 사람의 수가 매일 늘어갔다고 한다. 오직 김교신의
삶을 보고 감동한 사람들이 모여들기 시작한 것이다. 조회를 가진
후에는 체조와 달리기를 실시하고 나무 그늘이나 제방에 모여 앉아
짧은 강연을 했다. 주로 나눈 주제는 민족과 역사, 종교와 윤리, 보

건위생 등을 이야기했다 한다. 이 시기의 자신의 감정을 제자 류달영에게 보낸 편지에 적었다.

> 교육이라고 이름 붙은 교육보다는 서본궁의 일이 훨씬 교육적이고 생생한 일로 나에게는 느껴진다. 그리고 공장장이나 근로과장 등 이곳 사람들은 교육가들과 관리들보다는 순수한 피가 통하고 있다. 나는 이 공장에 입사하여 새로운 세계를 발견했다. 나는 교육계에서 쫓겨났지만 오히려 그것이 기회가 되어 물웅덩이에서 태평양에 몸을 옮긴 것 같은 느낌이 든다.
>
> _니이호리 구니지,《김교신의 신앙과 저항》 중에서

김교신 개인으로 보아서는 지금까지 만나고 교유해왔던 사람들이 주로 히브리어, 헬라어뿐 아니라 독일어, 불어, 영어 등 다양한 외국어로 성경을 읽고 연구한 지식층이었다. 그러나 이 공장에서 민족의 현실을 그대로 온몸으로 받아 고난을 감내하며 살아가는 민중을 만나며 새로운 교육의 영역에 눈을 뜬 것이었다. 자신이 그렇게 연구하고 가르치던 성서의 십자가 정신의 무게를 삶으로 경험하면서 민족의 눈물을 닦아주는 성서연구와 가르침의 세계가 열린 것이다. 그는 이전의 삶에서도 자신에게만은 엄격했고, 검소함을 실천하고, 노동하며 살아온 사람이었지만, 이곳에서 그는 고통받는 영혼들과 함께 하며 진리가 체화되는 현장을 목도한 것이다.

그런 그에게 야속하게도 세월은 많은 시간을 주지 않았다. 공장

에서 발진티푸스가 발생하여 퍼지기 시작했고 그들을 돌보던 김교
신도 감염된다. 발병 3주가 채 되지 않은 1945년 4월 25일 김교신은
편안히 숨을 거두었다. 1945년은 잔인한 해다. 그해 2월에 윤동주
가, 3월에 송몽규가, 그리고 4월에는 김교신이 숨을 거두었으니 말
이다.

김교신에게 영향을 깊이 준 스승 우치무라 간조, 그가 앰허스트
칼리지를 선택하는 데 큰 영향을 준 니시마 조, 그가 설립한 도시샤
대학, 윤동주는 그렇게 김교신과 만남으로 이어져 있다.

죽어 마땅한 사람이 있고 죽기 아까운 사람이 있다. 누가 결정하는
지 모르겠으나 역사는 안다. 김교신은 죽어가면서도 그가 돌보던 노
동자들을 걱정했다. 그리워했다고 함이 맞겠다. 김교신은 자신을 돌
보던 안상철 의사에게 이렇게 이야기했다.

안의사, 나 언제 퇴원하여 공장으로 갈 수 있습니까? 나 40평
생에 처음으로 공장에서 민족을 내 체온 속에서 만나 보았
소…. 이 백성은 참 착한 백성입니다. 그리고 불쌍한 민족입
니다. 그들에게는 말이나 빵보다도 따뜻한 사랑이 필요합니
다. 이제 누가 그들을 그렇게 불쌍한 무리로 만들었느냐고
묻기 전에 이제 누가 그들을 도와 줄 수 있느냐가 더 급한
문제로 되었습니다. 안 의사 나와 함께 가서 일합시다. 추수
할 때가 왔으나 일꾼이 없습니다. 꼭 갑시다.

_김정환, 《그의 삶과 믿음과 소망》 중에서

　　김교신과 함께 일했고 그의 상관이었던 근로과장인 일본인 고다마의 조사弔詞는 더 심금을 울린다. "나는 평소에 김계장을, 직장의 계급으로는 아래였지만 그 인격에 감동하여 선생으로 모셔왔고, 단 하루를 만나지 않아도 그리워졌고, 일을 너무 많이 하셔서 정양하라고 충고도 여러 번 했으나 듣지 않고 일에만 전력하여 이렇게 서거하게 되었으니, 존경하는 선생을 잃어 슬픔이 한이 없다"며 공장이 생긴 이래 처음으로 공장장으로 장례를 치렀다. 고다마 과장이 울분을 참지 못하고 또 한번 예정에 없던 조사를 하였는데 자신의 나이는 얼마 안 되지만 지금까지 선생처럼 위대한 인물을 접한 일이 없다며, 더욱 김교신이 요시찰 인물인 관계로 그 자리에 있던 정사복 경찰들에 대하여 그동안 여러 가지로 선생을 괴롭혔던 일에 대하여 몹시 꾸짖었다고 한다.

　　모든 것은 신을 위해 존재하지 않는다. 오히려 모든 것은 사람을 위해 존재한다. 신은 스스로 존재한다. 신은 인간의 어떤 숭배를 통해 신이 되지 않는다. 신은 신이다. 신이 우리에게 신앙을 준 이유는 그를 바라보는 신앙적 양심으로 사람들을 위해 봉사하라는 것이다. 신이 자기 아들을 주기까지 우리를 사랑한 이유가 있다면 우리가 서로 사랑하기를 바랐기 때문이다. 더 이상은 없다. 신을 위한 종교를 너머, 인간을 향한 사랑으로 가야 한다. 그것이 종교가 아니라 생명이 되는 길이다.

　　김교신! 그 길을 따르는 사람들의 삶 속에 깊이 스며든 이름이다. 드러난 약수터는 빨리 오염되어도 숨겨진 맑은 샘은 오래도록 맑다.

이제
만나러 갑니다!

김교신

함석헌기념관

김교신
자택 동네

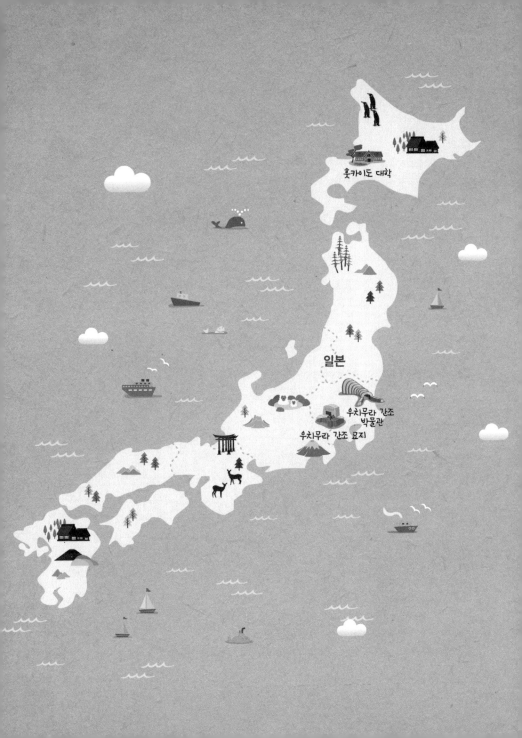

홋카이도 대학

일본

우치무라 간조
박물관

우치무라 간조 묘지

김교신 자택 동네

지금은 다 개발되어 흔적이 없지만 1,500여 평의 땅을 매입하여 손수 집과 서재를 지었다. 농사도 지으며 가축도 키우며 교사도 하며 《성서조선》 발행 비용과 제자들을 돕는 일을 했던 곳이다. 많은 때는 18명이 같이 살기도 했던 곳이다. 그의 유적이 전혀 보존되어 있지 않아 아쉬운 곳이다.

📍 서울시 성북구 정릉동 378번지

함석헌 기념관

김교신에 비해 해방 후 민주화운동에까지 앞장선 관계로 함석헌에 관계된 유적은 많이 남아 있다. 주변에 간송 전형필 가옥, 김수영 시인 옛본가, 전태일 열사 옛집터 등 다양한 유적지들이 많다. 함석헌기념사업회 홈페이지에 주변 유적지 지도가 올라와 있다.

📍 서울시 도봉구 도봉로 123길 33-6 함석헌 기념관

우치무라 간조 박물관(이마이관)과 묘지

이마이관今井館이라고 불리는 우치무라의 성경연구 모임이 열렸던 공간에 우치무라 간조와 관계된 다양한 자료들이 전시되어 있고, 지금도 성경연구 모임이 열리고 있다. 매주 월수금만 방문할 수 있다.

📍 도쿄도 메구로구 나카네 1-14-9 (東京都目黒区中根 1-14-9)
　　도쿄도 후추시 타마마치 4-628 도쿄타마묘원

홋카이도대학

1876년 세워진 삿포로농학교가 전신으로 우치무라 간조가 윌리엄 클라크를 만난 곳이다. 일본 명문대학 중 하나로 우리나라 대학과도 교류가 활발하다. 윌리엄 클라크의 "Boy, Be Ambitious!"를 보고 싶다면 꼭 방문하길 바란다. 홋카이도 도청 2층에도 그가 이 말을 남긴 장면을 형상화한 큰 그림이 걸려 있다.

📍 Hokkaido, Sapporo, Kita, Kita 8 Jonishi, 5 Chome

Between & Beyond,
역사 그 너머를 위한 움직임

김
교
신

우리 민족을 괴롭혀온 병폐가 있다면 사대주의, 식민사관. 진영논리, 지역감정 일 것이다. 그나마 지역감정은 어느 정도 해소되는 분위기이고, 남북정상회담, 북미정상회담이 잇따라 개최되며 진영논리도 힘을 잃어가는 분위기다. 그럼에도 불구하고 아직도 우리에게 깊이 남아 있는 쓴맛 나는 감정이 있다면 반일감정이다. 위안부 문제에 대한 공식적 사과와 적절한 보상조차 거부하는 일본의 태도에 반일감정은 더 깊어지는 분위기다. 일제의 식민지배를 통해 이 민족에게 남긴 상처는 사회 곳곳에 깊이 곪아 있어 아직도 쓰라림을 남긴다. 스포츠의 어떤 종목이든지 다른 모든 나라에게 질 수 있지만 일본에게는 절대 지면 안 된다는 것이 국민정서다.

윤동주, 문익환. 장준하와 같은 시대를 살았던 인물이 또 한 사람 있다. 강원용 목사다. 학계, 재계. 종교계 심지어 연예계에도 그의 제자들이 즐비하다. 신인령, 한명숙 등은 시대에 여성들을 깨우기 위해 키운 제자들이다. 크리스천 대화문화 아카데미를 열어 정치인들, 기업가와 노동자들, 종교계 인사들을 한 테이블에 앉게 하여 대화를 통해 사회통합을 이끌어내려 했다. 시대에 건강한 중산층을 키워야 한다고 믿어, 아카데미 운동을 활성화했다. 그의 걸어간 길은 시대를 통찰하고 사람들을 키우며. 역사의 진보를 향해 움직인 걸음이다. 그는 자신의 삶을 두 단어로 표현했다. 'Between & Beyond'다. 시대는 계속해서 너는 어느 편이냐고 묻는다고 했다. 좌냐 우냐, 보수냐 진보냐. 그러나 그는 어느 편이 아닌 그 너머를 본다고 했다. 치우침 없이 함께 나아갈 길을 모색했던 것이다.

김교신은 독립투사인 동시에 일본인을 정신적 스승으로 모셨던 사람이다.
제국주의 침략자로서 일본은 미워하나, 뜻을 나눈 동지로서의 일본인은
미워하지 않았다. 우리 시대의 해법도 그 지점에서 찾을 수 있으리라.
시인 윤동주를 웬만한 한국인보다 더 사랑하는 일본인, 안중근 의사를
숭모하는 일본인의 모임, 동족에겐 반역자로 버림받은 김옥균의 묘를
기꺼이 세워준 일본인, 소녀상 앞에서 참회의 연주를 하는 일본인,
해마다 한국을 찾아와 일본의 죄악을 회개하는 일본인 목사들이
그런 접촉점이 될 수 있다.

대학 시절, 필자는 일본을 자주 다녔다. 그곳에서 만난 일본인 친구들이
꽤 있었는데, 한국에 방문하여 함께 시간을 보낼 정도로 친한 관계가
되었다. 그들이 한국에 왔을 때 임진왜란 당시 항일 유적지 몇 곳을
안내하며 솔직한 대화를 나누었다. 이야기를 듣고 있던 그가 땅바닥에
무릎을 꿇고 울면서 미안하다고 사과하여 함께 울었던 기억이 있다.

맞다. 반일감정도 반공감정도 가족을 희생당한 슬픔을
공유할 수 없는 사람들이 쉽게 용서나 화해를 말하기 어려운 일이다.
세월이 많이 흘렀다고 하여 이젠 잊어야 한다고 말할 수 있는 일도
아니다. 절대로 그래서는 안 된다. 양심적인 일본인들의 사죄와 화해를
위한 노력이나 외교를 통한 해빙의 시간을 통해 조금씩 얼어붙은 마음이
녹아내리도록 충분한 시간을 주어야 한다.

김교신은 자신의 영적 스승인 우치무라 간조의 신앙과 역사의식에서 깊이

영향을 받았다. 그러나 일본을 칭송하고 일본인이 되거나

친일파 매국노가 되지 않았다. 오히려 조선을 누구보다 사랑하고

반일 저항운동을 하는 독립투사가 되었다. 지금도 가능한 일이다.

일본의 천인공노할 범죄를 잊지 않고, 낱낱이 따지고 풀어나가는 한편

기꺼이 뜻을 함께 하는 일본인과 교류하며 다리를 놓아야 한다.

앞으로 살아갈 통일의 시대, 동북아 시대가 저 너머에 있기 때문이다.

'용서는 하되 잊지는 말자'는 정신도 필요하다. 충분한 애도의 시간을

배려하는 역사의 여백도 필요하다. 그리고 이제 그 너머로 나아가자.

열
번
째
만
남

똥이 별이 되는 만남

권정생

《탱자나무 울타리》
저자와 탱자나무 울타리에 사는 사람

　1973년 1월 8일《조선일보》 신춘문예 동화부문 당선작으로 권정
생의 〈무명저고리와 엄마〉가 실렸다. 권정생은 동화작가 이원수의
심사평을 읽고 또 읽었다. 자신의 마음을 이해했다고 생각했기 때문
이다. 같은 날, 이오덕도《조선일보》에 실린 권정생의 당선작을 읽
는다. 그러고는 이오덕은 2년을 미루어온 권정생과의 만남을 실천
에 옮기기로 한다.

　1973년 1월 14일(이오덕 일기에는 1월 18일) 이오덕은 안동시 일직
면 조탑리 탱자나무 울타리로 둘러싸인 일직교회 부속건물 작은 방
에 들어섰다. 권정생은 너무나 기뻤다. 1970년 헌책방에서 이오덕
동시집《탱자나무 울타리》를 읽고는 감동하여 이오덕에게 편지까지

썼으나 부치지 못했는데, 그《탱자나무 울타리》의 작가가 탱자나무 울타리 안에 사는 자신을 직접 찾아온 것이다. 둘은 시간 가는 줄 모르고 대화했다.

권정생은 생전 처음 자신의 속마음을 이야기할 수 있는 사람을 만났다. 이오덕은 결심한다. 권정생을 소개하는 일에 자신이 할 수 있는 모든 일을 해야겠다고. 두 사람은 아마도 너무 닮아 서로의 마음으로 쉽게 들어갔을 것이다. 그런 사람들이 있다. 자기 가슴속에 있는 말을 가슴으로 전달하는 사람이 있다. 내 머리의 생각을 읽고 말하는 사람이 있는가 하면, 가슴을 느끼고 가슴으로 말하는 사람이 있다. 마음으로 보는 시선이 열린 사람들이다.

권정생이 어떤 사람이었기에 이오덕이 그리도 아꼈을까? 이 둘은 1973년 '탱자나무 울타리' 안에서 처음 만나, 2003년 이오덕이 세상을 뜰 때까지 30년간 만남을 이어갔다. 그들이 30년간 주고받은 편지는《선생님, 요즘은 어떠하십니까》라는 책으로 출간되었다.

이오덕은 어떤 인물일까? 그는 말 그대로 선생님이며 아동문학가로 우리말 연구에 평생을 바쳤다. 우리말연구소를 만들어 글쓰기 운동과 우리말 연구에 힘썼다. 우리글 바로쓰기, 우리문장 바로쓰기 등의 책을 통해 글 속에 깊이 배어 있는 일본말투와 번역말투를 걸러내고, 우리말과 글로 바꿔 쓰도록 하는 일에 일생을 바친 사람이다. 특히 어린이들이 쓰는 말과 글을 훌륭한 문학으로 인정하여 어린이들이 쓴 글들을 모아 문집으로 엮어 발행하는 일에도 힘썼다. 한국아동문학상, 단재상, 전국교직원노동조합 참교육상, 은관문화훈장 등 다양한 상을 받았다. 교육자로 아동문학가로 50여 권이 넘는 책을 남겼다. 수많은 단체가 설립되는 일에도 기여했는데 한국아

동문학회 창립회원, 한국아동문학가협회 창립회원, 한국글쓰기교육
연구회 창립회원, 민주교육실천협의회 공동대표, 전국초등민주교육
협의회 창립 자문위원, 우리말연구소 창립, 한국어린이문학협의회
창립, 우리말살리는겨레모임 창립 등에 관여했다.

삶이 말이 되고, 말이 글이 되어야 글이 올바르게 된다. 순서가 거
꾸로 되면 안 된다. 글 뒤에 어떤 의도가 숨어 있을지 알 수 없기 때
문이다. 글 뒤에 권력, 거짓, 독점 등의 숨은 의도가 있으면 글이 말
을 억압하고 삶을 억압하기 때문이다. 그래서 이오덕은 '글짓기'를
'글쓰기'로 바꾸고 싶어했다. 글을 왜 지어낼까? 느끼는 대로 쓰면
되지 않을까? 표현은 마음의 숨이라고 했다. 사람이 숨을 쉬는 것은
코로 하지만, 마음의 숨은 표현으로 한다는 것이다. 더구나 아이들
의 표현은 아이들의 생명을 이어가고 생명을 키워가는 귀중한 수단
인데, 표현의 길이 막히면 아이들은 병들거나 죽게 된다는 것이다.
누군들 그렇지 않을까. 아마도 이오덕이 살던 시대는 검열이 많았던
시대였으니 어른들은 더더욱 그렇게 느꼈을지도 모르겠다.

이런 그가 왜 보잘 것 없어 보이는 권정생을, 그렇게 읽고 싶어하
고, 만나고 싶어했으며, 많은 사람들에게 소개하고 싶어했을까? 그
렇게 바쁜 가운데에도 스스로 권정생의 심부름꾼을 자처하고, 비서
를 자처하고, 법적 대리인처럼 그의 입장을 대변하기를 마다하지 않
았을까?

그런 만남이 있다. 소울메이트soulmate를 만난 것 같은 만남, 운명
같은 만남, 한 번 만났을 뿐인데 마음에서 지워지지 않는 만남, 돌아
서면 또 만나고 싶은 만남이 있다. 다산과 정조, 다산과 혜장, 추사
와 초의, 도산과 유상규, 윤동주와 송몽규, 김교신과 우치무라 간조

의 만남이 그랬다.

권정생은 이오덕의 말처럼, 삶을 말하고 말이 글이 되었기에 우리에게 깊은 감동을 남긴 사람이 되었다. 그의 삶이 어떠했기에 그랬을까. 권정생이 자서전처럼 써내려간 것이 《오물덩이처럼 딩굴면서》다.

〈강아지 똥〉이라는 애니메이션이 많은 사람들에게 감동을 주었다. 하지만 〈강아지 똥〉의 원작자가 권정생이라는 것을 모르는 사람들도 많다. 권정생의 동화 가운데 《엄마 까투리》도 애니메이션으로 제작되어 해외까지 수출되었다. 그들 역시 원작자가 권정생인 것은 잘 모른다. 권정생이라는 사람의 삶과 닮았다. 그의 작품은 많은 사람들이 읽고 듣고 보았지만 그의 삶은 거의 알려지지 않았다. 누군가의 작품을 이해하기 위해서는 작가를 아는 것이 중요하다. 누군가의 말을 인용할 때도 그 사람이 어떤 상황에서 그 말을 했는지를 이해해야 한다. 사람이 어떤 사람의 말을 바르게 전달하려면 먼저 그와 인격적으로 깊이 만나야 한다. 권정생의 삶의 이야기로 들어가보자.

삶에 시련이 굽이칠 때마다
이야기는 탄생하고

누구나 숨 쉬는 일조차 어려웠을 일제 강점기, 권정생의 부모도 다를 바 없었다. 산골 농사조차도 소작농으로 살다 풀리지 않는 생활에 노름으로 인생을 탕진하던 아버지는, 가족을 이끌고 야반도주 끝에 일본으로 건너가 돈을 벌어 보내기로 하고 혼자 떠난다. 한 번 돈을 보내고는 일본에서조차 인생이 풀리지 않으니 감감무소식이다. 다섯 아이와 함께 남은 어머니는 속이 타들어갔다. 7년! 소식 없는 남편을 기다리며 닥치는 대로 일을 하여 혼자서 살림을 꾸려온 세월이다. 어머니는 일본으로 아버지를 찾아가기로 결심한다. 여행조차 만만치 않았던 시대에 백방으로 여권을 구해봤으나 넉 장밖에 구하지 못했다. 두 아이를 남겨야 했다. 첫째와 둘째를 남기기로 결정한다. 열일곱 살인 첫째는 심부름도 장사도 돌아다니며 많이 해보았기에 만주로 친구들과 갔다 일본으로 알아서 오기로 했고, 둘째 목생은 산골에서 병든 아들을 돌보고 있는 시어머니에게 욕을 먹으며 맡기고 떠난다. 일본으로 간 지 1년 후인 1937년 9월 10일 권정생이 태어났다. 2년의 시간이 흘렀을 때 둘째아들 목생이 열일곱 나이로 지방도로 공사장에서 일을 하다 폭발사고로 죽고 만다. 어머니의 마음은 무너졌다. 아버지에 대한 원망, 아들에 대한 미안함, 이러지도 저러지도 못하는 답답함에 한없는 슬픔을 풀어놓을 곳 없었다. 어머니는 자신의 이야기를 아이들에게 풀어놓기 시작했다. 어머니의 피눈물 섞인 구슬픈 이야기가 권정생의 가슴 골짜기에 고이기 시작했다. 권정생은 〈목생 형님〉이라는 글에서 한 번도 본 적이 없는 형을 그렸다. 이야기는 그렇게 만나지 못했던 그리운 사람도 만나게 해주는 힘이 있다.

일본에서도 한곳에 정착하지 못하고 이곳저곳 옮겨다니는 우여곡절 끝에 권정생이 열 살 되던 1946년 가족들은 귀국한다. 그러나 시대의 아픔은 가족을 다시 갈라놓는데, 두 형이 그곳에서 일을 하며 조총련계 사람들과 가까워져 그곳에 남게 된다. 권정생이 경험한 형들과의 두 번째 이별이었다. 그것이 마지막이었다. 얼굴도 보지 못한 채 떠나보낸 목생형, 곧 다시 볼 줄 알았으나 보지 못하게 된 또 다른 두 형. 권정생이 산골짜기 언덕 아래 살면서도 시대의 아픔에 민감할 수밖에 없는 이유였다. 그나마 형들과 편지도 주고받고 형들이 좋은 책들도 보내주곤 했으나, 늘 검열을 거쳐 자신의 손에 들어와 어떤 편지와 책들은 아예 전달되지 않았다. 이산가족의 아픔도 그의 가슴 골짜기에 스며들었다.

　귀국 후 가족의 힘겨운 삶은 계속 되었다. 먹을 것이 없는 겨울에는 동냥을 해서 먹어야 했다. 한국전쟁을 경험하게 된다. 그가 열네 살에 목격한 전쟁은 다시는 일어나서도 안 되고, 경험도 하고 싶지 않은 일이 된다. 그가 경험한 전쟁의 끔찍함은 훗날 《몽실언니》《초가집이 있던 마을》 등의 글들로 이 세상에 소개된다. 1953년 17세에 초등학교를 졸업하고 밥벌이를 위해 부산에서 여러 일을 하며 책도 읽고 글도 썼던 그는, 결핵으로 온몸이 망가져 21세에 결국 집으로 오게 된다. 폐결핵에서 신장, 방광 결핵으로 결국 전신 결핵으로 번져갔다. 벌레 한 마리 잡지 못하는 어머니가 산으로 들로 다니며 뱀이며 개구리며 약초를 잡고 캐다가 먹였다. 그 덕분이었던지 회복의 기미가 보이기 시작했다. 그러나 평생 온갖 일을 하며 감당해온 가족 뒷바라지와 6년 간 병간호 끝에 어머니는 결국 몸져눕고 6개월 만에 세상을 떠난다. 자신을 위해 평생 고생만 한 어머니, 여인의 몸으로 단 하루도 쉬지 못하고 남자 이상의 육체노동을 해야 했던 어머니가 세상을 떠난 것이다. 이루 말할 수 없는 상실감이 그의 가슴을 후벼 팠다. 《작은 사람 권정생》을 쓴 이기영의 표현이 와닿는다. '아픈' 정생을 남겨두고 '슬픈' 목생의 곁으로 가고 만 것이다. 이때 이야기는 《어머니 사시는 그 나라에는》이라는 시집이 된다.

권정생

세상의 어머니는 모두가 그렇게 살다 가시는 걸까
한평생 기다리시며 외로우시며 안타깝게…
배고프셨던 어머니
추우셨던 어머니
고되게 일만 하신 어머니
진눈깨비 내리던 들판 산고갯길
바람도 드세게 휘몰아치던 한평생
그렇게 어머니는 영원히 가셨다
먼 곳 이승에다 아들 딸 모두 흩어 두고 가셨다
버들고리짝에 하얀 은비녀 든 무명 주머니도 그냥 두시고
기워서 접어 두신 버선도 신지 않으시고
어머니는 혼자 홀홀 가셨다

어머니 가실 때 은하수 강물은 얼지 않았을까
차가워서 어떻게 어머니는 강물을 건너셨을까
어머니 가신 거기엔 눈이 내리지 않는 걸까
찬바람도 씽씽 불지 않는 걸까
어머니는 강 건너 어디쯤에 사실까
거기서도 봄이면 진달래꽃 필까
앞산 가득 뒤산 가득 빨갛게 빨갛게 진달래꽃 필까 (…)

어머니는 누구랑 살까
이승에 있을 때
먼 나라로 먼저 갔다고

언제고 언제고 눈물지으시던
둘째 아들 목생이 형이랑 같이 살까
아침이면 무슨 밥 잡수실까
거기서는 보리밥에 산나물 잡수실까
거기서도 밥이 모자라
어머니는 아주 조금밖에 못 잡수실까 (…)

보리밥 먹어도 맛이 있고
나물 반찬 먹어도 배가 부르고
어머니는 거기서 많이 쉬셨으면
주름살도 펴지시고
어지러워 쓰러지지 말으셨으면
손목에 살이 좀 오르시고
허리도 안 아프셨으면
그리고 이담에 함께 만나
함께 만나 오래 오래 살았으면

어머니랑 함께 외갓집도 가고
남사당놀이에 함께 구경도 가고
어머니 함께 그 나라에서 오래 오래 살았으면
오래 오래 살았으면…

_권정생, 《어머니 사시는 그 나라에는》 중에서

어머니가 돌아가시고 남자들만 세 식구 남은 집에 대책은 없었다. 아버지의 부탁으로 그는 병든 몸을 이끌고 집을 나왔다. 건강한 남동생만이라도 미래를 찾아가게 하자는 아버지의 부탁이었다. 그는 동생 머리맡에 쪽지를 써놓고 아침 일찍 집을 나왔으나, 동생이 터미널까지 쫓아와 혼자는 못 간다고 울며 떼를 쓴다. 기도원에 갔다 온다고 타일러 겨우 돌아서게 했지만 눈물은 그치지 않았다. 이 이야기는 〈그해 가을〉이라는 글로 남았다. 보지도 못한 형과의 이별, 큰 형 셋째 형과의 이별, 어머니와의 이별, 이제 동생과의 이별. 수없는 이별을 경험하며 여기까지 왔으나, 그에겐 또 다른 이별이 기다리고 있었다. 3개월을 떠돌았으나 부고환결핵까지 걸렸다. 결국 다시 집으로 돌아왔더니 아버지가 자리에 누워 있었다. 29세가 되던 해에 어머니에 이어 아버지마저 세상을 떠난다. 또 이별이었다.

어려서부터 잘 따랐던 일본에 사는 셋째 형이 그의 사정을 알고 돈을 빌려 수술비를 보내준다. 결과는 6개월 길어야 2년 정도 살 수 있다는 이야기를 들었다. 곧 동생도 결혼하여 분가하며 권정생과 이별한다. 1968년 32세, 그는 마침내 혼자가 되었다. 반복된 이별에 그는 혼자 살게 된 것이 오히려 은혜라고 생각했다. 자신의 병 때문에 남은 가족들조차 힘들게 하는 것이 싫었기 때문이다. 그리고 그는 마침내 글을 쓸 수 있는 자유를 얻었다. 안동의 일직교회에서 갈곳 없는 그를 거둬주었다. 문간방에 자리를 잡고 얼마 남지 않은 인생 글을 써내려간다. 수없는 죽음을 목격했고 자신도 죽음과 사투를 벌이는 중이었으니, 죽음의 의미에 대해 많이 고민했을 것이다. 이때에 《강아지똥》이 태어난다. 월간 《기독교교육》 제1회 기독교아동문학 현상모집에 《강아지똥》이 당선되었다.

권정생이 살아온 삶은 곧 이야기가 되었다. 그가 살아온 삶은 너무나 극심한 고통의 연속이었다. 그럼에도 불구하고 권정생에게는 그 틈에 있는 생명의 소중함과 모든 슬픔과 고통을 소망의 에너지로 승화시키는 힘이 있었다. 그것은 이미 그가 삶과 죽음의 문제를 뛰어 넘은 정신세계에 들어갔다는 것을 의미한다. 만남과 이별, 고통과 기쁨은 인생에 번갈아가며 나타나 우리 인생을 일희일비하게 한다. 하지만 인생의 궁극적 결말인 삶과 죽음의 문제를 일찍이 경험하며 그 문턱을 넘어선 사람은 일희일비하지 않는다. 그것은 신앙의 힘일 수도 있고, 반복되는 극심한 고난의 연단을 통해 얻은 인생의 깨달음일 수도 있다.

세 끼 보리밥을 먹고 살아도
나는 종달새처럼 노래하겠습니다

기적처럼 찾아왔던 이오덕과의 만남 이후 권정생은 새로운 동기부여가 일어났다. 글 쓰는 일에 열정이 살아나기 시작했다. 한 사람과의 좋은 만남은 그렇게 사람을 살아나게 한다. 이오덕이 떠나고 열흘 남짓 지났을 때 권정생은 그렇게까지 길게 이어질 줄 몰랐던 첫 편지를 띄운다.

이오덕 선생님
다녀가신 후 별고 없으신지요?
바람처럼 오셨다가 제弟에게 많은 가르침을 주고 가셨습니다. 일평생 처음으로 마음 놓고 제 투정을 선생님 앞에서 지

껄일수가 있었습니다.

선생님의 작품들을 많이 읽었지만 역시 만나 뵙고 난 다음, 더욱 그 진실을 깨닫게 되었습니다. 선생님이야말로 가장 소중한 우리 것을 가지신 분이라 한층 미더워집니다. (…) 행복이란, 외모로 판단되는 값싼 것이 아닐 겁니다. 선생님이 걱정하시는 마음이 제게 많이 통하고 있다고 당돌하게나마 말해 봅니다. 착하기만 해서도 안 될 것이죠.

소리소리 지르며 통곡하고 싶은 흥분이 일어날 때마다, 그것을 가슴으로 자꾸만 모아 들이는 아픔이란, 선생님은 더 많이 아실 것입니다. 체험하지 않고, 겪어보지 않고는 절대 모르는 설움을 무엇 때문에 외면하면서 설익은 재롱만으로 문학을 한다는 것부터 반성해야 할 것입니다.

안동에 오시는 기회가 있으시거든 종종 들러주시기 바랍니다. 원고는 며칠 더 기다려 주세요. 그동안 사정으로 아직 정리하지 못했습니다. 그럼 추위에 몸조심하시기 바랍니다. 다음 뵈올 때까지 안녕히!

1973년 1월 30일 권정생 드림

_이오덕 · 권정생, 《선생님 요즘은 어떠하십니까》 중에서

이오덕은 집으로 돌아가는 그 길에서부터 권정생을 소개하고자 하는 생각에 가슴이 뛰었다. 즉시 가능한 모든 사람들에게 권정생을 소개하기 시작했다. 이 일을 계기로 평생지기가 된 이현주 목사도 소개 받아 만나게 된다. 이현주는 목사이지만 《장자》《노자》《대학》

《중용》《금강경》등 고전을 폭넓게 연구한 책들을 썼고, 동화집도 출간했고 많은 에세이도 쓰고 있다. 당시 이미 동화작가로 등단했고, 대한기독교서회 편집기자로 일하고 있었기에 여러 방면으로 도움을 줄 수 있는 상황이었다. 이오덕의 평소 인간관계에 신뢰가 드러나는 대목이다. 한 번도 만나보지 못한 신인 작가를 이오덕의 소개 한 번으로 이곳저곳에 소개하고 연결하는 모습들을 보면 이오덕에 대한 신뢰가 깊다는 이야기다. 이제 한 번 만나 대화한 자신에게, 이오덕이 이현주, 이원수 등 여러 곳에 소개하였으니 힘내라고 하는 편지를 보내자, 권정생은 답장에서 글 쓰는 일에 대한 의욕이 살아나는 기쁨을 표현한다.

"하늘을 쳐다볼 수 있는 떳떳함만 지녔다면, 병신이라도 좋겠습니다. 양복을 입지 못해도, 장가를 가지 못해도, 친구가 없어도, 세 끼 보리밥을 먹고 살아도, 나는, 나는 종달새처럼 노래하겠습니다."

이오덕은 자신도 버스도 제대로 다니지 않는 시골에 있으면서 서울을 수없이 오가며 권정생의 첫 동화집을 발간해주기 위해 백방으로 뛰어다녔다. 아는 출판사마다 찾아가 부탁하고, 지인들이 소개해주는 출판사마다 찾아가 부탁했으나 거절당한 곳도 많았다. 정작 하겠다고 한 곳에서도 출판은 계속 미뤄지고 있었다. 이오덕은 무슨 일이 잘 진행이 되지 않으면 자신의 일처럼 힘들어하고 권정생에게 미안해했다. 책 출판뿐 아니라 권정생이 원고를 써 보내고 원고료를 아직 받지 못한 출판사들에도 찾아다니며 몇 천 원이라도 받아주기 위해 노력을 다했다. 그리고 권정생이 그 몇 천 원을 애타게 기다리고 있는 것에 마음 아파 했고, 몇 천 원을 소홀히 하는 잡지사도 원망스러웠다. 그 자신도 가르치는 일에, 글 쓰는 일에 그리고 이미 권위 있는 문학가로 바쁜 가운데에서 월급 주고 고용한 직원에게 시켜도 힘들 만한 일을 스스로 열심히 뛰어 다니며 자기 일처럼 감당했다. 심지어 권정생의 작품이 쓰는 대로 대작이거나 흠잡을 데가 없는 것도 아니었다. 하지만 좋은 작품 하나라도 꼭 소개하고 싶었기에 그가 보내오는 원고들을 읽고 평가와 조언까지 해주면서 그의 글을 지속적으로 알려나갔다. 병들어 죽어가며 피를 토하듯 글을 써내는 권정생에 대한 연민, 마음과 마음으로 통하는 아동문학에 대한 뜻, 그리고 그의 순수함을 지켜주고 싶은 형님 같은 마음이 그에게 있었다. 약이라도 먹고 음식이라도 제대로 먹어야 건강을 유지할 수 있고, 그러기 위해서는 돈이 필요하다는 것을 아는 안타까움이 있었기 때문이다. 무엇보다 그가 조금이라도 더 살아 이 땅의 어린이들에게 꼭 필요한 글을 계속 남겨주기를 바라는 진심 하나로 기꺼이 수고를 마다하지 않았다. 가족이라도 그럴 수 있었을까. 순수한 마음이 서로 통하지 않았다면 한 번의 만남으로 평생을 그의 손발이 되고 입이 되어 어떻게 뛰어다닐 수 있었을지.

원고를 들고 뛰어다닌 지 1년 4개월만에 드디어 《강아지똥》이 출간되었다. 권정생은 책의 서문에서 이오덕에 대한 감사와 함께 너무나 불쌍하게 살다 세상을 떠난 어머니에게 맨 먼저 이 책을 드린다고 썼다. 이오덕은 〈학대받는 생명에 대한 사랑: 권정생 씨의 동화에 대하여〉라는 해설에서 "강아지의 똥이 환한 민들레꽃으로 다시 살아나듯, 이 땅을 위해 바친 그의 생명이 그가 사랑한 조국의 수많은 어린이의 넋 속에 들어가 길이길이 빛나게 살아 있을 것이란 것을 그 누가 의심하겠는가. 부디 이 괴로운 세상일지라도 좀 더 많은 날을 살아서 더 많은 작품들을 남겨주었으면 하고 빌 뿐이다"라고 써서 권정생을 감동시켰다.

자기가 쓴 많은 글들이 처음으로 책으로 출판되어 자신의 손에 들렸을 때 작가의 감동이 있었을 것이다. 그러나 권정생에게 이 책은 그 이상의 의미였다. 일본에서 태어나 지독하게도 가난한 시절을 보냈던 그와 그의 가족들, 형제들과의 생이별, 부모와의 사별, 병으로 꺼져가는 자신의 생명, 그리고 어머니. 가장 먼저 이 소식을 나누고 싶었던 그 어머니가 가슴 시리도록 그리운 밤이었기에 잠을 못 이뤘을 것이다.

좋은 친구들이 좋은 만남과 좋은 인생으로 이끌어주는 것인지, 그에게 좋은 일들이 연거푸 생겼다. 한국아동문학가협회에서 권정생을 제1회 아동문학상 수상자로 정했다는 소식이었다. 상금은 거금 10만 원. 《강아지똥》에 실린 〈금복이네 자두나무〉가 수상작품으로 선정되었다. 작품의 줄거리는 소작농이었던 권정생의 아버지처럼 소작농인 금복이 아버지가 최주사 댁의 밭을 샀다. 새로운 길을 닦는 데 최주사 밭은 모두 빠지고 금복이네 밭으로 길이 지나가게 되면서 평생 모은 전 재산과 살 곳을 빼앗기고 만다. 금복이 역시 여름에 따 먹으려고 키우던 자두나무 밭이 최주사와 면장이 지켜보는 가운데 불도저에 모두 밀린다는 내용이다. 당시 흔하게 일어나던 가진 자들의 횡포 앞에 무기력하게 당하는 시골의 순박하고 죄 없는 농민들의 삶과 짓밟히는 어린 동심에 대한 아픔을 표현하고 있다.

자신의 작품을 심사하고 당선작으로 뽑아준 이원수, 편지로만 소식을 주고받던 이현주를 직접 만나는 기회도 되었다. 이현주와는 이때부터 평생지기가 된다. 이현주는 권정생을 만나고 당시 한창기가 발행하던 순한글 가로쓰기 잡지 《뿌리깊은나무》에 〈권정생이라는 사람과 강아지똥〉이라는 글을 써서 권정생을 알리는 일에 한몫을 한다. 이 일로 《뿌리깊은나무》의 구독자들이 모금활동을 벌여 당시 거금을 권정생에게 보내오기도 한다. 이현주를 통해 권정생은 정호경 신부를 만난다. 권정생의 유언장에는 정호경 신부를 '이 사람은 잔소리가 심하지만 신부이고 정직하기 때문에 믿을 만하다'고 썼다. 그도 가톨릭이라는 울타리를 넘어 노장사상이나 불교에도 상당한 공부가 있었다. 가톨릭 내에서도 소위 진보성향의 신부였기에 그 삶도 평범하지는 않았다. 신부나 목사나 스님 등 종교인들이 정치에 대해 진보성향을 띠면 그들이 종교인의 정체성에서 상당히 벗어난 것으로 보는 사람들이 있다. 종교인의 진보성향에는 두 가지 면으로 나타난다. 하나는 종교인의 정체성보다는 정치인 성향에 매몰되는 것이고 다른 하나는 삶이 진보 그 자체가 되는 것이다. 정호경은 후자다.

정치가 어두운 그늘이었던 시대에 농민들을 위해 농민이 되어 살았던 사람이었다. 자신 스스로가 너무 오랫동안 입품과 글품으로 살았기에, 이제는 일품으로 살고 싶다며 마지막 20여 년을 농사꾼이자 목수로 살고자 했다. 경북 봉화군 비나리 마을에 4년여에 걸쳐 직접 집을 짓고 농사를 지으며 살았다. 그가 세상을 떠날 때, 권정생이 유언장에 모든 인세가 든 통장과 도장 그리고 어린이들 위해 써달라고만 남겨 뒷사람들을 고민하게 했다면서, 자기는 제대로 정리해놓고 가야 한다며 농사짓던 땅과 살던 집 일체를 섬기던 안동교구로 돌려놓았다. 통장 비밀번호와 남은 돈을 어디에 써야 할지 11개 항목의 유서를 써놓고 빈손으로 떠났다. 그의 유서 마지막은 "모든 생명이 욕심을 버리고 더불어 일하며 정을 나누는 세상을 위해 기도 하겠습니다. 경쟁의 문명은 공멸입니다. 상생의 문명만이 구원의 길임을 믿습니다"로 마친다. 권정생은 정호경의 삶을 곁에서 지켜보며 한 편의 동화를 쓴다. 〈비나리 달이네 집〉은 그렇게 탄생한 작품이다. 다리가 셋 뿐인 강아지 달이와 달이 아빠인 신부님의 이야기를 썼다. 사람들이 놓은 덫에 다리 하나를 잃은 달이의 시선에서 인간 세상을 바라보는 감정을 표현했다. 아빠와 대화를 통해 세상에 하고 싶은 이야기들을 쏟아놓는다. 다리가 세 개뿐인 강아지 달이를 도깨비나 괴물이 아니라 그냥 달이라고 분명하게 말함으로써, 사람들을 외모로 취하는 모든 선입견을 깨뜨린다. 신부님이 왜 농사꾼이 됐는지, 사람들은 왜 위험한 물건들을 계속 만드는지, 결국 인간을 다치게 할 텐데. 권정생이 무엇을 고민하며 무엇을 보는지 작가의 시선을 깊이 공감하게 하는 동화다.

권정생은 이오덕을 통해 정호경, 이현주를 만나 동생 삼고 호형호제하며 힘을 얻었다. 몸 상태는 여전히 편하지 않았다. 하지만 어느 때보다 왕성하게 집필을 계속해나갔다. 만남은 이야기를 풀어놓는 것이다. 우리 모두는 각자의 이야기가 있다. 이야기는 이야기를 끌어내는 힘이 있다. 그렇게 나의 이야기가 너의 이야기를 만나면 그것이 인생이 되고 역사가 된다. 당시 군부독재 하에서 깨어 있는 교육자들과 문인들은 답답한 마음이 많은 때였다. 권정생의 작품들도 검열에 걸려 삭제되기도 하고 편집되기도 하여 신문이나 잡지에 실렸다. 아동문학이라는 장르가 제대로 자리 잡지 못한 시기에 이오덕과 권정생, 이현주, 이원수의 만남은 아동문학이 자리 잡을 수 있게 했다. 어느덧 권정생은 자기를 끌어주고 세워주던 그들과 어깨를 나란히 하여 그들의 작품에 서평을 쓸 만큼 성장해 있었다. 그들에게 경쟁이나 시기는 없었다. 같은 장르의 문학을 하면서도 아동문학이었기에 어린이 같은 순수함이었는지 시기의 흔적을 찾아볼 수 없다. 오직 어린이들에게 좋은 글이 한 편이라도 더 소개될 수 있기를 원했고, 좋은 작가가 좋은 글을 마음껏 쓸 수 있는 여건이 주어지기만을 간절히 원했다.

우리 시대는 이익을 위해 의리를 희생시키며 성공을 위해 뜻을 저버리는 시대다. 생존에서 살아남아야 하기에 불의를 애써 외면하고 도움을 주더라도 손해 보지 않을 수 있는 범위 안에서만 도움을 준다. 이해관계를 뛰어넘은 도움을 찾기 어려운 때다. 모두가 뜻은 있으나 더 큰 성공을 위해 뜻을 쉽게 저버린다. 이익이 되는 사람만 친구로 삼는다. 인맥을 넓히는 것과 만남이 깊어지는 것은 다르다. 인맥을 넓히는 것은 이해관계가 맞는 사람들끼리 연결되는 것이라면, 만남이 깊어진다는 것은 손해를 보더라도 관계를 끊지 않고 이어가겠다는 의지가 있어야 하기 때문이다. 인맥은 이해관계가 없어지면 끊어지고 만다. 만남은 이해관계가 없어질 때 더 깊어지고 오래 간다. 이해관계에 따라 이리저리 메뚜기처럼 뛰어 옮겨 다니는 인맥관리형 인간들이 판을 치는 세상이다. 그것이 성공의 길인양 포장한다. 아니다. 포장되지 않은 만남이 오래간다. 인맥은 향수를 선물할지 몰라도 만남은 삶의 향기를 남긴다.

마음이
별과 같은 사람들

1974년 8월 23일, 그가 이오덕에게 보낸 편지에는 그의 시선이 어디를 향하고 있는지 보여준다.

> 건넛집 사택 권사님이 벌(땡삐)집에 불을 지르자 하시는 것
> 을 간신히 말려 놓았습니다. 벌레 한 마리라도 없어서는 세
> 상이 참 쓸쓸할 것입니다. 이 근처엔 아직도 제가 좋아하는
> 친구들이 고루고루 살고 있어요. 요사이도 아직 소쩍이가
> 가끔 울어주고 있고요. 밤엔 부엉이도 있고, 교회당 지붕엔
> 박쥐 부부도 살고 있습니다. 해만 지면 제 세상 만난 듯이
> 훨훨 날아다닙니다.
>
> _이오덕 · 권정생, 《선생님 요즘은 어떠하십니까》 중에서

그는 자기 방에 들어온 쥐도 내쫓거나 죽이지 않고 먹을 것을 준
비해 나눠주며 이불 밑에 파고 들어와도 품고 잤다. 《도토리 예배당
종지기 아저씨》가 그 생쥐와 해학적인 대화를 하는 내용이다. 일직
교회가 탱자나무 울타리를 걷어내고 교회 담장을 쌓느라 나무들을
베어내는 걸 보고, 톱질이 시작된 대추나무를 끌어안고 우는 통에
나무를 베다 중간에 멈춰서 톱질 자국이 남은 나무가 한동안 그대로
서 있었다. 결국 목조건물이었던 예배당을 헐고 콘크리트 건물로 새
로 지으면서 깊게 파인 톱자국이 남아 있던 대추나무와 주변 모든
나무들이 잘려나갔다. 그리고 자신의 생명의 시계바늘처럼 하루 두
번씩 종을 치던 종각도 걷어치워버렸다. 그는 〈가난한 예수처럼 사
는 길〉에 그 안타까움을 썼다. 무엇을 보든 무엇을 느끼든 그는 쓰
고 또 썼다. 자기가 표현할 수 있는 길은 오직 그것뿐이었다.

환경운동하는 사람 몇이서 그를 방문했을 때, 권정생은 그들에게 넌지시 물었다. 요즘 환경운동 어떻게 하냐고. 무슨 말인지 못 알아듣는 그들에게 또 다시 던졌다. 여기 오실 때 고속도로로 운전하고 왔냐고. 그리고 무슨 환경운동을 하냐고. 그는 〈쓰레기를 만드는 사람들〉이라는 글에서 이야기한다.

"해진 양말을 기워 신고, 낡은 물건일수록 자랑스러워하며, 좀더 춥게 좀더 불편하게 살아가면 쓰레기도 줄고 공기도 맑아지고 산과 바다도 깨끗해질 것이다. 내가 그렇게 살고 난 다음에 핵무기와 전쟁을 반대하는 운동에 앞장서야 한다."

그도 그런 질문을 사람들에게 아프라고 막 던지는 사람은 아니었다. 자기가 너무 순진하거나 예민하다고 생각한다는 것도 알았다. 그러나 인간들은 망한다 망가진다 나빠진다 하면서도, 자기가 가난하고 검소하게 자연과 더불어 살아가려는 삶은 살지 않으니 다 거짓말이라는 것이다. 그가 우리에게 남겨준 마지막 메시지 같은 동화가 〈랑랑별 때때롱〉이다. 아이들이 엄마 뱃속이 아니라 기계에서 태어난다. 로봇이 모든 일을 다 해주며, 사람들은 더 이상 웃지도 않고 얘기도 안 한다. '노벨이 만든 다이너마이트'와 '천재 물리학자 아인슈타인이 만든 원자폭탄'이 없었다면 수많은 사람들이 죽지 않았을 것이라고, 에디슨이 전기를 발명하여 달빛과 반딧불과 아늑한 등잔불을 잃어버렸다고 아쉬워하고 안타까워한다.

1985년 10월 19일, 그가 이오덕에게 보낸 편지다.

행복이라는 환상을 떨쳐버리지 않는 한 인간은 불행에서 벗어나지 못할 것입니다. 행복하다는 사람, 잘 산다는 인간들,

선진국, 경제대국 이런 것 모두 야만족의 집단이지 어디 사
람다운 사람 있습니까. 어쨌든 저는 앞으로도 슬픈 동화만
쓰겠습니다. 눈물이 없다면 이 세상 살아갈 아무런 가치도
없습니다. 산다는 것은 눈물투성이입니다. 인간은 한순간도
죄짓지 않고는 목숨이 유지되지 않는데, 어떻게 행복하고
즐거울 수 있겠습니까? 내가 한 번 웃었을 때, 내 주위의 수
많은 목숨이 희생당하고 있었고, 내가 한번 만족했을 때 주
위의 사물이 뒤틀려 버리고 말았던 것을 어떻게 지나쳐버릴
수 있겠습니까?

_이오덕 · 권정생,《선생님 요즘은 어떠하십니까》 중에서

그는 그런 사람이었다. 웃음 한 번도 헤프게 웃거나 이기적으로
웃고 싶지 않은 사람. 나의 웃음 뒤에 얼마나 많은 사람들의 슬픔
이 가리게 될지 생각하는 사람이었다. 그 순간에 울고 있을 사람들
을 기억하기를 원했다. 빌뱅이 언덕 아래 6평 남짓한 방에 틀어박혀
글만 쓰는 사람 같으나 그의 시각은 국경을 넘어가고 있었다. 그는
〈몽실언니〉가 TV 드라마로 방영이 끝날 무렵까지 TV도 라디오도
없던 사람이었다. 그러나 그 골방 속에 앉아 북한의 어린이들 소식,
중동과 티벳의 어린이들에 대한 걱정을 놓지 않고 있었다. 그의 유
언장을 살펴보아도 마찬가지다.

2005년에 쓴 유언장이나 2007년에 쓴 유언장에도 그가 계속해서
마음을 쓰고 있었던 것은 특별히 북쪽 어린이였다. 그가 목격한 한
국전쟁의 잔상은 오래도록 남아 그가 장편으로 써내려간 세 편의 역

작으로 남았다. 《초가집이 있던 마을》《몽실언니》《점득이네》가 그
것이다. 이 작품들에는 전쟁과 분단으로 인한 아픔과 고통의 참상이
표현되어 있다. 그 시련과 고난 가운데서도 꿋꿋이 운명을 개척해나
가는 감동과 함께, 이념대립과 갈등을 넘어 결국 우리는 같은 사람
이요 하나라는 통일의 메시지를 담고 있다. 군부의 검열에 책으로는
출간이 연기되기도 했고 폐간의 위기도 여러 차례 넘겼지만, 결국
수많은 독자들의 성원에 힘입어 방송 드라마로도 제작이 되어 전 국
민을 울렸다.

　권정생은 두 차례에 걸쳐 원고지에 육필로 유언장을 남긴다.

　　　내가 죽은 뒤에 다음 세 사람에게 부탁하노라.
　　　1. 최완택 목사 민들레 교회
　　　　　이 사람은 술을 마시고 돼지 죽통에 오줌을 눈 적은 있지
　　　　　만 심성이 착한 사람이다.
　　　2. 정호경 신부 봉화군 명호면 비나리
　　　　　이 사람은 잔소리가 심하지만 신부이고 정직하기 때문에
　　　　　믿을 만하다.
　　　3. 박연철 변호사
　　　　　이 사람은 민주변호사로 알려졌지만 어려운 사람과 함께
　　　　　살려고 애쓰는 보통사람이다. 우리 집에도 두세 번쯤 다
　　　　　녀갔다. 나는 대접 한 번 못했다.
　　　위 세 사람은 내가 쓴 모든 저작물을 함께 잘 관리해주기를
　　　바란다. 내가 쓴 모든 책은 주로 어린이들이 사서 읽는 것이
　　　니 여기서 나오는 인세를 어린이에게 되돌려주는 것이 마땅

할 것이다. 만약에 관리하기 귀찮으면 한겨레신문사에서 하고 있는 남북어린이 어깨동무에 맡기면 된다. 맡겨놓고 뒤에서 보살피면 될 것이다.

유언장이란 것은 아주 훌륭한 사람만 쓰는 줄 알았는데 나 같은 사람도 이렇게 유언을 한다는 게 쑥스럽다. 앞으로 언제 죽을지는 모르지만 좀 낭만적으로 죽었으면 좋겠다. 하지만 나도 전에 우리 집 개가 죽었을 때처럼 헐떡헐떡거리다가 숨이 꼴깍 넘어가겠지. 눈은 감은 듯 뜬 듯하고 입은 멍청하게 반쯤 벌리고 바보같이 죽을 것이다. 요즘 와서 화를 잘 내는 걸 보니 천사처럼 죽는 것은 글렀다고 본다. 그러니 숨이 지는 대로 화장을 해서 여기저기 뿌려주기 바란다.

유언장치고는 형식도 제대로 못 갖추고 횡설수설했지만 이건 나 권정생이 쓴 것이 분명하다. 죽으면 아픈 것도 슬픈 것도 외로운 것도 끝이다. 웃는 것도 화내는 것도. 그러니 용감하게 죽겠다.

만약에 죽은 뒤 다시 환생을 할 수 있다면 건강한 남자로 태어나고 싶다. 태어나서 25살 때 22살이나 23살쯤 되는 아가씨와 연애를 하고 싶다. 벌벌 떨지 않고 잘할 것이다. 하지만 다시 환생했을 때도 세상엔 얼간이 같은 폭군 지도자가 있을 테고 여전히 전쟁을 할지 모른다. 그렇다면 환생은 생각해 봐서 그만둘 수도 있다.

(2005년 5월 1일)

_이충렬, 《아름다운 사람 권정생》 중에서

　권정생은 연애 아닌 연애를 한 적이 있다. 자신은 평생 죽을 만큼 가난했고 병으로 온몸은 다 망가졌기에 연애라는 걸 기대해본 적도 없었다. 교회 전도사가 자신의 친구인 여자 전도사 장영자를 권정생에게 소개하고자 데려왔는데 좋은 대화와 인사만 주고받았을 뿐이다. 그녀가 영양제와 겨울 점퍼 등을 방문할 때마다 사다주니 오히려 권정생은 역정을 내기도 했다. 서툴러서였다. 선물을 받거나 누군가의 따스한 돌봄을 받지 못하고 자란 마음에서 된소리를 하고는 미안해했다. 사회복지를 공부하고 복지사업에 뜻을 두고 있던 그녀와 한 번 두 번 대화하고 만나다, 어느 날 마음이 울렁거리고 머리가 어지러운 느낌을 받게 된다. 그녀에게도 같은 감정이 일렁이기 시작했다. 결국 이 이야기를 이오덕, 이현주, 전우익, 이철수 등이 함께 있을 때 하고 말았다. 짓궂은 이현주가 늦은 시간 여자 전도사 관사로 찾아가 장영자를 불러내 데리고 왔다. 그러곤 형이 프로포즈를 하고 싶은데 아직 못했다며 형과 결혼해줄 수 있겠냐고 물었다. 장영자는 권정생 입으로 직접 그 말을 듣고 싶다고 했다. 권정생은 결국 말하지 못했다. 자신을 얼마나 이해해줄지도 의문이었고, 자신이 얼마나 살지도 알지 못하는 상황을 상대에게 떠넘길 수 없었다. 결국 청혼은 성공하지 못했지만, 두 사람은 평생 서로 왕래하며 좋은 사이를 이어갔다. 그만큼 순수하기도 했지만 그만큼 자신에 대해 자신감도 없었던 탓일 것이다. 이때의 일이 마음으로는 무척 후회가 되었는지 연애하고 싶다는 얘기를 유언장에 썼다. 그조차도 순수한 마음의 표현이다. 권정생은 그런 사람이었다. 그냥 보고 듣고 마음에 드는 생각을 그대로 써내려가도 순수함이 묻어나는 성징의 소유자였다. 마당의 잡초도 생명이라 뽑지 않고 유해한 곤충이나 벌레

한 마리도 죽이지 못하는 사람이었다. 그의 작품을 읽어보면 어떻게 이런 생각을 할 수 있을까라는 생각이 많이 든다. 그리고 그 정직함과 순수함이 때론 폐부를 깊이 밀고 들어와 독자를 울컥하게 만든다. 그리고 영혼을 정화시키는 맑은 물처럼 내면에서 흐른다.

그의 두 번째 유언장의 내용이다.

정호경 신부님
마지막 글입니다
제가 숨이 지거든 각각 적어놓은 대로 부탁드립니다.
제 시체는 아랫마을 이태희 군에게 맡겨주십시오. 화장해서 태찬이와 함께 뒷산에 뿌려달라고 해주십시오. 지금 너무 고통스럽습니다.
3월 12일부터 갑자기 콩팥에서 피가 쏟아져 나왔습니다. 뭉툭한 송곳으로 찌르는 듯한 통증이 계속 되었습니다. 지난날에도 가끔 피고름이 쏟아지고 늘 고통스러웠지만 이번에는 아주 다릅니다. 1초도 참기 힘들어 끝이 났으면 싶은데 그것도 마음대로 안 됩니다. 모두한테 미안하고 죄송합니다. 하느님께 기도해주세요. 제발 이 세상 너무도 아름다운 세상에 사람이 사람을 죽이는 일은 없게 해달라고요. 재작년 어린이날 몇 자 적어놓은 글이 있으니 참고해주세요. 제 예금통장 다 정리되면 나머지는 북쪽 굶주리는 아이들에게 보내주세요. 제발 그만 싸우고 그만 미워하고 따뜻하게 통일이 되어 함께 살도록 해주십시오.
중동 아프리카 그리고 티벳 아이들은 앞으로 어떻게 하지요. 기도 많이 해주세요.

안녕히 계십시오.

2007년 3월 31일 오후 6시 10분

권정생

_이충렬, 《아름다운 사람 권정생》 중에서

　　권정생의 유언장은 이오덕이 먼저 세상을 뜬 것을 보고, 그도 정리해야 할 마음이 들었던 것 같다. 2003년 이오덕도 먼저 가고 2004년 연말 전우익도 갔다. 이오덕은 2003년 8월 14일 암일지 모른다는 진단을 받지만, 어떤 검사나 치료도 거부하고 자신의 집에서 평소처럼 매일 일기를 쓰고 시를 쓰며 하루하루를 보내다 불과 열흘 만인 8월 25일 새벽에 하늘의 별이 되었다. 담담하게 자신과 관계된 많은 일들을 하나하나 정리하는 일상을 보내다 일상처럼 그렇게 갔다.

　　이오덕의 유언은 단순했다. 조문객이나 부의금을 받지 말라는 것. 가족과 가까운 몇 사람과 장례를 지내고 후에 신문에 부고를 작게 내는 것으로 정리했다. 자신의 무덤 곁에 권정생의 〈밭 한 뙈기〉와 자신의 〈새와 산〉이라는 시를 새긴 시비詩碑를 세워달라는 것이 마지막 부탁이었다. 시 두 편이 이오덕과 권정생이 어떤 마음으로 한 평생 살았는지 어떤 마음으로 죽음을 마주하는지 모든 것을 말해준다. 태허 곁에 묻어달라 했던 도산과 태허의 우정이 겹쳐 생각나는 모습이다. 태허의 후손들처럼 이오덕과 권정생의 후손들에게 따뜻한 추억으로 간직되길. 내 인생 짧은 시 한 편으로 다 말할 수 있는 인생이길. 그렇게 그들은 모두 별이 되었다.

사람들은 참 아무것도 모른다
밭 한 뙈기
논 한 뙈기
그걸 모두
내 거라고 한다
이 세상
온 우주 모든 것은
한 사람의 '내'것은 없다
하느님도
'내'거라고 하지 않으신다
이 세상
모든 것은
모두의 것이다
아기 종달새의 것도 되고
아기 까마귀의 것도 되고
다람쥐의 것도 되고
한 마리의 메뚜기의 것도 되고
밭 한 뙈기 돌멩이 하나라도
그것 '내'것이 아니다
온 세상 모두의 것이다.

_권정생, 〈밭 한 뙈기〉 전문

권정생

새 한마리
하늘을 간다.

저쪽 산이
어서 오라고
부른다.

어머니의 품에 안기려는
아기같이.

좋아서 어쩔 줄 모르고
날아가는구나!

_이오덕 〈새와 산〉 전문

이제
만나러 갑니다!

권정생

권정생
생가

권정생
어린이 문화재단

일직교회

권정생 생가

권정생이 교회 뒤 언덕 밑에 작은 집을 짓고 작품을 쓰며 살다가 떠난 집이다. 마당에 놓인 개집과 풀조차 그의 시를 통해 살아났다. 허물어져가는 폐가에서 생명의 기운을 느껴보자.

📍 경상북도 안동시 일직면 조탑안길 57-12

권정생 어린이 문화재단

권정생의 삶을 정리하여 전시해놓은 전시관이며 동화에 등장하는 캐릭터들을 많이 볼 수 있는 아기자기한 곳이다. 시간을 충분히 가지고 작품 하나하나를 떠올리며 돌아보면 감동이 깊어진다.

📍 경상북도 안동시 일직면 성남길 119

일직교회

권정생이 16년간 교회 문간방에 머물며 하루 두 번씩 종을 치던 교회다. 없어졌던 종탑을 2008년도 어느 유치원 원장의 후원으로 복원하여 세워 놓았고 직접 쳐볼 수 있다. 권정생의 마음으로 한번 꼭 줄을 당겨보자.

📍 경상북도 안동시 일직면 송리리 168 일직교회

column

자연스러운 사람이 좋다. 만나면 대화가 술술 잘 풀리는 사람이 있다.
생각의 흐름이 같은 사람도 있다. 바라보고 걷는 방향과 보폭조차
맞는 사람이 있다. 억지로 맞추지 않는다. 그냥 모든 것을 함께 하지만
거슬리거나 부딪히지 않는다. 결이 같은 사람이다. 나무도 결이 있고
피부도 결이 있고 사람도 결이 있다. 결이 같은 사람을 만나면 편안하고
자유로워진다. 자기가 자기다워질 수 있는 안정감과 편안함을 주는
사람이다.

황상을 아꼈던 다산, 초의와 친구였던 추사, 김옥균의 묘를 세운
가이군지, 태허 곁에 묻히고 싶었던 도산, 스스로 범부로 불리고자 했던
백범, 청년이 좋아 청년이 된 월남, 행동이 유언이 된 규암, 모든 죽어가는
것을 사랑했던 윤동주, 아름다운 스승의 눈물을 남긴 김교신, 어린아이의
마음을 소유했던 권정생 등 모두 결이 같은 사람들이다. 끊어짐 없이
세월과 시대를 뛰어넘어 하나로 이어지는 사람들이다. 다른 시대를
살아도 같은 마음을 품었던 사람들을 발견하는 기쁨이 크다. 권정생의
주변 인물만 보아도 그렇다. 정호경, 이현주, 이오덕 등 누구 하나 예외
없이 서로 결이 같음을 알아보고 좋은 친구가 된다.

만남은 소중하고 중요하다. 인생이 더 깊어질 수도 있고 더 깊은 나락으로
빠져 들어갈 수도 있다. 잘못된 만남도 분명히 있다. 그래서 만남에도
결이 중요하다. 결이 맞지 않는 만남은 불필요한 갈등을 초래한다.
맞추어보려고 노력하다 결국 포기하고 만다. 역사 속의 인물을 찾고
만나는 일에도 결이 중요하다. 그가 아무리 많은 업적을 남기고 유명하다

해도 결이 다른 인물에게는 관심이 가지 않는다. 결이 같은 사람은 그가
하는 말, 그가 남긴 글, 그의 행동이 가슴에 쉽게 스며들고 오래 향기를
남긴다.

만남의 결이 역사의 숨결을 형성한다. 결이 같은 사람들이 만나면 역사는
부드러운 숨결을 내뱉는다. 결이 다른 사람들이 부딪히면 역사는 거친
숨을 내뱉는다. 결의 흐름에 따라 역사의 강물도 유유히 흐르기도 하고
부딪히며 도는 소용돌이가 되기도 한다. 사람이 시대를 잘 타고났다는
것은 그 사람의 결이 시대의 결과 잘 맞아 들어간다는 말이다. 시대를
잘못 타고났다는 것은 그 사람의 결이 시대의 결을 거스른다는 뜻이다.
삶은 제각각이다. 모두의 결이 같을 수 없다. 결이 다르다고 항상
부딪히지도 않는다. 결의 곁에 또 다른 결이 모여 무늬가 된다. 결국은
결이 다른 사람이라 할지라도 같은 방향을 바라보며 나아가면, 하나의 큰
그림이 완성될 수 있다. 우리가 한 방향을 바라볼 수만 있다면 세상은 또
다른 모습으로 존재하게 될 것이다.

나와 너가 만나 우리가 되는 세상을.

역사의 스승, 그들의 숨결
그리고 가슴 벅찬 '만남'

글을 쓰다 멈추고 심호흡을 하거나 젖어드는 눈가를 훔치는 경우
가 종종 있었다.

한 번 사는 인생. 한 시대에 태어나 서로 만나 뜻을 나누고 생명을
나누는 생명적 동지로 살아가는 삶이 가슴 벅찼기 때문이다. 사람
과 사람 사이 찬바람이 도는 현대인의 관계를 일상으로 대하다, 역
사 속 인물들의 만남과 관계성이 부럽고 아프기도 했다. 글을 쓰면
서 감동을 인위적으로 부추기지 않으려 애썼다. 담담하게 역사적 배
경과 만남의 이야기를 있는 그대로 쓰려고 노력했다. '나도 그를 만
나러 가야겠다'는 마음만 가져주어도 글쓴이로서 책임을 다한 것 아
닐까 생각한다.

삶은 만남이다. 인생을 진정한 성공으로 이끄는 것은 이해관계를
추구하는 인맥 관리가 아니라, 만남으로 시작하는 관계의 진정성에
있다. 이해관계를 떠난 만남만이 이해관계를 뛰어넘는 인생의 결과

를 가져온다. 만남을 바꾸면 인생이 바뀐다. 만남을 가꾸면 인생이
성장한다.

좋은 스승을 만났다. 내 인생의 만남을 넘어서는 역사 속의 만남
을 보는 눈이 열렸다. 역사를 알게 되면서부터 그들의 숨결을 느낄
수 있는 곳을 찾아다녔다. 여행길에서 만나고 듣게 된 이야기를 책
으로 풀어냈다. 이 책은 그 첫걸음이다. 현장에서 그들을 만나고 듣
게 된 이야기들이다.

다음은 비석에 대한 글을 써보고 싶다. 세계 곳곳의 역사 유적지
를 다니면서 많은 비碑를 만났다. 어떤 비석은 글자 하나 없는 것도
있고, 어떤 비석은 많은 비문碑文이 새겨져 있다. 나는 글자 하나 없
는 비석 앞에서 한동안 멍하니 서 있었다. 그 비석이 내게 많은 이야
기를 들려주고 있었다.

이제 시작이다. 앞으로 풀어낼 만남의 이야기가 많다. 살며 공부
하며 만나는 일을 통해 대화하고 글쓰는 일에 남은 삶을 쏟고 싶다.
또 다른 이야기로 만날 날을 기대해본다.

강희진 저, 《추사 김정희》, 명문당, 2015

구스우 도스케 저, 윤상현 역, 《김옥균》, 인문사, 2014

금장태 저, 《다산 정약용》, 살림, 2005

김경옥 저, 《지조를 지킨 지도자들 남강 이승훈》, 도서출판월인, 2011

김경재 저, 《울타리를 넘어서》, 유토피아, 2005

김교신 저, 《김교신 일보》, 홍성사, 2016

김교신 저, 노평구 엮, 《김교신 전집》, 부키, 2001

김교신선생기념사업회 저, 《김교신 한국 사회의 길을 묻다》, 홍성사, 2016

김구 저, 《백범일지》, 돌베개, 2005

김기석 저, 《남강 이승훈》, 한국학술정보, 2005

김도형 저, 《이봉창·일왕을 겨눈 독립투사》, 역사공간, 2011

김삼웅 저, 《백범 김구 평전》, 시대의창, 2014

김삼웅 저, 《보재 이상설 평전》, 채륜, 2016

김삼웅 저, 《안중근 평전》, 시대의창, 2009

김상기 저, 《윤봉길》, 역사공간, 2013

김승태 저, 《서재필》, 역사공간, 2011

김영식 저, 《그와 나 사이를 걷다》, 호메로스, 2018

김옥균 · 박영효 저, 《갑신정변 회고록》, 건국대학교출판부, 2006

김응교 저, 《처럼: 시로 만나는 윤동주》, 문학동네, 2016

김자야 저, 《내 사랑 백석》, 문학동네, 2001

김정환 저, 《김교신 그 삶과 믿음과 소망》, 한국신학연구소, 2016

김정희 저, 《추사 김정희 시전집》, 풀빛, 1999

김종헌 저, 《추사를 넘어》, 푸른역사, 2007

김형수 저, 《문익환 평전》, 실천문학사, 2004

참고문헌

노성태 저, 《다시, 독립의 기억을 걷다》, 살림터, 2018

니이호리 구니지 저, 《김교신의 신앙과 저항》, IX-YE, 2012

대한민국임시정부사적지답사단 저, 《김구 따라가기》, 옹기장이, 2012

류달영 저, 《소중한 만남》, 솔, 1988

마광수 저, 《윤동주 연구》, 철학과 현실사, 2005

문영금 문영미 엮, 《기린갑이와 고만녜의 꿈 문재린 김신묵 회고록》, 삼인, 2006

문익환 저, 《두 손바닥은 따뜻하다》, 사계절, 2018

박동춘 저, 《추사와 초의》, 이른아침, 2014

박석무 저, 《다산 정약용 평전》, 민음사, 2014

박은숙 저, 《김옥균 역사의 혁명가 시대의 이단아》, 너머북스, 2011

박제가 저, 《북학의》, 서해문집, 2003

박지원 저, 《열하일기》, 돌베개, 2017

박환 저, 《시베리아 한인 민족운동의 대부 최재형》, 역사공간, 2008

배경식 저, 《식민지 청년 이봉창의 고백》, 휴머니스트, 2015

백소영 저, 《버리지마라 생명이다》, 꽃자리, 2016

서대숙 저, 《간도 민족독립운동의 지도자 김약연》, 역사공간, 2017

석한남 저, 《다산과 추사, 유배를 즐기다》, 가디언, 2017

손기정 저, 《나의 조국 나의 마라톤》, 학마을 B&M, 2012

손세일 저, 《이승만과 김구》, 나남, 2008

손홍규 저, 《청년의사 장기려》, 다산책방, 2012

송우혜 저, 《윤동주 평전》, 서정시학, 2014

신동준 저, 《개화파 열전》, 푸른역사, 2009

신용하 저, 《초기 개화사상과 갑신정변 연구》, 지식산업사, 2000

안병욱 · 안창호 · 김구 · 이광수 저, 《안창호 평전》, 청포도, 2005

안승일 저, 《김옥균과 젊은 그들의 모험》, 연암서가 , 2012

안중근의사기념사업회 저, 《안중근과 동양평화론》, 채륜, 2010

양진건 저, 《제주 유배길에서 추사를 만나다》, 푸른역사, 2011

양현혜 저, 《윤치호와 김교신》, 아카데미한울, 2009

연세대학교 국학연구원 연세학풍연구소 저, 《윤동주와 그의 시대》, 혜안, 2018

오무라 마스오 저, 《윤동주와 한국 근대문학》, 소명출판, 2016

원동오 · 김은경 저, 《열사가 된 의사들》, 한국의사100년기념재단, 2017

원종찬 저, 《권정생의 삶과 문학》, 창비, 2008

유길준 저, 《서유견문》, 서해문집, 2004

유영익 저, 《젊은 날의 이승만》, 연세대학교출판부, 2002

유옹섭 · 유송민 · 유영삼 저, 《태허 유상규》, 더북스, 2011

유홍준 저, 《추사 김정희》, 창비, 2018

윤동주 저, 《윤동주 전 시집》, 스타북스, 2017

이광수 저, 《도산 안창호》, 범우사, 2015

이기영 저, 《작은 사람 권정생》, 단비, 2014

이덕일 저, 《근대를 말하다》, 역사의아침, 2012

이덕일 저, 《정약용과 그의 형제들1, 2》, 다산초당, 2012

이미옥 저, 《디아스포라 시인 윤동주 연구》, 박문사, 2017

이성현 저, 《추사난화》, 들녘, 2018

이성현 저, 《추사코드》, 들녘, 2016

이오덕 · 권정생 저, 《선생님 요즘은 어떠하십니까》, 양철북, 2015

이오덕 저, 《글쓰기 어떻게 가르칠까》, 보리, 1998

이오덕 저, 《나는 땅이 될 것이다》, 양철북, 2015

이충렬 저, 《간송 전형필》, 김영사, 2010

참
고
문
헌

이충렬 저, 《아름다운 사람 권정생》, 산처럼, 2018

임중빈 저, 《윤봉길 의사 일대기》, 범우사, 2002

장준하 저, 《돌베개》, 돌베개, 2015

정규화 · 박균 저, 《이미륵 평전》, 범우사, 2010

정명섭 저, 《그래서 나는 조선을 버렸다》, 추수밭, 2017

정민 저, 《18세기 한중 지식인의 문예공화국》, 문학동네, 2014

정민 저, 《다산선생 지식 경영법》, 김영사, 2006

정민 저, 《다산의 제자 교육법》, 휴머니스트, 2017

정민 저, 《삶을 바꾼 만남 (스승 정약용과 제자 황상)》, 문학동네, 2011

정병준 저, 《우남 이승만 연구》, 역사비평사, 2005

정약용 저, 《목민심서》, 창비, 2005

정약용 저, 《아버지의 편지》, 함께읽는책, 2004

정약용 저, 《여유당 전서》, 다산학술문화재단, 2013

정약용 저, 《유배지에서 보낸 정약용의 편지》, 보물창고, 2015

정약용 저, 박서무 역, 《유배지에서 보낸 편지》, 창비, 2009

정정화 저, 《장강일기》, 학민사, 1998

지강유철 저, 《장기려 그 사람》, 홍성사, 2007

하영선 저, 《역사 속의 젊은 그들》, 을유문화사, 2011

한주 저, 《조선족 재발견》, 유아이북스, 2017

황재문 저, 《안중근 평전》, 한겨레출판사, 2011

역사인물 관계도

관계 구분

- 임금 ——▶ 신하
- 부모 ——▶ 아들
- 남편 ◀——▶ 아내
- 스승 ——▶ 제자
- 친구 ◀——▶ 친구
- 교우 ◀——▶ 교우
- ——— 교류 / 영향

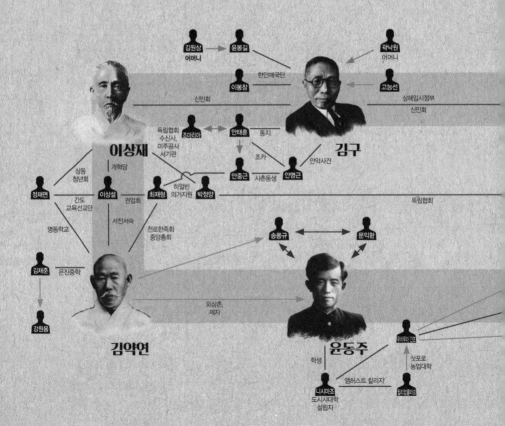

김원상
어머니

윤봉길

곽낙원
어머니

한인애국단
이봉창

고능선

이상재

신민회

상해임시정부
신민회

김구

독립협회
수신사,
미주공사
서기관

조마리아 ◀— 안태훈 동지

상동
청년회

개혁당

조카

안악사건

정재면

이상설

최재형

안중근 사촌동생 안명근

간도
교육선교단

권업회

하얼빈
의거지원

박정양

독립협회

서전서숙

명동학교

전로한족회
중앙총회

송몽규 ◀——▶ 문익환

김재준

은진중학

외삼촌,
제자

강원용

김약연

윤동주

유치우리 간조

학생

삿포로
농업대학

니시마조
도시사대학
설립자

앰허스트 칼리자

필립엔클라크

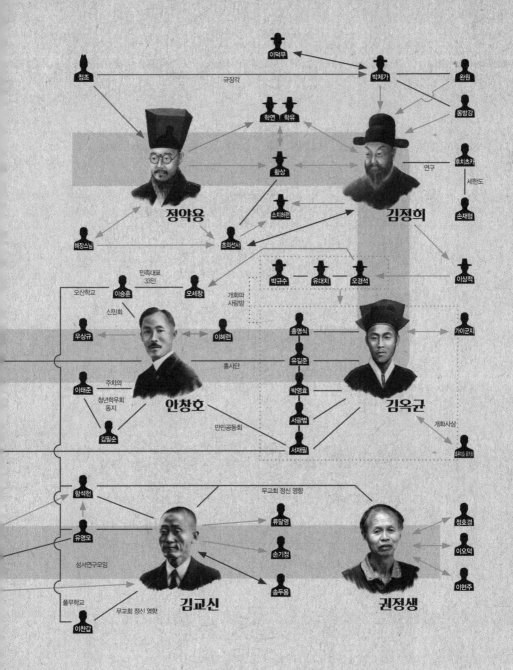

세상을 바꾼 한국사 역사인물 10인의 만남

초판 1쇄 발행 2018년 7월 31일
초판 3쇄 발행 2019년 11월 11일

지은이 윤은성
펴낸이 신주현 이정희
디자인 조성미
마케팅 양경희
일러스트 김태주
펴낸곳 미디어샘
출판등록 2009년 11월 11일 제311-2009-33호
주소 (03345) 서울시 은평구 통일로 856 메트로타워 1117호
대표전화 02-355-3922 | 팩스 02-6499-3922
전자우편 mdsam@mdsam.net

ISBN 978-89-6857-110-7 03900

이 책의 판권은 지은이와 미디어샘에 있습니다.
이 책 내용의 전부 또는 일부를 재사용하려면 반드시 양측의 서면 동의를
받아야 합니다.
www.mdsam.net